PUHUA BOOKS

我们一起解决问题

股票大作手
回忆录
（丁圣元注疏版）

REMINISCENCES OF A
STOCK
OPERATOR

[美] 埃德温·勒菲弗（**Edwin Lefèvre**）　著

丁圣元　译 / 注疏

人民邮电出版社
北　京

图书在版编目（CIP）数据

股票大作手回忆录：丁圣元注疏版 ／（美）埃德温·勒菲弗著；丁圣元译. -- 北京：人民邮电出版社，2022.1
ISBN 978-7-115-57774-0

Ⅰ．①股… Ⅱ．①埃… ②丁… Ⅲ．①股票投资－经验－美国 Ⅳ．①F837.125

中国版本图书馆CIP数据核字(2021)第225632号

内 容 提 要

本书原著由埃德温·勒菲弗对华尔街知名的股票交易家杰西·劳雷斯顿·利弗莫尔的访谈文章编辑而成，书中主人公以拉里·利文斯顿为化名，以第一人称回顾了自己的成长经历，总结了自己的交易思想。丁圣元先生在研读、翻译原著的基础上，搜集历史数据和文献资料，在本书中增加了数十张数据图表，加入了近万字的注解和附录，使读者可以跨越时空的障碍，更透彻地理解股票交易中趋势分析的基本思路和实战方法。

本书适合股票及期货交易者参考阅读。

◆ 著　　［美］埃德温·勒菲弗（Edwin Lefèvre）
　　译　　丁圣元
　　注　疏　丁圣元
　　责任编辑　王飞龙
　　责任印制　胡　南

◆ 人民邮电出版社出版发行　　北京市丰台区成寿寺路 11 号
邮编 100164　电子邮件 315@ptpress.com.cn
网址 https://www.ptpress.com.cn
三河市中晟雅豪印务有限公司印刷

◆ 开本：720×960　1/16
印张：18　　　　　　　　　　　2022 年 1 月第 1 版
字数：260 千字　　　　　　　　2025 年 10 月河北第 32 次印刷

定　价：59.80 元

读者服务热线：（010）81055656　印装质量热线：（010）81055316
反盗版热线：（010）81055315

献给
杰西·劳雷斯顿·利弗莫尔

译者前言

***

《股票大作手回忆录》是一部精彩纷呈的人物传记。杰西·劳雷斯顿·利弗莫尔（Jesse Lauriston Livermore，1877—1940）是一位百年难得一遇的交易与投资天才。这本书记述了他的人生、梦想、事业和财富故事，由他本人娓娓道来，读来生动鲜活、亲切可信，令人身临其境。他的一生以交易为事业，百折不挠地追求事业的成功，又凭交易赚钱享受着奢华的生活。他的交易范围包括股票和大宗商品，交易和投资是他的全部人生基础。本书情节跌宕起伏、激动人心。

人怕出名猪怕壮。当市场下跌时，别有用心的经纪公司、报纸往往声称是利弗莫尔做空打压市场，拿他做挡箭牌；当市场上涨时，媒体和同行往往又打着他做多的招牌企图诱惑更多人入场接盘。为了洗刷自己背负的误解或别人的栽赃，利弗莫尔接受记者采访，竹筒倒豆子，坦诚回忆往事。本书就是由这一系列采访文章编辑而成的。接受采访时，他大约四十五六岁（1922—1923），正是事业兴旺、思想成熟、年富力强的好时候。

杰西从 14 岁开始由股票经纪行营业部的小伙计做起。他有数学天分，又有好的悟性，没用多久，就对行情演变的模式有了认识，并机缘巧合地开始运用自己辨识的行情模式独立交易。

他的交易是从对赌行开始的，那时他的盈利曾经高达 1 万美元，以当时的币值来看，这无疑是一笔巨款。但是，后来输输赢赢，对赌行对他这种客户给予了诸多"特殊照顾"，21 岁时，他只好带着剩下的 2500 美元闯荡华尔街。

从走进华尔街的那一刻起，他便开始了第一次低迷彷徨的阶段。因为他惯熟短线炒作，但是在华尔街的真实经纪行里，交易指令必须传递到交易所场内成交，而达成的执行价往往和下达指令时的行情相差较大，结果经过不到一年时间的试水，他便铩羽而归。

随后，他（22 岁）向经纪行老板赊欠了 500 美元，到圣路易斯的对赌行寻找机会。他那一套交易手法恰恰是对赌行的克星，没过多久，他就带着 2500 美元二次返回华尔街。

1901 年 5 月 9 日，前一天他账户上的财富曾达到了 5 万美元，然而好景不长，到了当天晚上，他就一文不名了。

1901 年初秋，24 岁，他第二次黯然离开华尔街，混迹于故乡的对赌行和冒牌经纪行里。一年之后，也就是 1902 年，他积攒了足够的资本，开着自己的小汽车，第三次重返华尔街。

他这一次的好运持续得比较久，并于 1907 年 10 月 24 日（30 岁）成为当之无愧的股市之王，挣得了人生第一笔 100 万美元。

1908 年，31 岁，由于违背了自己的交易规则，听信棉花专家珀西·托马斯的建议，结果棉花交易变得不可收拾，他终于让自己再度陷入困境。这一次，他经历了多年的苦苦挣扎，直至 1914 年宣告破产，才算从 100 多万美元的债务中脱身。

1915 年，37 岁，他成功地把握住了天赐良机，从很小的 500 股信用额度开始，第四次崛起。到了这个时候，他已经遭受了多次破产，经受了市场的严厉惩戒，终于百炼成钢。在之后的七八年（1915—1922，大致到接受采访的时候）中，他对市场的领悟、趋势研判、交易手段、资金管理日臻化境，上升到了一个全新的高度。

* * *

《股票大作手回忆录》是一本经典的市场技术分析参考书。尽管早在 1896 年道琼斯指数就已经问世，但在利弗莫尔的时代，道氏理论尚未成形，还只是零散地分布在若干篇《华尔街日报》社论中的一些思路。要知道，道氏理论并不是从实验室里发明出来的，而是查尔斯·道作为敏感尽责的报业人士对诸如利弗莫尔这样的案例观察总结出来的，是道和利弗莫尔这样的市场参与者交流互动的共同产物。

利弗莫尔本人具备杰出的数学天分，天生对数字敏感，他接触股市不久，就从纸带行情数字的跳动中发现了某些典型的形态，并尝试按照这些数字序列预判股票价格下一步的变动。他在对赌行的成功几乎完全建立在对行情数字序列的个人经验和认识上，这大体上属于价格形态分析的范畴。后来，对赌行的浅池子已经藏不下这条巨龙，他移师纽约正规经纪行做交易，却被执行价格的偏差深深困扰。最终，他领悟到市场是按照最小阻力路线演变的，这就是趋势；总体市场的大趋势决定个股趋势，真正的利润来自总体市场趋势，而不是个别股票的短线波动。只有当他领悟出这一点之后，他才从豪赌客跃升为职业交易家。

利弗莫尔的个人领悟生动精彩地揭示了技术分析的本质——千千万万交易者的经验总结和升华。他摸索前行的过程，就是技术分析理念升华的过程，而其交易上的成功就建立在他对技术分析本质的领悟和严格服从的基础之上。

他的故事把我们带到了市场技术分析的源头，那里一切都是那么清新，甚至有些粗野，鲜活、生动、热气腾腾，充满生命力。从实践中来，到实践中去，就是市场技术分析的初衷和功能定位。技术分析是活学问，是动手的学问，要眼到、心到，还得手到。

在技术分析领域，趋势是核心概念，而行为要领就是服从纪律。通过本书，技术分析信奉者可以正本清源，认识技术分析的起源、发展，切实体验到趋势的重要性，把趋势永远放在技术分析的核心地位。

* * *

《股票大作手回忆录》是价值无限的交易心理训练大纲。要成为一名成功的交易员，学习技巧只是一方面，认识自我、引导自我、控制自我则是另一方面，甚至是更为主要的方面。

"我再次赔个精光，被扫地出门，不仅如此，我觉得自己再也不能赢得这个游戏，于是深感厌倦，竟至于打算洗手不干，离开纽约去其他什么地方另谋饭碗。"1901年初秋，这位不世出的交易天才在这次打击之下，对自己产生了深深的怀疑——这是什么样的内心挣扎？

21年后（1922年），当事人已经历了多次起落，在交易上终于达到了炉火纯青的境界。于是，他平静地总结："投机者的主要敌人总是潜藏在他的内部自挖墙脚。不可能把'希望'从人类的天性中割除，也不可能把'恐惧'从人类的天性中割除。在投机时，如果市场对你不利，每一天你都希望这是最后一天，盲目听从希望的摆布，不接受最初的损失，到头来，亏损反而变本加厉。"

利弗莫尔的每一次跌落都会迫使他对市场再认识、对错误再认识、对自我再认识，并且找到行之有效的解决方案，否则他就不可能超越自我，不可能东山再起。"我不希望第二次重复同一个错误。我们只有从自己所犯的错误中汲取教训，将它转化为将来的获利，才能原谅自己的错误。"

由此可见，学习市场技术分析就是学习交易，难的主要不是技术分析方法和技巧，难的主要是控制自己的心理干扰。

交易者的成长之路，是认清自我、超越自我的道路。诚实地面对市场、诚实地面对自我，是先决条件。本书如实交代了当事人在跌宕起伏的交易生涯中曲折前行的心路历程，对我们每一位市场参与者来说都是价值巨大的心理训练大纲。

* * *

本书根据 1924 年出版的原著原貌翻译。那段历史风云变幻，距今已有百年。值得庆幸的是，原作者用一支生花妙笔绘声绘色地记述了当时的情景，因此，读者不必对那段历史有太多了解，就能够充分领略当事人所面临的社会环境、生活形态、市场演变、交易中的成功和失败，特别是当事人内心经历的尝试、挫折、困惑、领悟；这种再尝试、再挫折、再困惑、再领悟的曲折上升过程，令读者感同身受。时代不同了，但人性千古不变；具体事件不同了，行情依最小阻力路线演变的趋势特征却不会改变。由此不难理解，为什么这本经典著作跨越了时代、跨越了地域，被全世界一代又一代的市场参与者珍惜若至宝、求问若师友、奉持若镜鉴。

原书每章仅标数字序号，本书按照我国读者的习惯增补了章名，力求为本章内容点睛。译者补充了本书全部脚注、历史行情图，在附录中整理了利弗莫尔的年表，以及利弗莫尔关于股票交易的若干要领。译者在简要地注解历史事件、交易惯例等事项时，特别注重时间要素。历史事件和当事人的回忆共同编织成一条时间经线，把所有回忆贯穿起来。译者搜集了道琼斯工业平均指数从 1900 年 1 月 2 日至 1999 年 12 月 31 日每日收市价的行情资料，按照时间顺序，大概每两年绘制一张行情图并将其插入文中，读者可以把文章中的时间、当事人的述说、行情演变过程加以对照，更具体、准确地理解当事人所面临的处境、思想变化、交易行为抉择、盈亏后果以及当事人对后果的处置。不仅如此，当事人遭遇的几个重大历史事件特别值得研究，因此，译者为它们单独绘制了细节图表，在基本图表序列之外做了进一步的充实。

除了上述注明的图表、注解和书后的附录之外，本书译文完全保留原著风貌。

* * *

作者埃德温·勒菲弗（Edwin Lefèvre，1871—1943）是美国的著名记者、作家和政治家，其主要著作都是关于华尔街的。

勒菲弗曾经是华尔街的一位经纪商。他共有 8 本著作，其中的《股票大作手回忆录》被美国金融界绝大多数人视为必读的经典书。该书内容原本是作者于 1922—1923 年间，发表在《星期六晚邮报》（*The Saturday Evening Post*）上的一个系列的 12 篇文章。

该书首次出版于 1924 年，此后几乎年年重印。如今，第一版书的转手价格已经超过 1000 美元一本。

作者为我们做出了杰出的贡献，值得我们衷心感谢。

* * *

每天早晨洗脸后，我们都要照照镜子。脸上干净不干净关系到自己是不是讲究卫生，对他人是不是礼貌。

然而，更重要的是，我们需要在正确的时候采用正确的方式做正确的事情。行为是否正确，那可不只是关系到礼貌不礼貌、卫生不卫生的问题，而是关系到事业的成和败、利益的得和失，乃至生命的存和亡。

讽刺的是，脸有镜子照，而更重要的行为却难以找到镜子来照一照。我们的本意并不想搞砸，但是不知道多少悲剧的原因正在于我们找不到镜子来纠正失当的行为！人生没有排练，每一次都是第一次，每一次过后都不能重来。由此可见，为我们的行为找到一面好镜子，时常借鉴，差不多就等于找到了事业成功的诀窍。

交易者行为的正确与否直接关系到财产的得失。在本书中，利弗莫尔一再强调，盈利是交易者正确行为的回报，亏损则是错误行为的必然结果。市场对错误行为的惩罚来得极快、极狠。对交易者来说，追求交易行为的正确性无疑是头等大事，因此，借鉴其他交易者的经历、借鉴他人的成败具有非常重要的意义。我们可以取他人之长、避他人之短，从他人身上发掘交易行为正确和错误的本质，而不必事事自己重来一遍。

利弗莫尔说："华尔街上没有新鲜事，人性不变，市场也不变。"和其他任何行当一样，成功的交易者必须具备某些共同的基本特征，譬如挥洒自如的草书，所有书法家在挥洒自如之前，都必须打下横平竖直的楷书功底。对交易者来说，其核心能力就在于能认清市场趋势，立即采取必要行动，力求始终站在市场正确的一边；如果未能站在正确的一边，则必须立即止损纠正。认清大势并立即据此行动的能力就是所有成功交易者的基本特征。利弗莫尔四起四落的经历，几乎涵盖了交易者各种成和败的主要特点，所有交易者都可以从利弗莫尔的经历中照出自己的影子，他的故事值得每一位交易者仔细体味、对照。

此外，交易者是幸运的，因为市场是交易者的一面绝不走形的好镜子。不论交易者采取何种行动，买、卖还是等待，市场都会立即给他一个交代，让他立即得知自己行为的后果，迫使他反观、反思自己的行为。

* * *

交易，首先是财富的得失，而财富总是生活闹剧的中心主题。财富本是生活的工具，不幸的是，在现实世界中，拜金主义者们常常让财富喧宾夺主，抢占了生活方式、生活内容的位置，于是财富成为生活方式，财富成为生活内容。更有甚者，有时心甘情愿地、有时迫不得已地把财富当成了生活的目的。于是，便有世俗之人，或被迫或自愿地对财富顶礼膜拜；顺理成章，那些拥有财富的人也沾染了"仙气"，成为崇拜对象。

利弗莫尔曾经是华尔街的交易之王，特别是他的成就完全来自个人的探索，他自初中毕业之后白手起家，自始至终在市场实践中摸爬滚打，跌倒了自己爬起来，长期不懈地对自己成功的经验和失败的教训反复思考和积累，经过实践的摸索和检验，最终领悟到交易成功的真谛，因此，他的身上有更多吸引我们的光环。

不用说利弗莫尔这样的大家，在现实生活中，每位交易者都会在身边偶尔碰到成功的交易者，他们或者成功于一个时期，或者长期保持良好的业绩。当我们看到这些成功交易者的时候，很容易被财富的光环所吸引，我们分不清到底是他们拥有的财富让我们惊叹、敬畏，还是这些当事人获取财富的本领更加令我们惊叹、敬畏。

须知，他们的财富再多，也不会分给你一分钱，因此，他们的财富本身对你并无意义，崇拜财富就错过了重点。如果他们的财富来自交易，恰恰证明他们的交易行为是正确的，因此他们的交易行为就是我们应当借鉴的。反过来，如果我们碰到失败的交易者，也用不着赔他一分钱，因此他们的损失本身对你也毫无意义，你无须对他有丝毫鄙夷。如果他们的损失来自交易，这恰恰证明他们的交易行为是不正确的，因此他们的交易行为就是我们应当摒弃的。

交易者的财富得失是他交易的结果，完全属于他，不属于你，崇拜和鄙视皆无意义。但是，他的交易行为往往体现出典型人性的某一方面，恰恰在人性上，你和他很可能只是五十步和一百步的区别。规避自身的人性弱点，追求正确的交易行为，是所有交易者的必备修养，因此，借鉴他的交易行为意义重大。

当我们自己投身交易后，账面盈利时就会患得患失，害怕煮熟的鸭子飞了；账面亏损时则会单相思，一心希望市场回到对自己有利的方向。细细品味交易过程中的人生五味，其根本之处不正反映了我们对财富难以"拿得起、放得下"的纠结心态吗？我们之所以对其他交易者产生崇拜或鄙夷的心理，根源不也正是这种纠结心态吗？

* * *

1940年11月，利弗莫尔开枪自杀，他在遗书中写道："我的一生是个失败。"此时距离他交易生涯的巅峰——1929年股市大崩盘，他做空获利超过1亿美元——不过十余年。

有一种演义的说法："1940年11月，一个大雪纷飞的日子，房东又来找利弗莫尔逼讨房租。他喝下仅剩的半瓶威士忌，从寓所溜了出来。他在大街上转悠着，望着大街上往来穿梭的豪华汽车，望着商店橱窗里琳琅满目的商品，望着街边伸手乞讨的乞丐，长叹一口气：'该死的！这世界弱肉强食，它永远只属于富人。'"这段记述很生动，也很容易吸引读者，但其准确性令人怀疑。

当我们普通人面对这样一位交易天才时，必须清醒地意识到，要准确认识他，并不是一件容易的事情，我们对他的认识、对他的行为的理解更多还是我们自己的，不是他的。交易者必须放下自我、从外部出发，真正认清由外部的他人组成的市场，才能站在市场正确的一边，我们之所以在市场交易中遭遇挫折，正因为我们往往从自我出发、从内部出发，难以准确地认识他人。

利弗莫尔天性沉默，而他所从事的事业也并不倾向于大张旗鼓地宣传。他之所以愿意接受埃德温——一位有过经纪商经历的资深财经记者的深入访谈，实有不得已的苦衷。他交易的巨大成功，加上他独来独往的风格，在人群中引起了很大的误解。一些经纪商和财经媒体为了取悦客户，经常不惜添油加醋、栽赃陷害，使他颇为流言蜚语所苦。为了还自己一个清白，最好的策略便是如实介绍自己的成长历程和曲折的交易过程，把真实的自己呈现给大家。于是，我们很幸运，得到了这部经典之作。

如果要勉强分析利弗莫尔失败的原因，如下几点或许值得参考。但愿我们不是继续误会他。

首先，市场是不可战胜的。每个人相对于市场，如同每个人相对于太阳，不管谁死了，太阳都将继续照耀。归根结底，每个市场参与者都只是市场的一分子，都必须依赖市场获取盈利。市场参与者对市场心存敬畏和感激，才是正确的、合适的情操。市场参与者梦想战胜市场，就像梦想自己揪着自己的头发上升一样。

其次，利弗莫尔也是人，不管他有多高的境界、多大的才能，终究会犯错误，他所违背的甚至就是他自己从小摸索、领悟的根本原则。即便是交易天才，也不能违背市场交易的基本原则。敬业、守纪是市场参与者的根本立足点。

最后，借鉴中医关于健康的观点，身体健康既不是健美比赛夺冠，也不是体育竞赛获胜，而是自然平衡。人生必须是平衡的，交易是人生的一部分，与其他方面应当维持平衡。没有平衡的人生，就没有持久成功的交易事业。利弗莫尔对美女、美酒不加节制，最终丧失了早年严格自律的作息规律、生活态度。他的家庭悲剧是他人生失衡的标志，也可能是他自杀的原因之一。

* * *

投资交易应当服从趋势，市场参与者应当选择市场技术分析，而不是基本分析。

以单个分子来看，它符合牛顿定律，可以按照公式计算其方向、速度等。但是，气体由巨大数量的分子组成，它们汇聚成为气体的整体之后，便无法应用牛顿定律，只能以统计学来研究。显然，个体和整体是两个不同的层面，服从不同层面的规律。

企业个体应该按照基本分析和价值规律来老老实实地创造价值。然而，创造价值和价值判断是两个概念。区别就在于，除了极少数垄断行业之外，企业必须进入市场，而市场由众多企业个体组成，众多企业一刻不停地相互竞争，市场按照统计规律评价企业的价值。换言之，企业价值不能由企业自己说了算，也不能由单个企业来确定，而是必须从市场整体的角度来观察，通过市场行情来评估。

市场技术分析者顺应市场的统计规律、服从大势，同样是在为市场创造价值，其价值的大小用交易盈亏来确定，交易盈亏是检验投资交易的唯一标准。但是要注意，不是盈利越多越"正确"，而是收益与风险一体两面，必须被同时纳入考虑范围：承担力所能及的风险，获得相称的、可持续的回报。

普通人通过努力可以创造价值，通过社会和市场检验价值，进而得到社会的认可和回报。我们能够按照创新、勤奋、持之以恒、更贴近需求等一般指导原则来努力创造价值。然而，我们没有能力决定我们所贡献的价值到底有多少。唯有市场通过统计规律可以动态决定我们贡献价值的相对大小。因此，"只问耕耘，不问收获""谋事在人，成事在天"都是具有深刻智慧的至理名言。

* * *

翻译这本书的时候，我被一代交易巨擘四起四落的命运深深地牵引着。书译完了，利弗莫尔的身影渐渐远去，感叹之余，蓦然察觉自己的岁月也一天一天流逝。

市场技术分析主要在市场趋势上下功夫。本质上，时间驱动着市场趋势，只不过这里的时间不是简单的日出而作、日落而息，而是市场自身的涨跌规律。我们都是一根绳子上的蚂蚱，不论老的、中的、少的，甚至所有的草木、动物乃至病毒，与我们都是一根绳子上的蚂蚱。那根绳子，就是时间。

这根绳子既不是独股的丝线，也不是一环扣一环的链条，而是由数不清的细股小绺汇编在一起的粗麻绳。一位西方历史学家写道，历史不是一因一果地单链条演进的，而是同时有多条因果链相互交织起来，多个原因同时引发多个结果。（是不是不像一根链条，而像一碗面条？）

庄子的寓言故事更精彩：螳螂捕蝉，异鹊在后，庄子拿弹弓瞄异鹊，守园人却赶来驱逐庄子。园子、蝉、螳螂、异鹊、庄子、守园人便是一根绳子上的蚂蚱。①

试推论：

1. 时间是万事万物生存的终极成本；

2. 时间牵引着各种变化，各种变化都可以用时间节点来代表，因此，捕捉变化就是捕捉时机，也就是择时；

3. 时间将万物汇聚为一个整体，成为一根绳子上的蚂蚱，"天地与我并生，而万物与我为一"（《庄子·齐物论》）。

概言之，这根绳子就是大势，我们都在趋势中。

利弗莫尔交易生涯的风云变幻自不待言，即使每日发生在我们身边的交易者的成败得失，也总是充满了魅力。相比现实之丰富、鲜活，任何语言都免不了挂一漏万、黯然失色。虽然如此，由于现实太过于丰富，当我们身临其境时，反而容易迷失在繁杂的细节之中，可能抓不住重点、抓不住主题。

本书来自生活，高于生活，揭示本质，直达人心。

十多年前，倪敏先生诚恳建议我翻译本书，为我搜集资料，提供了可贵的帮助，衷心感谢！丁立侬女士绘制了行情纸带机示意图，为本书增色，一并致谢！

丁圣元

2010 年 7 月 18 日初稿，2021 年 7 月 30 日修改

---

① 庄周游于雕陵之樊，睹一异鹊自南方来者，翼广七尺，目大运寸，感周之颡，而集于栗林。庄周曰："此何鸟哉？翼殷不逝，目大不睹！"蹇裳躩步，执弹而留之。睹一蝉，方得美荫而忘其身，螳螂执翳而搏之，见得而忘其形；异鹊从而利之，见利而忘其真。庄周怵然曰："噫！物固相累，二类相召也！"捐弹而反走，虞人逐而谇之。（《庄子·山木》）

Reminiscences of a Stock Operator 目录

1

1

行情纸带悟模式，对赌行里试牛刀

初中一毕业，我就出来打工了，在一家股票经纪行的营业部干活，往黑板上抄写各种动态行情。我向来长于数字，心算特别拿手。上学的时候，我曾经一年学完三年的数学课程。当时，作为行情"书童"，我天天在营业厅的大黑板上抄写最新行情数据。一旦有客户大声读出最新价格，无论读得多快，我都能一个不落。我会把数字记得牢牢的，从不出纰漏。

行情纸带机

那时候只有电话、电报，没有现在的电子设备。当时的股票行情通过专用的电报机来接收，电报机上安装了一条一两厘米宽的长纸卷，行情信息到来后，电报机在纸带上按时间顺序打印字母缩写的股票代码和最新成交价格。于是，长长的纸带上打出来一段一段的代码和最新价格。一天会积累很长的纸带。电报机就像一座摆钟一样，被罩在圆柱状的玻璃罩子里，纸带从罩子下边的开口处不断被吐出来。

纸带上的代码和行情都是普通字号，可供人就近阅读，但人多了不能同时看清。因此，需要有人大声读出纸带上的行情，另有人用大字写到黑板上，供大家观看行情。

这样的专用电报机被称为行情纸带机或报价机，英文名称为"Ticker"。现代西方人也不知道这是何物，需要用上述关键字查搜索引擎上的图片才能看到它的形状。

　　报价纸带上提供的是行情按照时间进度的数据流，是流水账。受技术条件所限，这份流水账实际上是一行到底，所有的报价品种混合在一起，排着队依次报告。是"串联"的，不是"并联"的。在阅读行情纸带时，交易者首先要把数字分门别类，将其还原到各个股票（品种）的名下；然后，再凭记忆把各个股票的行情数据流接续起来，得到每个股票行情数据波动的印象。显然，观察数据流既需要良好的记忆，也需要对数据敏感，需要持续付出注意力和精力，才能分清并记住行情变化的细节和过程。

　　大体上，现代的"分时图"就是根据成交数据流绘制的连接线，图形和数据是相通的。即使在现代，有些极短线交易者还是更喜欢采用成交数据流，而不是图形，他们的做法仍有利弗莫尔的风采。报告成交数据流的器材的英文名为"Ticker"，所以行情纸带被称为"Ticker Tape"。

　　营业部里雇了很多伙计，一来二去，我便交上了朋友。不过，我工作太忙，从上午十点到下午三点，只要开市，我就得手脚一刻不停，难得有空和他们聊天。当然了，开市的时候忙，我倒不在乎。

　　开市时虽然手脚不能停下来，但是脑子却可以仔细琢磨手上抄写的这些数字。在我眼中，这些数字并不代表股票的价钱，多少美元一股什么的。这些就是数字。当然，数字也有意思，它们永远变来变去。恰恰是数字的跳动，才是我感兴趣的。为什么数字会变化？我不知道，也不关心。那时，我并不深究。我只算旁观，看着它们变来变去。那便是我操心的一切了——周一到周五每天五小时，周六两小时，手上的数字总是变来变去。

　　当初正是这段因缘，激起了我对价格行为的兴趣。我对数字记得很牢。要是它们今天上涨或下跌了，我能真切地记得之前一天它是如何变化的。我的心算特长让我在处理这些数字的时候游刃有余。

　　我注意到，在行情上涨或下跌时，股票价格往往表现出某些特定的"习惯"——如果可以这样描述的话。我看到了种种重复发生的现象，没完没了、一再重现，似乎可以从中提取一些范例，作为未来行情的信号。虽然当时我只有 14 岁，但是心中已经积累了成百上千的行情实例。有了这个底子，我便开始有意识地检验它们的准确性，也就是把股票今天的走法和历史对照比较。这样过了没多久，我便开始往前看，尝试预期今后的价格变动。正如前面交代的，这么做的唯一向导，就是它们的历史表现。我的脑子里有一本随时更新的"赛马预测表"。我期望股票价格按照一定的形态或顺序变化，力图把握价格变化的时机。我想你明白我在说什么。

举例来说，我可以从行情看出，在什么地方买进要比卖出更有利一点。股票市场恰似战场，报价机的行情纸带便是你的望远镜。十回中大约有七八回，这一套都是行之有效的。

从早年的经历中，我还学到了另外的一课，华尔街没有新鲜事。投机乃人类天性，就像山包一般古老，华尔街不可能有什么新鲜的。在股票市场上，不论今天发生了多么令人难以置信的事情，都必定前有古人、后有来者。我从不忘记这一点。我寻思，自己的看家本领其实就是力图牢记股市行情变化的方式而已，也就是记住"习惯"性的行情变化过去曾经在何时发生、以何种方式发生。事实上，正因为我牢记股市的变化方式，才能从自己的市场经历中得到启发，并将其转化为投资收益。

我对自己这套把戏着了魔，对所有行情活跃的股票都忍不住要小试牛刀，急切地预期它们的上涨或下跌，因此总是随身带着一个小本。我在小本上记下自己的观察。本子上记录的并不是纸上模拟交易，许多人采用纸上模拟交易来训练投资技巧——获利巨万不会让你荷包满满（当然你也就不可能骄傲自满），亏损巨万也不会让你一文不名。我的本子不同。小本上记的是事前我对最可能出现的价格变化所做的判断，紧接其后的，是预期正确的结果和预期错误的结果。主要用意是确认我的观察是否足够精准，也就是说，要验证当初的预期是否正确。

假定我已经仔细研究了某个活跃股票当日变化的全部细节，得出结论，它现在的表现一如既往，符合即将向下突破8到10个点①之前的一贯表现，因此这是个前兆。假定这是周一，我就在小本上简要地记录股票名称及其周一的价位，同时，根据我对它的类似历史表现的记忆，再记下预计它在周二和周三应有的表现。周二周三之后，我再查看行情纸带，核对它的实际演变过程。

---

① 1点 =1美元。当时股票的面额一般为100美元，虽然作者说的1点是1美元，而不是1个百分点的价格变化，但是大致上相当于1%的价格变化。

本书所有脚注都是译者添加的。

　　这便是我对纸带上的信息发生兴趣的缘起。价格波动首先和我脑海里行情上升或下降的前兆联系在一起。当然，价格波动总有原因，然而，纸带从不关心原因。纸带也不做任何解释。我14岁的时候已经学会不从纸带上找原因了，现在40多岁了，还是不从纸带上找原因。某个股票今天行情如此这般的原因，也许在两三天内都不清楚，或者在若干星期之内都不清楚，甚或在几个月内都不清楚。然而，这些原因究竟与你何干？你凭纸带做买卖，是在当下、此刻交易——而不是将来。原因可以放一放，以后再追查。但是，你必须立刻行动，不然就会被市场抛弃。一次又一次，我看到这一幕不断重演。你可能记得，有一天霍洛管道（Hollow Tube）下降了3个点，而当天大市是剧烈上涨的。这是事实。下星期一，你看到报道，董事会通过了（不如预期的）分红方案。这就是原因。他们知道自己下一步要干什么，哪怕他们不卖出，至少也不会买进。如果没有任何内部人买进，那么，这股票没有什么理由不向下突破。

　　言归正传，我用小记录本摘录行情大约有六个月。每天干完活，我不是马上离开办公室回家，而是复查纸带，记下我需要的数字，研究当天的行情变化，不停地搜寻重复出现的行为范例——我在学习阅读行情纸带，虽然当时并不清楚自己干的是这个。

　　一天中午我正在吃午饭，公司里的一个小伙计——他比我年长一点——来找我，悄悄问我有没有带钱。

　　"问这干什么？"我说。

　　"嘿，"他答道，"我得到了一点柏林顿（Burlington）的好消息，呱呱叫的。要是能找到人和我一道，我打算玩它一把。"

　　"你说'玩一把'是什么意思？"我问。在我眼中，只有客户才玩股票、炒消息，他们都是一班腰缠万贯的阔佬。因为要花数百、上千美元才能踏进营业部的门槛玩这个，那简直如同拥有自己的私人马车，还雇了一位穿戴光鲜的马车夫。

　　"我就这意思，玩它一把！"他说，"你带了多少钱？"

　　"你要多少？"

　　"嗯，我可以交易5股，5美元下注。"

　　"那你打算怎么做呢？"

"我打算用这些钱当保证金，到对赌行①全部买进柏林顿，他们让买多少就买多少。"他说，"这事儿笃定的，就像白捡钱一样，一会儿我们的本钱就能翻番。"

"且住！"我一边对他说，一边掏出我的小笔记本——"赛马预测表"。

我对本钱翻番并不感兴趣，但是对他说柏林顿即将上涨倒是很好奇。如果他说的是真的，我的笔记本就应该有记录显示出来。我查了查，果真！根据我的记录，柏林顿的表现恰恰符合以往它在上涨之前通常的走势。这辈子我还从来没有买过或卖过任何东西，之前也从来没有和哪个小伙计一起赌过。不过，我当时一门心思想的都是，这正是一个大好机会，可以实际检验我下的苦功以及这种业余爱好的准确性。如果我的"赛马预测表"实际上不起作用，那么即使看起来天花乱坠，也不会有任何人真买账。于是，我倾囊而出。他带着我俩凑集的本钱赶到邻近的一家对赌行，买了一些柏林顿。两天后，我们卖出变现，我获利3.12美元。

开了这个头之后，我便独自在那家对赌行下注买卖了。我都在午饭时去下单，买进或卖出——对我来说，买进还是卖出从来都没有不一样的感觉。我玩的是一套规则，而不是喜欢哪个股票，或是要兑现什么看法。价格数字的算术，是我所知的一切。事实上，我这一套在对赌行里玩起来如鱼得水，因为交易者在这里所做的一切，就是赌报价机纸带上打印出来的市场波动。

没用多久，我从对赌行拿出来的钱就比我在股票经纪公司营业部的差事挣到的报酬多得多了。于是，我不干行情"书童"了。我的亲友纷纷劝阻，但是当他们看到我赚的钱时，就没话说了。我只是个男孩，而且营业部小伙计的薪水不足挂齿。我的副业确实干得非常出色。

当我15岁的时候，我赚足了有生以来第一个1000美元。我在母亲面前摊开这些钱——都是这几个月从对赌行里挣来的，平时带回家的不算。妈妈的脸色很难看。她叫我把钱存进银行，别放在手边，以免受诱惑学坏。她说，她这

---

① 对赌行的英文名称为"bucket shop"，原意是"水桶摊子"。酒吧里的客人享用完啤酒后，杯子里可能剩下一点。水桶摊子把零散的剩啤酒搜集到一个水桶里，城里的穷人们聚集在水桶摊子上喝这些剩啤酒。后来，人们渐渐用这个词来形容和客户对赌股票和大宗商品期货的地下经纪商。他们只向客户收取微不足道的保证金，但不把客户的单子真正下到交易所场内，而是和客户对赌，加上高昂的手续费，只需市场小小的波动，对赌行就能把客户的保证金扫光。

辈子从没听说哪个孩子白手起家，15 岁就有这么多钱的。她都不敢相信这些钱是真的。她忧心忡忡，常常觉得不踏实。不过，我倒没有多想什么，继续用行动证明我的数字推理是正确的。这正是乐趣的全部来源——凭头脑获得正确的成果。如果用 10 股来检验我的判断，结果证明是正确的，那么用 100 股来交易的话，结果便是十倍的正确。更多的钱意味着更多的保证金，对我来说这就是钱多的全部意义，重点是证明我更正确。这需要更多的勇气？不！用不着！假定我仅有 10 美元，但是统统拿出来冒险；再假定我有 200 万美元，只拿 100 万美元冒险，另 100 万存起来保底，两相比较，拿出 10 美元可比拿出 100 万美元勇敢得多了。

不管怎么说，15 岁的时候，我已经靠股票市场活得有滋有味了。我是在小号对赌行里起家的，那里要是有人一次交易 20 股的话，就会被人怀疑是不是约翰·W. 盖茨（John W. Gates）乔装改扮，或者是 J.P. 摩根（J. P. Morgan）微服私访。那时候，对赌行对客户一般是来者不拒的。他们用不着挑选客户，他们有的是法子把客户洗劫一空，甚至即使客户押对了也难以幸免。这个行当的利润极其肥厚。如果对赌行守规矩——我的意思是如果对赌行直来直去、不做手脚的话——纸带上的价格波动便足以让他们空手套白狼。一股的保证金仅需 1 个点的 3/4[①]，用不着多大的反向波动，就足以吞没客户的保证金了。而且，如果客户赖账，他就再没有机会重来了，对赌行不会让他再做的。

没人跟我的风，我对自己的买卖秘而不宣。无论如何，这是一桩单枪匹马的买卖。这是我自己的脑袋，对不对？价格要么按照我凭"赛马预测表"所做的判断继续演变，这时候用不着哪位朋友或合伙人来帮忙；要么走另一条路，这时候也没有哪位好心的朋友能够帮我挡住它。我看不出来有什么必要把我的买卖告诉任何人。当然，我也与人交朋友，但是我的生意从来如此——总是单枪匹马。这便是我始终在市场上独来独往的原因。

实际上，因为我总是赢他们，没过多久，对赌行便开始对我翻白眼了。我走进一家对赌行，到柜台排出保证金，但他们视而不见，就是不收。他们告诉我："这儿没你什么事儿。"从这时候起，他们开始叫我"豪赌小子"（Boy Plunger）。我只好打一枪换一个地方，从这家店换到那家店。后来竟然到了这

———————————

① 即 75 美分。

种程度——我不得不隐姓埋名，每到一店还得从小笔交易开始，一笔15股或20股。有时候，当他们起疑心的时候，我开头还得故意输钱，然后再连本带利捞一票。自然，用不了多久，他们就能察觉我让他们太破费了，于是把我连人带买卖一锅端，要我另谋高就，别耽误他们老板挣钱。

有一次，我在一家大对赌行交易了几个月后，他们要赶我走，这回我拿定主意，临走要多赢他们一点。这家对赌行在全城开了许多分店，宾馆大堂、邻近小镇都有。我走进一家开在宾馆大堂的营业部，先问了经理几个问题，然后开始交易。但是就在我按照自己的独特方式在一只活跃股票上下注时，他接到了总部打来的电话，查问谁在下单。经理告诉我，上头正在打听我，我便告诉他我叫爱德华·罗宾逊，从剑桥来。他给头头回电话，报告这个好消息。然而，电话那一头还要知道我长什么样。当经理告诉我这句话的时候，我对他说，告诉他我又矮又胖，黑头发，大络腮胡！但这位经理却如实描述了我的相貌，他听着听着，脸变得通红，然后挂上电话，叫我快滚。

"他们对你说什么了？"我小心翼翼地问他。

"他们说：'你这该死的白痴，难道没告诉你别和拉里·利文斯顿（Larry Livingstone）做交易吗？你竟然故意放水，让他卷走了我们700美元！'"他没告诉我他们还对他说了啥。

我又一家接一家试了其他分店，但是现在他们都知道我了，哪一家分店都不敢认我的钱。甚至连我进去看一眼报价的时候，里头的伙计都会冷嘲热讽。我轮流到各家分店，希望每家分店隔好长时间才见到我一次，看看这样能不能混过去让我交易。但这也没用。

最后，就剩一家对赌行我从没登门了，这是其中生意最大，也是最肥的一家——大都会股票经纪公司。

大都会属于大哥大级别，生意火极了，在新英格兰每个靠制造业过活的城镇都开了分店。他们倒是愿意接我的单子，几个月来，我买进卖出，有盈有亏。但是最终看来，他们和其他对赌行也没什么两样。他们没有直来直去地拒绝我的单子，不像那些小对赌行的行径。噢，这倒不是因为他们更讲究公平游戏，而是他们知道，要是因为哪个家伙碰巧有本事赚点小钱就不接他的单子的话，这事儿一传开，恐怕于他们的名声大有不便。但是，他们的阴招比小对赌行好不到哪儿去。他们强制我缴纳3个点的保证金，这还不够，他们起初强迫我付半个点的交易费用，后来涨到 1 个点，最后竟涨到 1 个半点。叫你跳舞，先把你五花大绑！他们怎么干的？小菜一碟。假设钢铁股份（Steel）当前卖出价 90 美元，你买进。那么通常你的成交单上会这样写着："90-1/8[1] 买进 10 股钢铁。"如果你缴纳 1 个点的保证金，那么一旦价格跌破 89-1/4，你就自动赔光出局。对赌行不要求客户追加保证金，也不叫客户痛苦地选择认赔卖出（好歹会留下一点钱）。

然而，大都会向我征收的交易费就像在拳击赛中阴损地打人小腹。也就是说，如果我买进的时候行情在 90 美元，那么他们给我的成交单不是通常的 "90-1/8 买进钢铁"，而是特制的，上面写着 "91-1/8 买进钢铁"。机关在于，即使我买进后股票上涨了 1-1/4 点，如果这时候卖出平仓的话，我还是赔钱的。另一方面，他们强制我在开仓时必须缴纳 3 个点的保证金，这么一来，同样多的钱，可交易的股数却减少了三分之二。尽管如此，这家对赌行却是唯一愿意接我单子的，我不得不接受他们的苛刻条件，否则就得洗手不干。

当然了，我既有赢的时候，也有输的时候，不过盈亏相抵总体是赢利的。无论如何，大都会绑在我身上的锁链足以压垮任何人了，然而，他们还嫌不够，不肯就此罢手，他们还设法使诈，但他们没有骗到我。多亏我有直觉，才幸免中招。

前面曾经说过，大都会是我最后一条路。它是新英格兰最有实力的对赌行，很有钱，通常不限制交易数量。我觉得，我是他们成交量最大的个人客户，也就是说，我是最稳定的、每天都交易的客户。他们的营业场所装修精致，安装了我曾见过的最大的报价板，提供最完整的行情。它占满营业大厅一整面墙，你所能想象到的每个品种都有报价。我是说其中包括纽约股票交易所和波士顿股票交易所上市的股票，还有棉花、小麦、粮食、金属——总之包括在纽约、芝加哥、波士顿和利物浦上市交易的每个品种。

你知道对赌行是怎么和客户交易的。你把钱付给一位柜员，告诉他你要买进或卖出什么品种。他查一查报价机纸带，或者看一看报价板，从那儿得到报

---

[1] 当时股票的最小报价单位是 1 个点的 1/8，即 0.125 美元，股价变动按照 1/8 的倍数跳动，小于 1 个点的零头部分用分数 1/8、1/4、3/8、1/2、5/8、3/4、7/8 来表示。本书不用小数点而用 "-" 来连接股票价格的整数美元部分与零头部分，读作 "又"。例如，"90-1/4" 表示股票价格为 "90 又 1/4 美元"，"-" 是 "又" 的意思，"-" 前面的数字表示整美元数，后面的数字表示零头。

价——当然是最新的报价。他还在成交单上注上交易时间，这么一来，看起来几乎像正规经纪商的成交报告，读起来大体上如以下字样：他们已经为你买进或卖出了多少股某某股票，成交价某某，成交时间为某日某时某分，以及他们从你这里收取了某某金额。当你打算了结交易时，你走到柜台前——同一位柜员或是另一位柜员，按这家对赌行的规矩办——告诉他你要平仓。于是，他找到最新的报价，或者如果这个股票不活跃，他便等到纸带上出现该股票的下一个报价。他把这个价格和时间写在成交单上，签字表示批准，再把成交单交给你，然后你就可以凭成交单到出纳那里结算，拿到应付给你的款项。当然，如果市场变化对你不利，并且超过了你的保证金设定的限度，那么你的交易便自动了结，你的成交单会变成废纸一张。

小型对赌行允许人们最少可以交易 5 股的小笔单子，成交单是一张小条子，买进和卖出分为不同的颜色。有时候，比如在群情沸腾的牛市高潮，对赌行可能会惨遭重创，因为所有客户都是多头，碰巧他们又都赌对了。这时候，在你开头寸时，对赌行可能既扣掉你开头寸的佣金，又提前扣掉你平头寸的佣金。举例来说，假定你在 20 美元的价位买进某股票，成交单可能写着 20-1/4。现在，你只有 3/4 点的向下空间来赌市场上涨了。

大都会算是新英格兰对赌行里的头把交椅，顾客成千上万。我感觉，在这成千上万的客户之中，只有我是他们唯一害怕的。不论是生吞活剥的高额手续费，还是蛮不讲理的 3 个点的保证金，都不能难倒我。只要他们接单，我便不停地买进、卖出，多多益善。有时候，我的头寸限额可达 5000 股。

嗨，该来的迟早要来，事情终于发生了，且听我道来。那一天，我卖空了3500 股糖业（Sugar）。我手上有 7 张粉红色的成交单，每张单子 500 股。大都会的成交单是一张大纸，预先留下空白，好添上额外追加的保证金。当然了，对赌行从不会找你追加保证金。保证金越少，客户的回旋余地越小，对他们越有利，因为他们的利润就来自你被洗掉的保证金。在较小的对赌行，如果你打算给自己的头寸多放一些保证金，他们会另写一张交易单给你，这么一来，他们就可以再收一次手续费，新增加 1 个点的保证金只能给你增加 3/4 点向下的余地，因为当你卖出时，他们还要把新增的保证金算做新交易，再收一次平仓的手续费。

回到正题，我记得当天我的保证金已经上升到超过 1 万美元了。

　　当我第一次积攒到 1 万美元现金的时候，仅有 20 岁。想必你已经听说我妈妈了。你可能会觉得，带着 1 万美元现钞到处跑的，除了老约翰·D（old John D.）恐怕找不到第二个人了。她老是叮嘱我，要知足，快罢手去干点正经营生。我费尽唇舌，总算让她相信我不是赌博，而是靠数字推理来挣钱的。但是，在她心目中，1 万美元的数目实在太大，而我心中所想的，完全是如何用它赢得更多保证金。

　　我卖空 3500 股糖业的成交价是 105-1/4。同交易室还有另一位老兄，亨利·威廉斯，他卖空了 2500 股。我平常总坐在报价机旁边，替行情"书童"大声读报价。该股票的价格表现和我预期的一致。起先快速下跌了几个点，现在稍息一下，喘口气，酝酿下一波下跌。市场普遍走得相当疲软，看起来顺风顺水、大有希望。就在这时，突然之间我不喜欢糖业当时犹豫徘徊的样子了。我开始感觉不自在起来。我琢磨，该退场了。那时，它的卖出价是 103——这是当天的最低价，然而，我非但没有感到更有信心，反而更有点六神无主的感觉。我知道，一定在什么地方有什么不对劲了，不过我并不确切了解到底哪里有毛病。如果即将有事临头，却不知道是什么来头，那就不可能做好防备了。既然如此，最好还是"三十六计走为上"吧。

　　你知道，我并不盲目行事。我从不喜欢盲目行事，永远不，甚至还在孩提的时候，我要做一件事，就必须先弄明白做这事的道理。但是这一回，我却找不出什么明确的理由，虽然找不出明确理由，但偏偏就是心里不踏实，人都快受不了了。我大声招呼我认识的一位仁兄，戴夫·怀曼，对他说："戴夫，你坐我这儿，我要你帮我做点事儿。你在喊糖业的下一个报价之前，稍等一会儿，行吗？"

　　他说好的。我起身，让他坐在我的位置上——报价机边上，由他来替行情"书童"读报价。我从口袋里拿出那 7 张糖业成交单，走到柜台前。这个柜台的柜员负责平仓交易、填写成交信息。不过，我真的不知道为什么应该撤离市场，所以我就站在那儿，斜倚着柜台边，不让柜员看见我手上拿着的单子。不一会儿，我听到一台电报设备"咔嗒咔嗒"起来，看见汤姆·伯纳姆，那位柜员，很快转过头、听着。这时候，我感觉到有什么鬼把戏就要出笼了，断然决定不再等待了。就在这时，坐在报价机边的戴夫·怀曼开始喊："糖——"，说时迟，那时快，我把单子闪电般拍在柜台上，拍在柜员面前，扯开嗓子："轧平糖业！"——抢在戴夫喊完糖业报价之前。就这样，按照行规，对赌行自然必须按照上一个最近的报价轧平我的糖业。结果，戴夫喊出来的，还是103。

根据我的"秘方"，糖业这时候应该已经跌破103了。看来有什么地方不对头。我预感身旁可能有陷阱。电报机现在不管不顾，发了疯似地一个劲"咔咔"，我注意到汤姆·伯纳姆，那位柜员，没签我的单子，它们还在原来我拍下的地方，他不眨眼地听着咔嗒声，好像正等什么。于是，我朝他大喊："嘿，汤姆，你究竟等啥？快把单子填上——103！麻利点儿！"

房间里所有人都听到了喊声，开始朝这边张望，相互打听出了什么事。你瞧，虽然大都会还没赖过账，可是谁敢打包票呢，挤兑对赌行就像挤兑银行，一点火星就着。只要有一位客户犯了疑心，很快就会传染其他客户。就这样，尽管汤姆脸拉得老长，但还是走近几步，在我的7张单子上签下"于103平仓"，冲我拽过来。没错儿，他脸色铁青。

喏，从汤姆的柜台到出纳员待的"笼子"，距离不超过3米。我正走向出纳那里取钱，但是我人还没到，戴夫·怀曼就在报价机旁激动地大嚷："天哪！糖业，108！"然而，这一招来得太晚了，我只是笑笑，对汤姆喊着说："刚才不是这样的，对吧，老兄？"

当然，这是人为操纵的。亨利·威廉斯和我加在一起，共计卖空了6000股糖业。这家对赌行拿了我和亨利的保证金，营业厅里或许还有其他人也卖空了不少糖业，可能总共有8000股到1万股糖业的保证金。假设他们在糖业上总共拿到了2万美元的保证金。这笔金额已经大得足以驱使店家在纽约股票交易所的市场上玩点手脚，好把我们洗掉。在那个年头，每当对赌行发现自己在某个股票上积累了太多的多头赌客，他们惯用的伎俩就是找几家股票经纪行，联手洗盘，打压这个股票的价格，使它下跌到足以清洗所有做多该股票的客户。对赌行付出的代价很少超过几百股的几个点的，而他们赚到的却是成千上万美元。

这就是大都会的行径，就为了捉住我和亨利·威廉斯，以及其他做空糖业的人。他们在纽约的股票经纪人把糖业的价格打高到108。自然，它立即又跌回起点，但是亨利和许多其他客户就这样被洗劫了。但凡出现了无法解释的急剧下跌、随后市场又立即返回的情况，当时的报纸经常称之为"对赌行偷袭"。

最好笑的是，就在大都会的人企图坑骗我这事之后不到10天，一位纽约的炒家从他们那里卷走了7万多美元。这位先生在他得意的年头，曾在市场上相当有影响。他是纽约股票交易所的会员，在 1896 年的"布赖恩恐慌"（Bryan panic）中做空，出了大名。不过，他总是和股票交易所的规则对着干，因为规则妨碍了他拿其他会员的利益做代价的一些手脚。有一天，他终于想出一条妙计，要是从本地对赌行的不义之财中分一杯羹，那就既不得罪交易所，也不会引起警察机关的不满。在我上面提到的故事中，他派出 35 个弟兄冒充对赌行客户。他们去了本地对赌行的主要营业厅和最大的分店。在约定的那一天的指定钟点，他的弟兄们全都敞开了买进约定的那只股票，店里让买多少就买多少。他指示他们当股价达到约定的赢利时便偷偷地卖出平仓。他的手法当然是先在他的圈子里散布关于这个股票利多的小道消息，然后他自己到交易所场内，不断抬高股价，场内交易员也跟着推波助澜，因为他们觉得他是一把好手。为这事，他精心挑选了合适的股票，因此没费多大劲就把股价推高了 3 ~ 4 个点。这时，他派到对赌行里的弟兄们按照预先的计划乘机卖出变现。

有位老兄告诉我，这位幕后主使一次就净赚了 7 万美元——刨去弟兄们的开销和报酬。他把这套把戏耍遍了全国，挨个教训了纽约、波士顿、费城、芝加哥、辛辛那提和圣路易斯较大的对赌行。他最中意的股票之一是西部联盟，因为这样的股票半活跃不活跃，很容易推高几个点，或者打压几个点。他的人马在约定的价位买进，有两点的利润就抛掉，然后再反手做空，再获得 3 个点或更多的利润。顺便提一句，前两天我在报纸上看到，这人已经去世了，死的时候很穷，默默无闻。要是他死在 1896 年，他的死讯会在纽约每一家报纸的头版至少占上一栏。现在只在第五版有两行字。

2

首战纽约遭挫败，重回对赌筹本钱

我发觉，大都会股票经纪公司起先打算软刀子杀人——强制我缴纳3个点的保证金和1个半点的交易手续费。这一套没成功，他们连下三滥的手段都使出来了。后来，他们多方暗示，天塌下来，也不做我的生意了。就在这期间，我很快拿定主意，到纽约去，在纽约股票交易所会员的总部做交易。我不想到任何一家波士顿分公司去，因为报价必须通过电报传递到纽约，我希望尽可能接近行情源头。我在21岁那年来到纽约，随身带着全部家当——2500美元。

我曾告诉你，当我20岁的时候已经有1万美元了，我做糖业那笔交易时保证金超过1万美元。然而，我并不总是赢利。我的交易计划足够可靠，而且赢利的时候多过赔钱的时候。要是我始终遵守它，那么10次中可能达到7次交易结果是正确的。事实上，如果我在开仓之前确信自己是对的，最终总能获利。真正打败我的，是自己的定力不够，不能始终贯彻自己的技术要领，也就是说，仅当看到市场前兆确实对交易有利时，才入市交易。天下万物皆有定时，我却不知道这一点。恰恰正是这一点，令华尔街如此之多的英雄好汉折戟沉沙，尽管他们已经远远超越了绝大多数平庸之辈。一般的傻瓜犯起傻来，会不分时间和场合蛮干；华尔街的傻瓜呢，则是不分时间，总觉得非做交易不可。没人能够天天找到充分理由，天天买进或者卖出股票；或者说，没人有足够的知识天天交易，天天都能按照明智的交易方式买卖。

本人是一个明证。每次如果本着经验的指引来阅读行情纸带，就能挣钱；但是一旦平白犯傻，就注定赔钱。我也不例外，不是吗？一走进交易厅，巨大的行情板一眨不眨地瞪着我的脸，报价机在耳畔催促般地吱吱响个不停，身边人来人往、买来卖去，眼睁睁看着手上的单子变成钞票或化作废纸。这么一来，我自然就让追求刺激的渴望取代了理性的判断。在对赌行里，保证金太少，你不可能有长线打算，因为你太容易也常常太快被洗掉了。不顾实际市场状况，

13

只顾不停地买卖，是导致华尔街许多交易者亏损的罪魁祸首，甚至专业交易者也逃不过这个陷阱，他们觉得每天都得带一点钱回家，就像拿工资的寻常上班族那样。请记住，当时我还是个毛头小伙，我并不知道自己后来会得到什么样的大教训。15 年后，尽管我对某个股票已经十分看好，但正是这份大教训使我继续耐心等待了两个星期之久，眼看着它上涨了 30 个点之后，才认为是保险的买进时机。当时我已经破产了，正力图东山再起，承受不起丝毫的鲁莽和草率。背水一战，只能赢，不能输，于是只有耐心等待。那是 1915 年，说来话长，后面合适的地方再谈吧。言归正传，多年来我在对赌行里对他们迎头痛击，但是最终还是叫他们夺走了我的大部分收益。

不仅如此，当这一切发生的时候，我明明瞪着眼睛看着！而且，在我的交易生涯中，这种经历可不是只有一次。股票交易者自己身上便藏着许多敌人，他不得不战胜所有这些敌人，要是做不到，就得付出高昂的代价。不管怎么说，我带着 2500 美元来到了纽约。这里找不到一家持久营业的对赌行，股票交易所和警察局携手管得很严，开一家关一家。此外，我打算找到一个不限制头寸的地方，有多少本金就可以做多少交易。我那时还没有多少本金，不过我预期自己的本金不会总这么微薄。初来乍到，最主要的考虑是找一个好地方，再也不用担心交易不公平。于是，我来到一家纽约股票交易所的经纪行，它在我老家开了分店，我认识那店里的几位职员。现在说起来，这家经纪行早已关张了。我在这家经纪行待的时间不长，我不喜欢其中一位合伙人，后来便转到 A.R. 富勒顿公司（ A. R. Fullerton & Co. ）。肯定有人对他们说过我的早期经历，因为我过去不久，他们就统统叫我 "交易神童"。我的样子看上去总显得比实际年龄更年轻。这一点在一定程度上对我不利，不过反过来，也迫使我更努力地独立奋斗，因为那么多人试图利用我的年轻来占我的便宜。对赌行那些家伙看到我只是乳臭未干的少年，总觉得我不过是傻人有傻福，这就是我经常赢他们的唯一原因。

唉，不到 6 个月，我就破产了。我的交易相当活跃，小有 "赢家" 的名气。我猜测，我的交易佣金累积起来总额恐怕不小。我的账户上曾经有一定数额的累积盈利，但是，最终还是输了。虽然在交易时我很小心，但注定最终是亏损的。让我来告诉你原因：正是由于我在对赌行里的非凡成功！

以我的方式交易，只能在对赌行里赢得这场游戏，因为我赌的是市场波动。

我的纸带阅读术只适用于对赌行的交易方式。当我买进的时候，价格就在那儿，写在行情板上，摆在我眼前。甚至在下单之前，我就已经确切地知道我要为股票付出多少价钱。与此同时，我也总能在一瞬间卖出。我能成功地抢帽子，因为我可以像闪电一样完成交易。幸运的时候，我可以继续跟进；不利的时候，可以在一秒钟内止损。举例来说，有时候，我有把握某只股票肯定要上涨或下跌至少 1 个点。好，我用不着从鱼头吃到鱼尾，可以支付 1 个点的保证金，本金飞快翻番；或者，也可以只挣半个点，见好就收。每天交易一两百股，到了月底，进账不错，对吧？

当然，这一套实际上是行不通的，即使对赌行有足够资源来承受一系列大额稳定的亏损，他们也不愿意这么做。他们不愿意哪个客户总是赢他们的钱，那滋味实在太糟糕。

无论如何，在对赌行里行之有效的交易套路，在富勒顿的营业厅里却不起作用。在这里，我真正买进或卖出股票。纸带上糖业的价格或许是 105，我能看出它即将出现 3 个点的下跌。实际上，就在报价机在纸带上打印出 105 的那一刻，在交易所场内真实的成交价可能已经是 104 或 103 了。等到我卖出1000 股的交易指令传递到富勒顿公司场内出市代表手中真正执行的时候，成交价可能还更低。我一直无法得知我卖出 1000 股的成交价到底在什么水平，必须等到那位出市代表的成交回报传回来。同样一笔交易，在对赌行肯定已经挣到3000 美元了，而在交易所的经纪行或许一分钱也挣不到。当然，这是比较极端的例子，不过事情的本质并无二致，就我的交易套路来说，在 A.R. 富勒顿的营业厅，纸带告诉我的总是过时的历史，而我当时并没有认识到这一点。

雪上加霜的是，如果我的指令大到一定程度，我自己的卖出可能进一步压低价格。在对赌行，我用不着考虑我自己的指令引起的冲击效应。之所以在纽约吃败仗，是因为这里完全是另一种玩法。导致我亏损的原因并不在于现在我做的是合法交易，而在于我在操作过程中其实是一知半解。人们夸我擅长阅读行情纸带。然而，即使我阅读纸带像高手一样，也不能幸免于亏损。要是我亲自到场内交易，当一名场内交易员，也许结果会好得多。如果置身于场内交易者群体中，现实状况就在眼前，我也许就能让自己的交易体系适应它了。当然，这个系统也不是无懈可击，举例来说，如果按照我现在的交易规模来操作，这样的系统同样还是会让我失败的，原因在于我的交易对市场价格带来的冲击效应。

长话短说，我当时并不懂得股票投机交易的真谛，只了解其中一个部分，虽然这是相当重要的部分，对我来说，任何时候这部分都是极有价值的。话说回来，如果凭我所知道的一切尚且不能赢利，那么，场外那些更缺乏经验的市场参与者能有多大的胜算呢？或者更准确地说，他们有多大的可能性赚钱呢？

没用多久，我就意识到，我的交易方法有什么地方不对劲，但就是不明白问题到底出在哪里。有的时候，我的系统运行得很漂亮，突然之间，一记耳光接着一记耳光劈头打过来。记得吧，我当时只有 22 岁，并不是因为我固执己见，不愿意反省究竟自己错在何处，而是因为那个年纪的人对任何事都是懵懵懂懂。

营业厅里的人对我很友善。因为他们关于保证金的规定，我不能尽情下单，但是老 A.R. 富勒顿和公司里的其他人待我太好了，经过 6 个月的活跃交易，我不仅损失了当初带来的所有本钱，还有在那儿挣到的所有利润，甚至还欠了公司几百美元。

看看我，一个毛头小子，以前从来没出过远门，现在彻底破产了。但是我知道，我自己并没有什么地方应当受责备，问题完全出在我的交易套路上。不知道我的意思是不是说清楚了，的确，我从来不对股票市场发脾气。我从不与行情纸带争辩。埋怨市场无济于事。

我太渴望恢复交易了，一分钟也没耽误，就跑去找老富勒顿，对他说："嗨，A.R.，借我 500 美元，好不好？"

"要钱干什么？"他问。

"我得弄些钱。"

"要钱干什么？"他再次问道。

"当然是做保证金了。"我说。

"500 美元？"他说着，皱起眉头，"你知道，他们要你维持 10% 的保证金，这意味着做 100 股要交 1000 美元。我给你一个信用额度，岂不好多了……"

"不。"我回道，"我不想要这里的信用额度，我已经欠公司一笔钱了，我的打算是，请你借我 500 元钱，我就可以拿到外面去挣一笔，再回来。"

"那你打算怎么干呢？"老富勒顿问。

"我要找一家对赌行，到那儿交易。"我告诉他。

"在这儿交易吧。"他说。

"不，"我回道，"在这间营业部里我还没有取胜的把握，但是，我有把握从对赌行里赢出钱来，我懂那儿的玩法。我有些心得，已经知道在这里我有什么地方做得不对了。"

他给了钱，我离开了营业部——就在这儿，这位昔日人称对赌行克星的男孩赔得底儿掉。我不能回家乡，因为那里的对赌行不接我的生意。纽约也不用考虑，当时纽约一家对赌行也没有。他们告诉我，19 世纪 90 年代的百老汇街（Broad Street）和新街（New Street）曾经到处都是这路货色。但是现在我的生意用得着的时候，偏偏一家都没有了。于是，我想了想，决定去圣路易斯。我听说那儿有两家对赌行的生意做得很大，遍及整个中西部。他们的利润一定很丰厚。他们在几十个城镇都有分号。实际上人家告诉我，东部地区没有哪一家对赌行在生意规模上能够和他们相提并论。他们在光天化日之下营业，连最体面的人都在他们那里交易，不带丝毫疑虑。有个家伙甚至告诉我，其中一家对赌行的老板是某地商贸促进会的副主席，不过不可能是圣路易斯的。不管怎么说，这就是我要去的地方，指望带去 500 美元，带回更大的一笔钱，好放到 A.R. 富勒顿公司（纽约股票交易所的会员）的营业厅充当保证金。

到达圣路易斯后，我先到旅馆洗了把脸，便上街寻找对赌行。一家是 J.G. 多兰公司，另一家是 H.S. 泰勒公司。我知道能赢他们。我打算采用绝对保险的玩法——小心又保守。我唯一担心的是，怕有人认出我，暴露行踪，因为全国各地的对赌行都听说过"交易神童"。他们像赌场，时刻留意有关赌博高手的流言蜚语。

多兰公司比泰勒公司的距离更近，我决定先去多兰公司。但愿他们让我做几天交易，再叫我走人另谋高就。我走进去，里面空间巨大，至少有好几百人在那儿盯着报价板。我很开心，因为在这么拥挤的人群中，我比较不容易引起注意。我站在那儿，观察报价板，从头到尾审视一遍，直到挑出合适的股票做头一把。

我环视四周，看到了窗口边的接单员，人们就是在那儿压下本钱，拿到成交单。他正看着我，于是我走过去，问道："你们这儿可以交易棉花和小麦吗？"

"是的，小朋友。"他答道。

"那我也可以买股票吗？"

"要是你有钱，就可以买。"他回道。

"噢，我有钱，没问题。"我说着，像是吹牛充阔的少年。

"你有钱，是吗？"他说着，面带微笑。

"100 美元能买多少股票？"我问道，故作不快状。

"100 股，要是你拿得出 100 美元。"

"我有 100 美元。对，有 200 美元呢！"我回他。

"哦，好家伙！"他说。

"你给我买 200 股。"我不客气地说。

"200 股什么？"他问道，严肃起来了。生意归生意。

我再次看了看行情板，好像要好好猜猜，然后告诉他，"200 股奥马哈（Omaha）。"

"好的！"他说。他收下钱，点好数，签好成交单。

"你叫什么名字？"他问我。

我回道："霍勒斯·肯特。"

他把成交单递给我，我走到一边，坐在顾客群中，等着这卷钱变多。我快进快出，这一天交易了好几次。第二天故伎重演。两天，我赚了 2800 美元，当时还指望他们让我把这一星期做完。以我当时赚钱的速度，一星期下来大概成绩不坏。然后，再到另一家店去，要是在那里也能同样走运的话，就能带一大沓子钞票回纽约，好好施展一番。

第三天早晨，我扮着一副羞涩模样，走到窗口前，要买进 500 股 B.R.T.。那位柜员对我说："嗨，肯特先生，我们老板想见你。"

我知道把戏被戳穿了。但还不死心："他为什么要见我？"

"我不清楚。"

"到哪儿找他？"

"在他的老板间，朝那边走。"他指着一扇门。

我走进去，多兰正坐在他的办公桌前，他转过身来，对我说："请坐，利文斯顿。"他指着一张椅子。

最后一线希望破灭了，我不知道他是怎么看破我的，或许是从旅馆登记簿上。

"找我有何贵干？"我问他。

"听着，年轻人。我对你没有任何恶意，明白？一点儿都没有，明白吧？"

"是，我也没看出来。"我说。

他从转椅上站起身来，这家伙身材魁梧。他对我说："来，过这边来，利文斯顿，好吗？"他走向门边，打开门，然后手指着大厅里的顾客们。

"看见这些人了吗？"他问道。

"看见什么？"

"这帮子人。好好看看他们，年轻人。这里有300号这样的家伙！300号肥羊！他们养活我和我一家人，明白吗？300号肥羊！然后你来了，你两天时间弄到的，比我从这300号肥羊身上两个星期挣到的都多。这不是生意经，年轻人——不是我的生意经！我对你没有任何恶意，你就拿着你已经弄到手的好了，但是你别再弄了，这里一个子儿也不再给你！"

"为啥，我——"

"到此为止。前天我看着你走进来，第一眼就不喜欢你的样子。老实说，一点儿也不喜欢。我一眼就看出你是装呆卖傻的老千。我把那头蠢驴叫进来。"他指着那位闯祸的店员，"问他你做什么了，他告诉我之后，我跟他说：'我不喜欢那家伙的样子，他是装呆卖傻的老千！'那头蠢驴对我说：'我才不信他是老千呢，老板！他叫霍勒斯·肯特，毛头小子故意充大人而已，他没问题！'唉，我就随他去了，这该死的让我破了2800美元的财。我不怨你，我的孩子，但是这钱箱子对你是锁上了。"

"听我——"我刚开了个头。

"你听着，利文斯顿，"他抢道，"我四处打听，对你门儿清。我包揽肥羊们的赌博来挣钱，你不属于这里。我这人讲义气，已经从这里刮走的你拿走好了。但是，现在我已经知道你的底细，不能再让你挖墙脚，那样我就成肥羊了。你走你的阳关道吧，年轻人！"

我带着2800美元的利润离开了多兰的场子。泰勒公司的地方就在同一个街区。我已经弄清楚，泰勒非常富有，他还开办了许多台球房。我打定主意到他的对赌行去。我琢磨着，到底是小小地开始，慢慢炒到1000股呢，还是一开始就来大的好，说不定我只能在那儿做一天交易。当他们输钱的时候，很快就能学乖，我确实想买进1000股B.R.T.。我有把握从这只股票上拿到4～5个点的利润。但是如果他们起了疑心，或者如果太多客户做多这只股票，或许他们碰都不让我碰。我觉得或许起初还是化整为零，从小笔开始为妙。

这里的交易厅没有多兰公司的大，但装修更讲究。显然，这里的客户群体来自更富有的阶层。这对我再合适不过了，我决定买进 1000 股 B.R.T.。于是，我走到对应的窗口前，对店员说："我打算买进一些 B.R.T.。最多可以买多少？"

"上不封顶，"那位柜员说，"想买多少就买多少——只要你有钱。"

"买进 1500 股。"我说着，从口袋里掏出一卷钞票，那位柜员开始填单子。

就在这时，我看到一位红头发的男人从柜台边一把推开那位店员。他向前倾身，对我说："嗨，利文斯顿，你还是回多兰那儿去吧，我们不想和你做生意。"

"等我拿走我的成交单，"我说，"我刚刚买进了一点儿 B.R.T.。"

"什么单子你也别想拿。"他说。这时，其他店员都围在他后面，看着我。"再也别来这儿交易，我们不做你的生意，懂了吗？"

无论是发火，还是企图讲理，都没什么意义，于是我返回旅馆，结了账，登上第一趟列车回到纽约。世道艰难。我本想挣回一点现金重新开始，但是泰勒竟然一次都不让我交易。

回到纽约后，我还了富勒顿 500 美元，凭在圣路易斯挣的钱又开始交易。我的手气时好时坏，不过，总的来说比盈亏打平好一点。毕竟，我用不着改弦更张，唯一需要领会的是，要做好股票投机的行当，除了来富勒顿营业厅交易之前已经学会的之外，还要掌握其他本领。就像字谜爱好者一样，他们喜欢在报纸周末副刊上填写纵横字谜，不填出来绝不罢休。我呢，当然渴望为我的市场拼图找到答案。我本以为在对赌行已经找到了全部答案，但是，我错了。

大约在我回纽约后几个月，富勒顿的办公室来了一位老古怪。他和富勒顿相熟。有人说，他们俩曾经共同拥有一群赛马。很容易看出来，他曾经有过光彩的日子。我被介绍给老麦克戴维特（McDevitt）。他正向大伙说起一伙西部赛马场骗子，他们刚刚在圣路易斯得手了一把。"这群骗子团伙的头头，"他说，"是一家台球室的老板，名叫泰勒。"

"哪个泰勒？"我问他。

"那个泰勒，H.S. 泰勒。"

"我认识这家伙。"我说。

"他不是好东西。"麦克戴维特说。

"岂止，简直坏透了，"我说，"我还有一笔小账要和他算一算。"

"怎么算法？"

"教训这伙恶棍的唯一办法是从他们的荷包入手。现在在圣路易斯还没办法碰他，但是总有一天会的。"我把自己的委屈也告诉了老麦克戴维特。

"嗯，"老麦克戴维特说，"他想尽法子在纽约设点，但是做不到，只好在霍博肯开张了一家。我听人说，那里不限交易数额，生意火爆到极点，直布罗陀岩山和那儿比起来，不过是矮脚鸡身上的跳蚤。"

"这是个什么所在？"我以为他说的是台球室。

"对赌行。"老麦克戴维特说。

"你确信已经开张了吗？"

"是，我已经听到好几个人对我说起这家店了。"

"这些都是听说而已，"我说，"能不能麻烦你亲自确认一下它是否在营业，还要查明他们最多让客户交易多少？"

"好吧，小家伙，"老麦克戴维特说，"明天我亲自跑一趟，再回来跟你说。"

他跑了一趟，确认泰勒的买卖已经做得很大了，而且只要有单子就吃。这天是星期五，这一周市场一直在上涨——这话说的是 20 年前，请记住——可以肯定，星期六公布的银行报告必定显示银行超额准备金大幅下降。通常这是很好的借口，交易商大户必定会利用这样的机会突然袭击，力图通过震仓把那些脆弱的保证金交易账户洗出去。当天最后半小时的交易，市场将一如既往地明显回落，特别是那些公众参与最积极的活跃股票。那些股票，当然也正是泰勒的客户们做多仓位最重的股票，他的对赌行自然乐于见到有人在这些股票上做空的单子。再没有比这种情况更理想的了，可以同时从正反两个方向捉弄这些肥羊，而且没什么比这更容易——只需 1 个点的保证金。

那个星期六的早晨，我赶到霍博肯，来到泰勒的对赌行。他们装修了一间巨大的客户大厅，有豪华的报价板、一大群店员，还有一位穿着灰色制服的保安，里面大约有 25 名客户。

我找到经理，和他聊起来。他问我，有什么可以为我效劳的，我告诉他，没什么事。他说，用不着在股票上挣这点鸡零狗碎的钱，而且或许还得一天接一天等待；在赛马场上挣钱多得多，在那儿凭的是运气，而且可以随便把所有钞票都赌上，只用几分钟，就可以赢几千美元。接下来，他开始介绍股票市场的赌法如何更安全，他们这里某些客户如何挣了大钱。听他说的话，你一定会认为，这是一间正规的经纪行，真正替你在交易所买进和卖出股票，并且，下手一定要狠、要大，这样才能赚个盆满钵满。他一定以为我可能正打算去哪个台球室赌一把，他要先下手为强，在其他人盘剥我之前，先从我的钞票卷里切下一大块，所以他劝我赶紧入市，因为星期六股票市场在 12 点钟就收盘了。他说，这么一来我还有一整个下午好去干其他勾当。或许我确实能揣着更大一卷钞票到跑马场去——如果我选的股票对路的话。

我显出不怎么相信的样子，他呢，便不停地唠叨。我看着钟表，11 点15 分，我说："好吧。"然后开始给他一些卖出各种股票的指令。我拿出 2000 美元的钞票，他很高兴地收下。他告诉我，他感觉我一定会挣一大笔，希望我经常光顾。

后来的情况果然如我所料。交易大户猛砸那些他们认为有可能触发最多卖出止损指令的股票，果不其然，股票价格跳水。最后 5 分钟，通常交易商们要买入平仓，引起行情上涨，在这之前我平回了头寸。

我总共赚到了 5100 美元。我走过去兑现。

"我真高兴自己入市了。"我一边对那位经理说，一边递给他我的成交单。

"嗨，"他对我说，"我付不了你那么多，没想到会有这么大的行情，星期一上午我给你把钱准备好，绝不食言。"

"好吧。不过，你先把你现有的钱付给我。"我说。

"你得让我先兑付那些散户，"他说，"我先把你的保证金还给你，然后剩下多少给你多少。先等我兑付完其他成交单。"于是，我在一旁等着，让他先兑付其他赢家。哦，我知道我的钱是安全的，此地的生意这么好，泰勒不可能在这儿爽约的。而且，即使他食言，除了拿走当时所有他剩下的钱以外，我还有什么更好的办法呢？我拿回了自己的 2000 美元本金，另外还有 800 美元盈利，这是营业厅里剩下的所有钱了。我对他说，星期一上午一定到场。他发誓，到时候一定备好钱等着我。

星期一我到达霍博肯的时候比十二点稍早一点。我看到一个家伙正在和经理说话，那天当泰勒叫我滚回多兰那边去的时候，我曾在圣路易斯的营业厅见过他。我立即明白，经理已经打电报给他的总部，于是他们派人来调查这件事了。骗子信不过任何人。

"我来结算我的余款。"我对那位经理说。

"就是这人？"圣路易斯来的老兄问道。

"是的。"经理回道，从衣袋里掏出一沓黄色钞票。

"且慢！"圣路易斯来的家伙对他说，然后转过身对着我，"嗨，利文斯顿，难道我们没告诉你我们不做你的生意吗？"

"先把钱还我。"我对经理说，他递过 2 张千元的、4 张 500 元的和 3 张百元的钞票。

"你说什么？"我对圣路易斯的家伙说。

"我们告诉过你，不让你在我们的地方交易。"

"对了，"我说，"这就是我来的原因。"

"嗨，再别来了，滚得远远的！"他气急败坏地吼道。穿灰色制服的保安走过来，貌似漫不经心。圣路易斯的家伙对经理晃着拳头，喊着："你应该更晓事一点，你这个可怜的白痴，不应当让这家伙钻你的空子。他是利文斯顿，我们跟你打过招呼的。"

"听着，你，"我对圣路易斯来的老兄说，"这里不是圣路易斯，你不能随便取消任何成交单，就像你的主子对付贝尔法斯特男孩那样。"

"你离这营业厅远远的！你不能在这里交易！"他咆哮道。

"要是我不可以交易，其他人也不行，"我回道，"你这一套在这里吃不开。"

这下子，圣路易斯来的家伙立即软了腔调。

"听我说，老弟，"他说，满脸烦恼的可怜相，"帮帮忙，讲点道理！你知道，天天发生这样的事，我们承担不起。要是那老东西听说是你的话，肯定一蹦三个高。发发慈悲吧，利文斯顿。"

"我适可而止。"我保证道。

"讲讲道理，好不好？看在老天的分上，离得远远的！给我们一点机会，让我们开门顺利点吧，我们刚到这里，好不好？"

"下次我来，再也不想见到你这副盛气凌人的架势。"我说完走开，留下他连珠炮似地训斥那位经理。我已经从他们手中赢了一些钱，报了在圣路易斯他们公然毁约的一箭之仇。再卷入什么争执，或者让他们关门，也没有什么道理。我回到富勒顿的办公室，告诉老麦克戴维特事情的经过。接着，我跟他说，如果他愿意的话，我想请他替我去泰勒的营业厅里，20 股、30 股一笔开始交易，让他们慢慢熟悉他。等到哪一刻我看准好机会可以赚一票，就打电话给他，一把扑进去。

我交给老麦克戴维特 1000 美元，他动身去了霍博肯，开始依计而行，之后逐渐成了他们的常客。后来一天，我觉得很有把握，看出市场马上就要向下突破，于是悄悄给老麦克戴维特递了话，尽他们允许的最大额度卖出。那一天，我净赚了 2800 美元，不算付给老麦克戴维特的提成和其他开销。我疑心麦克戴维特另外给他自己做了一点老鼠仓。这事之后不到一个月，泰勒关闭了他的霍博肯分部。于是，警方开始忙活起来。虽然我只在那儿交易了两次，但是这家店并没挣到钱。我们正好碰上疯狂的牛市，股票价格很少回落，甚至不足以把 1 个点的保证金洗出去，当然，所有的客户都是多头，一边持续赢利，一边继续加仓。全国数不清的对赌行一家接一家地倒闭。

他们的游戏规则从此改变了。相比在一家正规经纪行里交易，在老式对赌行里交易，交易者拥有某些决定性的优势。举例来说，当保证金到达耗竭点的时候，你的交易会自动终结，这是最佳的止损形式。你的损失不会超出你已经支付的数额，也不会出现低劣的交易指令执行结果，等等。纽约的对赌行对他们的顾客从来不像我听说的西部对赌行那样慷慨大方。在这里，他们惯于限制客户潜在的盈利空间，对特定的热门股票只允许 2 个点的盈利。糖业、田纳西煤铁（Tennessee Coal and Iron）都属于受限之列。哪怕这些股票在 10 分钟之内波动了 10 个点，你每张成交单也只能获利 2 个点。他们认为，如果不这样设限，客户的赢面就太大了，因为他损失的时候只有 1 美元，获利的时候则有 10 美元。不仅如此，在某些情况下，所有的对赌行，包括其中最大的，都会拒绝接受某些股票的交易指令。1900 年，大选日的前一天，麦金利（McKinley）胜出已经是板上钉钉的事，纽约没有一家对赌行允许客户买进股票。麦金利的选举胜算率为 3 比 1。如果星期一买进股票，你就准备好了，可以获利 3 个到 6 个点甚至更多。你也可以赌布莱恩（Bryan）获胜，买进股票也有把握赢利。但是那天对赌行拒绝接单。

如果不是对赌行拒绝我下单，我可能永远都不会停止在那里交易。要是那样，我就永远没有机会了解股票投机生意还包括其他很多内容，远不止于仅仅在几个点的小波动上弄潮。

3

行情纸带拖后腿，五万美元得复失

人要花很长时间才能从自己的错误中学到所有应得的教训。人们说，凡事皆有两个方面。然而，股票市场只有一个方面，既不是多头的方面，也不是空头的方面，而是只有正确的方面。我花了很长时间才把这项基本原则牢牢地扎根在脑子里，这比掌握股票投机生意的其他绝大多数技术内容花费的时间多多了。

我听说有的人自娱自乐，利用股票市场做模拟交易，用想象的美元来证明自己多么正确。有时候，这些虚拟的赌徒会获利千百万。按照这种方式，你很容易成为一名"豪赌客"。这让我想起了一则老故事。

有人准备第二天和人决斗，他的助手问他："你的枪法怎么样？"

"噢，"决斗者答道，"我能在20步开外射断葡萄酒杯的细柄。"看上去挺谦虚。

"不错，"助手不为所动，"但是，如果那个葡萄酒杯正举着一把上膛的手枪瞄着你的心脏，你还能射中杯柄吗？"

对我来说，必须用我的钱来支撑我的观点。亏损一再地教导我，除非已经确信在前进过程中不会被迫后退，否则干脆不能前进。但是，如果不能前进，我根本就不会动作。我这么说，意思并不是当你犯错的时候不去止损。完全应当。无论如何，说这些并不是要弄得你迟疑不决。我这一辈子都在犯错误，但是对我来说，亏损从来都不仅仅意味着损失，更重要的是其中的教训。如果那样（亏损只是金钱损失）的话，我今天也不会在这儿了。我始终清醒地知道，我还有机会，我不会重犯同样的错误，我相信自己。

如果打算在这一行谋生的话，你必须相信自己，相信自己的判断。这就是我从不听信内幕消息的缘故。如果买股票是因为史密斯的内幕消息，那么卖这些股票同样得依靠史密斯的内幕消息，这样我就得依赖他。到了差不多该卖出的时候，假如史密斯外出度假了，怎么办呢？不，先生，没人能靠旁人告诉他怎么做来赚大钱。根据自己的亲身经历，我领悟到，靠别人提供一条或一连串内幕消息挣到的钱，绝不可能超过自己独立判断挣到的钱。我花了5年的时间，才学会足够高明地从事这个行当，在我正确的时候，我的策略足以让我挣到大钱。

我没有太多峰回路转的经历，或许让你失望了。我的意思是，现在回头来看，我学会投机生意的过程谈不上惊心动魄。我曾经几度破产，当然，破产的滋味绝不好受。不过，我赔钱的情形同其他在华尔街赔钱的人没什么两样。投机，是一桩艰苦而充满磨难的行当，投机者必须始终全身心投入其中，不然，很快便会一败涂地、无工可务了。

我需要做的其实很简单，早就应该从在富勒顿公司最初所受的挫折和反复失败之中领悟到：我应该换一个角度来看待投机生意。但是，当时除了在对赌行学到的那些东西之外，我不知道这项比赛还包括其他很多方面。当时，我自以为已经有把握赢得这项比赛了，可是，事实上我只不过赢得了对赌行。当然，在对赌行里磨炼出来的纸带研读能力以及对数字序列的记忆能力对我具有极高的价值。对这两项，我得心应手。作为一名交易者，我之所以在出道初期便能取得成功，这两项至关紧要。至于有没有头脑和学问，反倒没什么干系，因为我的头脑未经训练，知识也处在惊人贫乏的程度。我接受的是市场教育，在实战中学会实战。当市场教训我的时候，棒子打下来从不留情。

我还记得第一天到达纽约的情形。我曾经告诉你，对赌行拒绝接我的单子，这迫使我去找一家正规的经纪行。我在14岁得到第一份工作的那间营业部里曾经认识一位小同事，他当时正在哈丁兄弟公司（Harding Brothers）工作，这家公司是纽约股票交易所的会员。我是那天早晨到达纽约的，当天下午一点钟，我已经在这家公司开了户，准备开始交易了。

前面没有向你解释，我在经纪行里的交易方式和在对赌行里完全一样——对我来说这是自然而然的，也就是力图对市场波动下注，捕捉小幅度但有把握的价格波动。没人向我指出这两种地方的本质区别，或者纠正我的做法。倘若有人告诉我原来的方法在这里不起作用，至少我会先试一试，亲手验证一下；当我犯错的时候，唯一让我确信自己犯了错的，是赔钱。反过来说，仅当赚钱的时候，我才是正确的。这就是投机生意。

　　那些日子，人们曾经享受过一段生机勃勃的时光，当时市场也十分活跃，这种环境总会使人更轻松。我马上如鱼得水，有我熟悉的老报价板，它就在眼前；人们交谈的是我 15 岁之前就已经学会了的东西，就在耳边；那里也有一个男孩忙着和我第一份工作一模一样的活计；那些客户——还是那群老脸色，有的盯着报价板，有的站在报价机旁大声读最新报价，有的相互交谈行情；设备还是我熟悉的那套设备，看上去完全一样；氛围还是我熟悉的氛围，它自从当年我从柏林顿挣到股票市场的第一笔钱——3.12 美元以来便一直包围着我。同样的报价机，同样的交易者，想必还是同样的玩法。还记得吗？当时我只有 22 岁。我料想，或者自以为对这场游戏已经无所不知了，怎么可能有另外的想法呢？

　　我观察着报价板，看到了在我看来有利可图的动向。股价表现对路，我在 84 美元买进了 100 股。半个小时之内，在 85 美元卖出平仓。然后，又看到了我喜欢的情形，于是如法炮制，在极短的时间内，我获取了 3/4 点的净收益。开局不错，不是吗？

　　请看仔细：我作为正规股票交易所经纪行的客户是第一天交易，而且当时仅剩下两个小时的交易时间，但我每次买卖 1100 股，进进出出，忙得不亦乐乎。不仅如此，我当天操作的净业绩正好亏损 1100 美元。也就是说，当我第一天试水后，近一半本钱已经灰飞烟灭了。请注意，其中一些交易还是获利的，然而，这一天我总共亏损 1100 美元。

　　这并没有让我感到不安，因为我看不出自己的交易方法有什么地方不对。另外，我的动作也都足够合理，如果还是在老地方大都会对赌行交易，当天的结果肯定是赢利的。报价机不正常，我损失掉的 1100 美元清楚地告诉我。不过，只要报价机恢复正常，就没什么值得担忧的。唉，22 岁年轻人的无知真是一个致命的缺陷。

　　过了些日子，我心里也开始犯嘀咕："不能再这样交易下去了，报价机不像往常那样帮忙！"然而，我就这样由它去，并没有真正追究到底。日复一日老一套，交易结果有时好点，有时孬点，就这样，直到最后赔得精光。我去找老富勒顿，请他借给我 500 美元。后来，我从圣路易斯回来，前面对你说过，带着我从那里的对赌行赢出来的钱——对赌行里的把戏我总是能赢。

　　回来后，我加倍小心，有一段时间业绩改善了一些。只要手头比较宽裕，

我就开始过得比较讲究。结交新朋友，享受好时光。记得吗，那时我还不到
23 岁，孤身在纽约，口袋里装着几元来得容易的钱，心头怀着一点颇为自许的
信念——快要弄明白这台新报价机了。

我开始为交易指令在交易所场内的执行偏差预留空间，行动更加谨慎。但
是，我还是死抱报价机不放，也就是说，我对投机生意的基本原则还是一无所
知；而对这些基本原则一无所知，就不可能发现交易方法中的真正漏洞。

我们迎来了 1901 年的大繁荣，我挣了很大一笔钱——我是说对一个男孩而
言（图 3.1）。你还记得那段时光吧？整个国家经历了一场史无前例的大繁荣。
我们不仅迎来了工业大整合、资本大并购的年代，其规模也接连打破历史纪录；
公众一波接一波狂热地涌入股市。我听说，在之前的红火时期，华尔街曾经号
称日成交量最高可达 25 万股，按照面值计算，相当于一天之内有价值 2500 万
美元的证券易手。但在 1901 年，最高日成交量达到了 300 万股。每个人都在
挣钱。"钢铁帮"进城了，这伙百万富翁大撒金钱，像醉酒的水手一样满不在

图 3.1 为了帮助读者了解利弗莫尔那个时代的市场背景，译者增补了本书的所有图表。
本图是道琼斯工业指数日收市价曲线（1900 年 1 月 3 日—1901 年 12 月 31 日）。1900 年
大概是利弗莫尔 22 岁的这一年，也是他第一次在纽约的正规经纪行里赔光所有钱的一
年。从本图来看，道指当年大部分时间从接近 70 点逐渐下降到 55 点以下，10 月后快
速上升到 70 点附近。1901 年上半年承接 1900 年最后一季度的快速上涨势头，行情继
续上升，整个行情最大涨幅超过 50%。1901 年下半年市场明显回落，初秋时，利弗莫
尔第二次赔光（24 岁），并重返老家。

乎。唯一能让他们满足的游戏是股票市场。我们在华尔街头一回见到了名头最响的一些大亨，如张口闭口"和你赌 100 万"的约翰·W. 盖茨，还有他的朋友们，约翰·A. 德雷克（John A. Drake）、劳耶尔·史密斯（Loyal Smith）等。里德-利兹-穆尔（Reid-Leeds-Moore）刚卖掉钢铁行业的一部分持股，转而在公开市场吃进庞大的罗克岛集团（Rock Island System）的股票，并成为其实际控制人。还有施瓦布（Schwab）、弗里克（Frick）、菲普斯（Phipps）和"匹兹堡帮"（Pittsburgh Coterie）。不用说，也有许多人在这一次大洗牌中亏掉了，但是他们也曾经风光一时，堪称大炒家。你可以买进、卖出市面上所有的股票。基恩（Keene）炒买炒卖美国钢铁，把它忽悠成热门股。经纪行能够在几分钟内帮你卖出 10 万股，多美妙的日子！还有一些交易者大举获利的传奇故事。另外，当时卖出股票无须缴税！是啊，好日子似乎看不到头。

自然，每过一阵子，总有很多大喊前途不妙的唱反调的声音，那些掌心里长毛的老经验认为，除了他们自己以外，世上每个人都疯了。然而，除了他们以外，每个人都在挣钱。我当然知道，市场上涨终归有极限，不管是哪只股票，见什么买什么的疯狂抢购迟早有到头的一天，因此我转而看空。但是，每次做空，每次都赔钱，如果不是每次都跑得很快的话，恐怕亏损还要多得多。我希望捕获跳水行情，不过，手法还算小心谨慎——买进做多的时候获利，卖出做空的时候再一点点亏掉，结果在这场大繁荣中我的总体赢利并不那么多——如果你根据我惯常的大笔成交量来推想的话。虽然当时我还是个小伙子，但是已经惯于大手笔交易了。

有一只股票我没有卖空，北太平洋铁路（Northern Pacific）。我的纸带阅读技巧得心应手，我认为绝大多数股票的推升过程已经陷入停顿状态，但是从"小北太"的表现来看，它还有望进一步走高。现在我们都知道了，当时不论普通股还是优先股，库恩-洛布-哈里曼集团（Kuhn-Loeb-Harriman combination）都在稳步吸纳。不顾交易室里所有人的劝阻，我做多了 1000 股北太平洋铁路的普通股。当它上涨到 110 美元左右的时候，我有 30 个点的盈利，于是我卖出拿回利润。就这一笔，使我在经纪行账户上的余额接近 5 万美元。到那时为止，这是我有能力积累到的最高金额。对一个小伙子来说，干得还不赖，要知道几个月之前，就在同一间交易室，我曾经亏得一分不剩。

你应该还记得，当时哈里曼集团通知摩根和希尔（Hill），他们有意加入柏

林顿 - 大北方 - 北太平洋铁路集团（Burlington-Great Northern-Northern Pacific combination）的董事会，于是，摩根的人起先指示基恩买进 5 万股北太平洋铁路的股票，以确保牢牢掌握控股权。我已经听说，基恩叫罗伯特·培根（Robert Bacon）把买入指令改为 15 万股，银行的人照办了。不管怎样，反正基恩派出了他的一位经纪人，埃迪·诺顿（Eddie Norton），进入北太平洋集团，而且他买进了 10 万股。我感觉，这之后又有另一个买入指令，买进了 5 万股。于是，这场著名的庄家大战开始了。1901 年 5 月 8 日收市后，满世界都知道一场金融巨头之间的火拼正在上演。在这个国度，还从未出现过如此规模的金融巨人相互对决的先例。铁路大王哈里曼对阵金融巨子摩根，一股无坚不摧的力量，撞上一座稳如泰山的磐石。

　　1901 年 5 月 9 日，第二天早晨，我手中有 5 万美元现金，一股股票都没有（图 3.2）。我先前曾告诉你，一段时间以来，我已经非常看空了，现在机会终于来了。我知道将会发生怎样的一幕，先是一场可怕的跳水，可以捡到一些不错的便宜货，然后市场很可能快速回升，当初买进便宜货的人，现在坐享大把利润。用不着福尔摩斯，也能盘算清楚。我们将迎来一次机会，捕获一个来回，不仅是大把利润，而且是手拿把掐的利润。

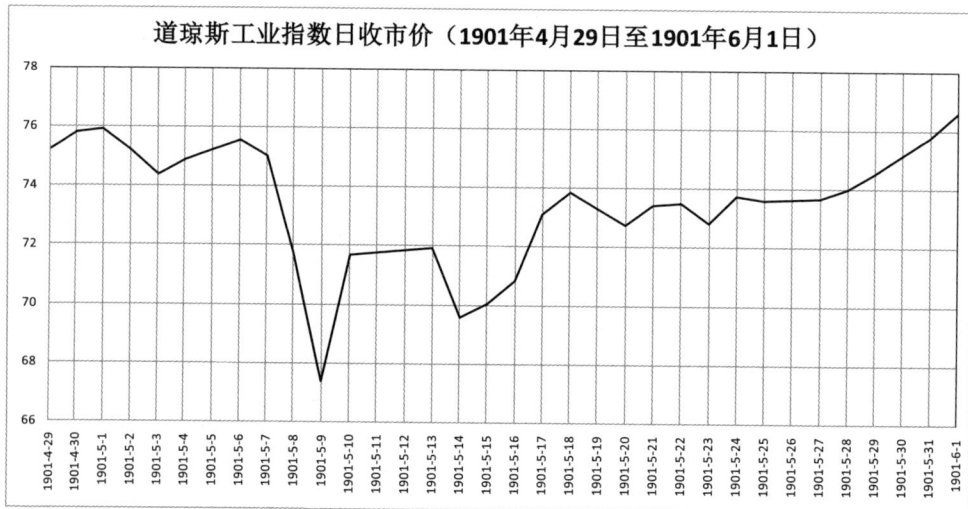

图 3.2　请注意 1901 年 5 月发生的剧烈动荡，5 月 9 日之前，利弗莫尔资产已达 5 万美元，他正确地预期了市场震荡，却由于指令执行结果与他的预想背道而驰而在一日之间赔光所有资金。

之后发生的每件事都如我所料。我完全正确——然而，结果是我赔得一文不剩！我之所以被清扫出局，是因为某件不寻常之事。如果世界上从没有不寻常之事，那么人和人就不会有什么区别，生活也就没有任何乐趣可言了。这场游戏就会成为简单的加加减减，并且将我们的行当变成慢条斯理的记账员比赛。正是投机中的竞猜，促进了我们的思考能力。想一想，为了猜对，我们不得不做大量功课。

正如预期，市场已经白热化。成交量极其巨大，行情振荡幅度创历史纪录。我发出了很多市价卖出指令。就在看到开盘价的那一刻，我几乎疯了，市场大跳水的情形太可怕了。我的经纪人忙得不可开交。他们的专业能力和勤勉尽责的态度不亚于任何人，然而，在他们完成我的交易指令时，股票价格已经崩跌20点以上了。纸带机远远落后于实际市场行情，最新报告来得太慢，因为数量惊人的交易业务蜂拥而来。我下单卖出的股票，纸带报告的价格比如为100美元，他们帮我卖出的成交价格则是80美元，相比前一个晚上的收盘价总共下跌了30或40点，当我发现这一点的时候，我才看出，我的单子卖出成交的地方似乎正是我本计划捡便宜货的地方。市场下跌终有尽头，不会一直跌穿地球掉到对过去。于是，我立即决定平回空头头寸，转而做多。

我的经纪人买进了，但不是在我转身空翻多的水平买进的，而是按照他们的出市代表接到我的指令时交易所场内当时的市价来买进的。他们的成交价比我预估的平均高15点。一天之内亏损35点，绝非任何人所能承受。

报价机落后实际市场如此之多，断送了我的交易。我已经习惯于把纸带机当成自己最亲密的伙伴，因为我总是凭它来下注。然而，这一次纸带机欺骗了我。纸带机打印出来的数字和实际价格天差地别，这毁了我。我之前的失败根源这一次变本加厉，换句话说，致败因素完全相同，效果则雪上加霜。看来再明显不过，仅仅阅读纸带、不考虑经纪行执行指令的情况是不行的，到了这步田地我才寻思，为什么没有早一点看出自己的毛病并及时补救呢？

实际上，我的所作所为比看不到自己的毛病还糟糕，我不停地交易、进进出出，不管单子执行的情况。你看，我从来没有采用限价交易指令。我总是觉得必须赶紧抓住市场机会。我力图打败的是市场，而不是尽量捕获适当的价格。当觉得应当卖出时，我就卖出；当认为股票要上涨时，我就买进。我总算能够坚守投机的基本原则了，这一点救了我。在一家正规的证券经纪行，倘若简单地采取限价指令的方式交易，就能把我在对赌行里的老办法移植过来，效率虽低，但依然可行。那样的话，我就永远没有机会学到股票投机的真经，而是偏安于一隅，总是根据自己的有限经验所掌握的稳赚方式来博取利润了。

在报价机拖后腿的情况下，每当我设法限定交易价格以避免市价指令的不利时，往往会发现市场已经舍我远去。这种情况一再发生，我只好不再无谓地挣扎。我不知道该怎么说才能让你明白，我是如何经过多年的摸爬滚打才最终认识到，我的事业成败取决于即将发生的大行情，而不是猜中随后到来的几个报价，换句话说，应该做的是大趋势，而不是快进快出赌小波动。

经历了 5 月 9 日的不幸遭遇后（图 3.2），我又不得不为生计打拼了。虽然我调整了交易方法，但它依然有缺陷。如果不是有些时候还能获利的话，也许反倒能促使我更快获得市场智慧。然而，我挣的钱已经足以让我活得滋润。我喜欢结交朋友，享受快乐时光。那年夏天，我在新泽西海岸避暑，俨然跻身于其他数百位华尔街发达人士之中。我的盈利其实不太充足，不能既弥补交易亏损，又负担生活开支。

我没有固执己见继续按照过去的老一套交易。不过，我还没有能力把当时遇到的问题向自己交代清楚，如此一来，自然毫无解决的希望。我在这个话题上花费如此之多的口舌，目的是要强调，一个人不得不经历什么样的艰难坎坷，才能最终达到真正交易获利的境界。面对大阵势，我的老式鸟铳和气枪子弹当然比不上大火力连发步枪。

这年初秋，我再次赔个精光、被扫地出门，不仅如此，我觉得自己再也不能赢得这个游戏了，于是深感厌倦，以至于打算洗手不干，离开纽约到其他什么地方另找饭碗。自 14 岁起，我就开始交易。还是个 15 岁的孩子时，我就已经挣到了有生以来的第一个 1000 美元，21 岁之前，就已经挣到了第一个 1 万美元。我曾经不止一次挣到又赔掉 1 万美元的赌本。在纽约，我曾经获利数千美元，又赔掉了这些钱。我曾经把盈利积累到 5 万美元，然后 2 天之内又都赔光。除了交易之外，我不谙其他生意，别无长技。经过几年的闯荡，我又重新回到了起点。不，更糟糕，因为我已经染上了一些陋习，习惯于大手大脚的生活方式，我在这方面倒是如鱼得水，不像交易那样总是出问题，这让我备感困惑。

4

回老家"疗伤"反省，冒牌行再谋本金

就这样，我回了老家。但是，就在到家的那一刻，我知道自己这辈子只有一个追求：筹集本金再回华尔街。那里是天下唯一可以让我大手笔交易的地方。总有一天，我的交易路子会走对，到那时候就需要这样的用武之地。如果你追求的目标恰如其分，并且因为你是正确的，那么你所需要的一切都会朝你走来。

当时我并不抱太大希望。不过当然了，我力图再打入对赌行。对赌行已经变少了，其中一些是陌生人开办的。那些还记得我的，一定不会给我机会，我要试试自己从纽约铩羽而归后还称不称得上是一名交易员。我已经向他们如实介绍了自己的遭遇，不论在家乡曾经挣了多少，都在纽约亏得精光；对他们来说，如果允许我到他们店里交易，没有任何理由认为现在的我不是一位好主顾啊。然而，他们就是不答应。那些新开的对赌行也靠不住。它们的老板认为一位绅士即使觉得自己有把握，最多也就应该买进 20 股，不能再多了。

我需要钱。规模大点的对赌行正大把大把地从常客身上刮钱。我找来一位朋友，请他替我到一家对赌行交易。我就像闲逛似地走进去，漫不经心地看看。然后，央求接单柜员接我的一笔小单子，哪怕只有 50 股也行啊。他自然说"不"。我和这位朋友约定了一些暗号，这么一来，他就可以在我向他示意的时候买进或卖出我知会他的品种。不过，这也只能挣一点零花钱而已。不久，营业厅开始抱怨我朋友下的单子。终于有一天，当他打算卖出 100 股圣保罗（St. Paul）时，他们拒绝了他。

后来我们才知道，有一位客户看见我俩在外面交谈，就到里面通风报信。当我的朋友进去找下单员卖出那 100 股圣保罗的时候，那家伙对他说：

"我们不接圣保罗的任何卖单，不接你的。"

"为什么，怎么回事，乔？"我的朋友问道。

"不为什么，就这样。"乔答道。

"是不是钱不对？仔细看看，都在这儿。"我的朋友递过 100 美元——我的 100 美元——都是 10 美元一张的票子。他尽力显得义愤填膺，而我则似乎漠不关心，但是其他大多数客户都围到了争执双方的周围，平时如果营业厅里有人说话声音大起来，或者如果店方和任何客户之间出现了细微的摩擦迹象，他们总是这样关心。他们渴望打听明白事情经过、是非曲直，目的是弄清楚对赌行的偿付能力有没有问题。

店员乔，大概是什么助理经理的职位，从他的"笼子"里走出来，走近我的朋友，瞪着他，然后瞪着我。

"笑话，"他一字一顿，"天大的笑话，要是你的朋友利文斯顿不在这儿晃荡，你从来什么都不做。你就坐着，看报价板，一看半天，不声不响。但是他一进来，你突然之间换了个人，这通忙活。也许你是为自己交易的，但是再也不要来我们营业厅了，我们不上当，是利文斯顿在背后指使你。"

好了，我的食宿费就这么断了来源。但是除去花销，我已经净挣了好几百美元，琢磨着怎样把这笔钱用得更好，以便最终挣到足够多的钱重返纽约。我现在的心情比以往任何时候都更急切。我觉得，下一次可以干得更好。我现在有时间平静地反省过去的一些愚蠢做法。你看，站得远一点来观察，反而更有利于看清全貌。当务之急是筹集一笔新本金。

一天，我正在一家饭店大堂和几位熟人聊天，他们都是业绩相当稳定的交易员。每个人都在谈论股票市场。我对大家说，没人能够赢得这场游戏，因为从经纪商那里得到的执行价糟透了，特别是像我这样总是用市价指令交易。

一位仁兄开腔了，问我到底说的是哪一家经纪行。

我说："当地最好的一家。"他问到底是哪一家。我能看出，他根本不相信我曾经在第一流的经纪行交易过。

我回道："我的意思是任何一家纽约股票交易所的会员。不是因为他们是骗子，或者粗心大意，而是因为当你发出交易指令以市价买入时，你没法知道股票成交的实际成本到底是多少，直到从经纪行拿到成交回报之后才能知道。市场上 1 到 2 个点的小波动多于 10 到 15 个点的大波动。但是因为执行的问题，场外交易者不可能捕捉到小幅上涨或下跌。要是对赌行让我大笔交易的话，随便星期几，我宁愿在对赌行交易。"

对我说话的人以前我从没有遇到过，他名叫罗伯茨（Roberts）。看起来，他非常友善。他把我拉到一边，问我有没有在其他交易所交易过，我说没有。他说，他认识一些经纪行，是棉花交易所、农产品交易所以及其他较小的股票交易所的会员。这些经纪行兢兢业业，对执行客户指令特别在意。他透露，他们和纽约股票交易所最大的以及最精明的经纪行都有很深的交往，通过他们个人特别的影响力，以及保证每个月都能达到成千上万股的生意，他们能够获得比普通客户好很多的服务。

"他们真的很关照小客户，"他说，"他们的特长是做外地生意，他们对待一笔 10 股的买卖和一笔 1000 股的买卖同样尽心尽力。他们很专业，很诚实。"

"是啊。不过，如果他们要付给股票交易所经纪行常规的 1/8 美元佣金，他们从哪儿挣钱呢？"

"对的，他们照例是应付 1/8 美元佣金。不过，你知道！"他对我挤挤眼。

"是，"我说，"但是，股票交易所会员公司最不愿意做的就是削减佣金。交易所的头头宁可会员犯谋杀罪、纵火罪、重婚罪，也不愿意对圈外人的交易佣金减让一分一毫。股票交易所的生存，完全仰仗会员们严守这条规则。"

他一定看出我曾经和股票交易所的人聊过，接着说道："听着！每过一阵子，在这些虚伪的经纪行中总会有那么一家因为违背规则而被吊销执照一年，不是吗？返还佣金的路子数不胜数，没人能告发的。"可能他从我脸上看出不相信的神色，于是继续道："在某些业务类别上，我们——我的意思是，那些电话经纪公司——除了 1/8 美元佣金外，还要收取 1/32 美元的额外费用。在这一点上，他们很好说话。他们从不真正收取这项额外费用，除非在很特别的情况下，比如客户的账户交易很不活跃。你知道，对他们来说，额外收费其实划不来。他们做这种买卖可不是吃饱了撑的，只为身体健康没事找事。"

这时候我全明白了，他是在为某些冒牌的经纪行兜揽生意。

"你知道这类经纪行哪家靠得住吗？"我问他。

"我知道美国最大的一家经纪行，"他说，"我自己就在那儿交易，他们在美国和加拿大的 78 个城市设有分部，他们的业务规模大极了。如果他们不是一丝不苟地诚实经营，不可能年复一年把生意做得这么好，对吧？"

"肯定不行，"我表示同意，"他们提供纽约股票交易所的那些股票吗？"

"那当然，而且还包括场外的、美国或欧洲其他任何交易所的。他们还交易小麦、棉花，要什么有什么。他们到处安排市场信息员，是所有交易所的会员，要么以公开身份，要么以秘密身份。"

现在我都明白了，不过我想，最好还是逗他继续说下去。

"是啊，"我说，"不过，客户指令总得交给某个人来替他执行吧，说那么多也改不了这个事实。市场怎样变化，或者报价机上的价格和场内实际价格偏差多少，没人敢打包票。客户在这儿从报价机上看到报价，再发出指令、通过电报传到纽约，宝贵的时间就这么溜走了。或许最好我还是回纽约，在正规经纪公司亏也亏得甘心。"

"我不知道亏钱是怎么回事，我们的客户没有这种习惯。他们都挣了钱，我们关照他们。"

"你们的客户？"

"噢，我在公司里也有股份，要是能把生意介绍给他们，我一定会尽力的，因为他们一向诚实待我，在他们那儿我也着实赚了不少钱。如果你乐意，我可以把你介绍给他们的经理。"

"这家公司叫什么名字？"我问他。

他告诉了我。我以前听说过这家公司，他们在所有报纸上发遍了广告，大肆宣扬客户听从他们的热门股票内部信息都赚了大钱。这是该公司最大的特色。他们可不是一般的对赌行，而是对赌行中的骗子，他们截留客户的单子和客户对赌，却打着经纪行的幌子，通过精心的伪装让满世界都相信他们是正规经纪商，从事的是合法买卖。这一家是这类公司中资历最老的。

1922年（利弗莫尔接受采访的那一年），许多同类"经纪商"倒闭了。这家算是这类经纪商的鼻祖。这一行通行的门道和伎俩大同小异，不过，敲诈大众的具体花招倒是与时俱进，因为老把戏实在太滥，所以有些细节已经改变了。

这伙人惯常的手法是，广泛散布买进或卖出某个股票的内幕消息——这几百封电报建议立即买进这只股票，那几百封电报建议立即卖出同一只股票，和老式赛马内幕消息的骗局如出一辙。这时候，买进和卖出的交易单就发出来了。举例来说，这家公司可能会通过一家正规的股票交易所经纪公司买进和卖出1000股，获得一份正规的成交报告。要是哪位客户心生怀疑，不客气地质疑他们截留客户指令的话，他们就拿出这份报告来堵他的嘴。

他们还惯常在营业部组织代理投资的集合资产管理池，作为一项大恩惠，允许客户以书面方式授权他们代理投资，用客户的钱，在客户名下，根据他们认为最合适的方式交易。这么一来，当客户的钱没了踪影之后，即使是最执着的客户也得不到任何合法的赔偿。他们会做多一只股票——在账面上，把客户的钱放到这个集合资产管理池里，然后，他们施展对赌行的老伎俩，打压股价，把几百位客户的微薄保证金洗劫一空。他们不放过任何对象，家庭主妇、学校教员和老年人是他们最中意的牺牲品。

"我对所有经纪商都腻歪透了，"我告诉这位黄牛，"我得好好想清楚。"说完我转身便走，免得他再啰唆。

我找人打听了这家公司，了解到他们有几百个客户，虽然关于他们也有通常的种种传闻，但没有发现任何一例客户赚了钱却从他们那里拿不到钱的事件。难就难在不容易找到哪位客户确实曾经在他们的营业部赚过钱，不过，我还真找着了。那一阵子，看起来行情对他们很有利，这意味着如果其中某一笔交易对他们不利的话，他们可能不会因小失大地赖账。当然，绝大多数此类公司最终都以倒闭收场。每过一阵子，就会出现一阵骗子经纪行的倒闭潮，就像早先一家银行破产后人们争先恐后地挤兑其他银行一样。话说回来，也有很多骗子经纪行的老板一直安然混到退休。

好，关于那位黄牛先生的公司，到此为止没有发现令人戒惧的迹象，除了他们始终一贯地追名逐利，以及并不总那么诚实之外。他们专长于欺骗那些企图一夕致富的肥羊。但是，他们总是要求客户事先签好书面委托书，让客户"授权"他们卷走客户的钱财。

我遇到一位仁兄，他告诉我，有一天他亲眼看见他们发出 600 封电报建议客户买进一只股票，同时，他们发出另外 600 封电报给其他客户，强烈建议卖出同一只股票。

"是，我知道这种把戏。"我对告诉我这个故事的那位仁兄说。

"对，"他说，"但这还没完，第二天他们给同一批人再发电报，建议他们手上不论有什么一律轧平，然后买进或卖出另一只股票。我问一位高级合伙人，当时他正在营业部，'为什么你们这么干？开头的部分我还能理解。你们的客户有一部分有段时间必定在账面上是获利的，尽管他们和其他客户一样最终会亏损。但是，你们现在又给他们发这样的电报，岂不是把所有人的命都害了，到底搞什么名堂呢？'"

"哦，"他说，"无论如何，客户注定是要赔钱的，不论他们买什么、以什么方式买、在哪儿买或者什么时候买。他们赔光了，客户也就没了。反正都一样，所以我们最好是能刮多少就刮多少，刮完后，再找下一茬肥羊。"

好了，我坦白承认，自己并不在意这家公司的商业道德。我曾告诉你，我对泰勒公司耿耿于怀，最终从他们那里讨回公道后才解了气。不过，我对这家公司并没有这样的感受。也许他们确实是骗子，也许他们并没有人们说的那么黑。我压根儿没打算让他们替我做任何交易，也没打算听从他们的内幕消息，也不会听信他们的谎言。我唯一的心愿是尽快筹集一笔本金回纽约，在正规营业部里大展身手，在那儿你既不担心什么时候警察突然上门查抄店面——警察会查抄对赌行，也不会看到邮政管理当局从天而降冻结你的资金，然后要是你走运的话，一年半载之后每 1 美元能要回 8 分钱。

无论如何，我下决心要看看这家公司和那些你可能称之为合法的经纪商相比，到底能提供哪些交易上的优势。我没有多少钱可以充当保证金，而截留客户指令的公司在这方面自然宽松得多，因此在他们的营业部只要几百美元就能玩得很带劲了。

我来到他们的地方，找经理谈了谈。当他弄明白我是交易老手，曾经在纽约股票交易所的经纪公司拥有过正式户头，并且亏掉了每一分钱之后，才不再拍胸脯吹牛，说如果我让他们替我操作的话，保证一分钟替我挣 100 万美元。他估摸我是一只无可救药的肥羊，属于对报价机上瘾的类型，屡赌屡输、屡输屡赌，因此，为经纪商提供了稳定的收入来源，不论在截留客户指令的冒牌经纪商那里，还是在满足于赚取佣金的老实经纪商那里。

我只对经理说，我所求的无非是指令得到合理的执行，因为我总是采用市价指令交易，不愿意看到成交回报的价格和报价机显示的价格相差半个点甚至 1 个点。

他信誓旦旦，答应尽一切努力，一定让我满意。他们盼着和我做生意，要让我见识见识真正的高级经纪商是什么样的，他们雇用了本行最优秀的人才。事实上，他们正是以执行交易指令的杰出才能而著称的。如果报价机上的价格和成交回报的价格有任何差异的话，一定总是对客户有利的，虽然他们并不保证这一点。如果我在这里开户，可以按照电报发来的价格买进和卖出，他们对其出市代表信心十足。

自然，这就意味着我可以随心所欲地在他们这儿交易，就像在对赌行一样，也就是说，他们愿意让我按照当时的最新报价交易。我不想显得过分热切，于是摇摇头，告诉他当天暂时不打算开户，不过会给他回话的。他强烈地劝说我立即开始，说现在行情不错，正好可以赚钱。对他们来说，行情的确挺好——市场沉闷，上下微幅拉锯（图 4.1）。这正是好时候，先劝说客户交易他们提供"内幕消息"的股票，再驱使股价急剧波动一下子，把客户洗光。好不容易，我才脱身。

道琼斯工业指数日收市价（1902年1月2日至1903年12月30日）

图 4.1　利弗莫尔回家后攒出一笔资金重返冒牌经纪行交易，这段时间大致从 1901 年初秋到 1902 年底，他二十四五岁。期间道琼斯指数始终维持在 65 点上下窄幅波动，就像被水沤烂了。从 1902 年 11 月开始，市场波动增大，1903 年市场是明显的下降趋势，最大跌幅超过 1/3。这大致对应着利弗莫尔开车第三次重返纽约的旅程。

我给他留下了名字和地址。从这一天开始，一封又一封预付邮资的电报和信函不断发来，敦促我赶紧买进这只或那只股票，声称他们得知某合伙的庄家正在策动一轮 50 点的上涨行情。

我忙着四处走动，尽量走访其他同类型的冒牌经纪行。我觉得，如果确实能够从他们攥牢的掌心里拿出自己的盈利，那么，到这些冒牌经纪行交易，几乎是筹集一大笔本金的唯一途径了。

我了解到，有三家公司可以开户，于是我在三家都开了户。我租用了一间小办公室，架起电报线直连三家冒牌经纪行。

我从小笔交易开始，以免一开头就把他们吓跑。我在总体上是盈利的，没多久他们就告诉我，他们觉得，客户既然架起了直连电报线，做生意就该像模像样的。他们可不待见小打小闹的娘娘腔。他们打的算盘是，客户做得越多、亏得越多，就会越快被洗光，他们便挣得越多。他们确实有几分道理，要知道，这些人对付的都是一般客户，一般客户绝不会在财务上活得长久。客户破产了，就不能再交易了，结果干净利落。受了损失却尚未破产的客户往往到处抱怨、指桑骂槐，甚至这样那样和他们找碴儿，对生意不利。

当地也有一家与纽约合作方直接连线的正规经纪公司，其合作方是纽约股票交易所的会员，在这一家我也开了户头。我装了一台报价机，开始保守地交易。正如我先前告诉你的，很像在对赌行交易一样，只是节奏稍微慢一点。

这样的玩法，我是能赢的。的确，我赢了。虽然达不到百发百中的精妙境界，但是总体上是盈利的，而且一周复一周地赢利。我又活得很滋润了，不过现在总要把一部分盈利另存起来，这是我打算带回华尔街的本金，要积攒。我又连了两条电报线到其他两家冒牌经纪行，现在，总共有5条直连电报线路连接冒牌经纪行——当然，另外还有一条是连接正规经纪行的。

有时候，交易计划会出错，我选中的股票表现不符合价格变化模式，而是背道而驰，没有按照应有的方式变动。不过，这种情况并不会带来重创——之所以不会，是因为我的保证金微不足道。我和经纪商们处得还可以。他们的账目和交易记录并不总和我的一致，出现偏差的时候无一例外都是对我不利的。奇妙的巧合？不，并非巧合！然而，我据理力争，最终总能按照我的方式算账。他们始终心存侥幸，希望把我从他们手中挣到的钱再拿回去。我感觉，他们以为我的盈利不过是一笔临时贷款。

他们毫无公平交易精神，干这一行的不会满足于收固定比例的佣金，他们真是不择手段、连蒙带骗。因为肥羊们在股票市场赌博时总是赔钱，他们算不上真正的投机者。可能你会觉得，这些家伙干的这一行，虽然不合法，或许还算情有可原。实际上，不是这样的。"在客户中间一买一卖吃差价，一分耕耘一分收获"，本是悠久而正当的生意真经，但是这帮人好像从没听到过这句话，并不满足于和客户直截了当地对赌。

好几次，他们要出老花招，力图欺骗我。有几次因为我一时疏忽，他们得逞了。他们总是乘我的盘子小于通常规模的时候出老千。我指责他们交易不公平或者手段太卑劣，但他们不认账，结果是我回来继续如常交易。和骗子做交易也有好处，尽管你在现场捉住他让他下不了台，但是只要继续和他做生意，他就不介意了。对他来说，这种事情无所谓，他乐意屈就配合。多么"宽宏大量"！

采取欺骗手段妨碍我正常筹集本金，是可忍孰不可忍。所以我打定主意，决心给他们一点颜色看看。我选择了一只股票，它曾经是投机热门，现在已经归于沉寂，就像被水沤烂了一般（图4.1）。如果我选择一只从来没有活跃过的股票，那么有可能引起他们的疑心。我给5家冒牌经纪行都发出了买进这只股票的指令。当他们收到指令后，就等纸带机上的下一个报价；这时候，我通过股票交易所的经纪行发出指令以市价卖出100股，催促他们尽快完成。哎呀，当这笔卖出指令传到交易所场内的时候，你可以想象当时的情景，一向交易清淡的冷门股，某家和外地连线的经纪行突然下指令赶紧卖出。自然，有人买到了便宜货。但是，这笔交易会印在报价机纸带上，其价格就是那5份买入指令上我要付给5家冒牌经纪行的价格。加总起来，我净做多该股票400股，成本是一个较低的价格。和交易所连线的经纪公司问我听到什么风声了，我回复说"有一点内幕消息"。就在收市前，我给正规经纪行发指令，立即买回100股，不要有任何耽搁。无论如何，我并不打算做空。我不在乎以什么价格成交。于是，经纪行给纽约打电报传达指令，立即买进100股，结果其行情猛然上升。当然，我也给那5家发出卖出指令，轧平那5家"经纪行"截留的500股。整个过程天衣无缝。

他们还是执迷不悟继续耍花招，于是我如法炮制，也继续来了好几回。我不敢按照他们应得的程度来惩罚他们，很少超过100股、一两个点的限度。虽然如此，对我的小金库依然不无小补，我正在为了重回华尔街冒险而积攒本钱。有时候，我也会变变花样，卖空某个股票，但不过量。每次出击，我都能净赚600到800美元，这我就知足了。

有一天，这绝活玩得太漂亮，股票价格走得太远，竟达到10个点之多，完全出乎意料。我没想到会有这等事。无巧不成书，我在其中一家冒牌经纪行那里有200股，而不是通常的100股，不过在另外4家则每家只有100股。对他们来说，这事好得太离谱了。他们急眼了，开始在和我往来的电报里说三道四。于是，我去拜访经理，就是那位起初急于邀我开户的仁兄，后来每当我捉住他正企图算计我的时候他总是"宽宏大量"。以他所处的位置而言，他的话实在是虚张声势。

"那只股票的行情是假的，我不会给你该死的一美分！"他咒骂到。

"你们接我单子买进的时候，不是假行情。既然那时你让我进场，好吧，现在就得让我出场。要是你们公平交易，就不能这样耍赖，对吧？"

"不，我能！"他咆哮着，"我可以证明有人搞鬼、操纵股价。"

"谁？"

"你心里有数！"

"到底谁搞鬼？"我质问。

"确定无疑，是你同伙搞的名堂。"他说。

我正告他："你很清楚，我从来都是独来独往，此地每个人都知道这一点，甚至从我刚开始做股票交易的时候起，大家就知道了。现在，我好意劝你：赶紧叫人拿钱来，我不想把事儿闹大，钱给我拉倒。"

"我不付，有人使诈。"他嚎叫。

我懒得跟他软磨硬泡。干脆吩咐他："给我钱，立即，就这儿。"

好了，他又闹了一阵子，嚷嚷着我是骗子，但是最终还是不情愿地掏出钱来。其他几家倒没有这么吵吵闹闹的。有一家的经理认真研究了我炒作的那些不活跃的股票，当他接到我的指令时，真的进场替我买进，同时也为自己买进了一点，所以他也赚了些钱。这帮家伙不在乎客户会不会告他们欺诈，因为他们一般都会事先采取法律技巧编一张网保护自己。但是他们害怕我起诉查封家具设备——我没法冻结他们在银行的资金，因为他们很小心，不让任何资金冒一丁点儿这种风险。如果世人知道他们做生意相当刻薄精明，这没什么大不了；但是，如果世人知道他们使诈耍赖，那对他们可是致命打击。客户在经纪商那儿赔钱，实在不是什么稀罕事。然而，要是客户挣了钱却拿不到手，却是犯了天条，在投机者眼里这是最不可饶恕的。

我从所有经纪商那儿都拿回了盈利，但是那次10个点的跳升成了绝唱，这段以其人之道还治其人之身的快乐消遣就此告终。他们常用这种小伎俩算计成百上千的可怜客户，"天天打雁，今天被雁啄了眼"，怎能不严加防范呢？于是，我回到常规的交易方式。不过，市场状况并不总适合我的交易套路，换句话说，他们愿意接受的交易规模有限，弄得我缚手缚脚，不能痛下杀手，一下子赚一大笔。

　　不知不觉，这样的交易生涯已经一年有余，期间我使出浑身解数，尽量在这些电报经纪公司交易挣钱。我的小日子过得极滋润，买了一辆汽车，放开手脚花钱。我需要积攒一笔本金，不过与此同时，也得过日子。如果头寸正确，挣的钱就花不完，总能存起来一些。如果头寸做错了，就挣不到钱，也没钱可花。之前曾说过，我已经积攒了相当大的一笔本金，而且在这 5 家骗子经纪行也没那么多钱可赚了，因此，我决定重返纽约。

　　我有自己的汽车，便邀请一位朋友同赴纽约，他也是做交易的。他接受了邀请，我们动身了，途中在纽黑文停下来吃晚饭。我们在饭店里遇到了一位做交易的老相识，几个人聊了起来。他告诉我们，本地有一家对赌行，有电报连线，生意做得很红火。

　　离开饭店后，我们继续向纽约赶路。不过，我开车经过那条街，打算看一眼那家对赌行外面什么样子。我们找到了地方，抗不住诱惑，就停下车，走进去看一看。里面算不上十分奢华，但是老伙计报价板就挂在那儿，还有那群客户也不陌生，好戏正在开演。

　　经理是个小伙子，看上去好像当过演员，或者政客、演说家，给我们留下了极深的印象。他说"早晨好"的样子，活像他曾经花了十年时间每天用显微镜搜寻，终于发现早晨的好处，现在正式宣布这个大发现，连同蓝天、太阳还有他们公司的硬币点数盒，都在其列。他看到我们从跑车款的汽车上下来，而且两人都很年轻、大大咧咧——我感觉自己看起来不到 20 岁——自然推断我们是耶鲁大学的学生仔。我没有告诉他我们不是。他根本不给我们说话的机会，一个人滔滔不绝。"很高兴见到你们，愿意舒服地小坐一下吗？股票市场，我们马上会看到，今日早晨仁慈地上涨；实际上，市场喧嚣红火，正是有意帮助列位增加一点大学生活的零花钱，当然了，聪明的大学生的零花钱从来都不够花。不过，此时此刻，借助好心的报价机，只要一小笔初始投入，就能得到几千美元的回报。股票市场渴望给你们机会，这笔零花钱谁都花不完。"

　　好，既然这位开对赌行的"好人"如此热切，如果不领情照办，岂不太辜负盛情了？于是我告诉他，恭敬不如从命，听说许多人都在股票市场挣了大钱。

　　我开始交易，非常保守，但随着盈利的扩大，逐步增加头寸。我的朋友亦步亦趋。

　　我们当天在纽黑文过夜，第二天早晨十点差五分的时候，又来到这间好客的对赌行。那位演说家很高兴看到我俩，感觉今天该是他的机会了。然而，当天我净赚的钱，差几美元就到 1500 美元。第三天早晨，我们又顺便拜访那位伟大的演说家，递给他卖出 500 股糖业的单子，他迟疑片刻，终于还是接受了——一声不吭！该股票下跌了 1 点，我平仓了结，把成交单交给他。正好 500 美元的利润，还有我当初 500 美元的保证金。他从保险柜里取出 20 张 50 美元面额的钞票，点了三遍，每一遍都很慢，然后转身到我面前又点了起来。看起来，他指头上的汗水好像是胶水，那些钞票就像粘在他手上了，不过，他最终还是把钱递给了我。他两臂交叉抱在胸前，咬着下唇，一直咬着，两眼直直，瞪着我身后窗户的高处。

我对他说，打算卖出 200 股钢铁。他一动不动，充耳不闻。我又说了一遍，同时把股票数量增加到 300 股。他回过头，我等着听他的长篇大论。但是，他只是看着我。然后，咂咂嘴，咽了一下口水，似乎终于做好了正式开讲的准备，批驳反对党 50 年来数不胜数的贪官污吏以及罄竹难书的政治暴行。

他冲着我手上的黄色钞票摇摇手，说："把那东西拿开！"

"拿开什么？"我说，不太明白他要赶走什么。

"你们要去哪儿，大学生？"他的声音令人难忘。

"纽约。"我告诉他。

"很好，"他说着，点着头，点了差不多 20 次，"太好了。离开这里就对了，因为我现在总算认清你们两个的货色了——两个学生？哼，我知道，你们不是，我知道，你们是什么人。哼！哼！哼！"

"是这样吗？"我非常礼貌地说。

"对。你们两个——"他停顿了一下，然后撕掉一本正经的假面具，嗥叫起来，"你们两个是全美利坚合众国最大的鲨鱼！学生？啊！还大学一年级新生呢！啊！"

我们留下他自说自话。或许，对那些钱他并不至于如此心疼。没有哪个职业赌徒会这样。这都是游戏本身注定的，而且总有时来运转的一天。他觉得我们愚弄了他，这一点最伤他的自尊心。

就这样，我第三次重返华尔街，卷土重来。当然，我一直不断研究，力求找出我的交易体系的问题到底出在何处，正是这个问题导致我在 A.R. 富勒顿营业部的败绩。当我挣到第一个 1 万美元的时候，我是 20 岁，后来又赔掉了。不过，我清楚为什么赔钱，也清楚怎样赔的钱——因为不顾市场状况始终不停地交易；因为没有按照自己的系统交易，我的系统基于扎实研究和实践经验，但当时进场纯粹是赌博。我主观地期盼获利，而不是知道根据一定模式交易便应该赢利。差不多22岁时，我曾把本金累积到5万美元，但在那一年的5月9日损失一空。不过，我完全清楚为什么赔钱，怎样赔的钱。因为纸带报价机落后于市场，并且在这个可怕的日子，市场波动空前惨烈。然而，我不清楚为什么我从圣路易斯回来以后或者在5月9日大恐慌之后还会亏损。我分析出来几点——我认为，我已经在自己的做法中发现了缺陷，针对这些缺陷也有一些补救措施。不过，还需要通过实践来检验。

让你丧失已经拥有的一切，使你刻骨铭心地记得在投资交易中绝不可做什么——还有哪一招比得上这样的教育效果呢？要知道，当你学会绝不可做什么才不会赔钱的时候，才是你开始学习应该做什么才能赢利的时候。明白吗？就这样，你才开始学习！

5

梅开三度华尔街，水滴石穿悟大势
（大势！大势！大势！）

　　有些投机者专门通过报价纸带来侦察行情——人们常常称他们为"纸带虫子"——要是水平不济的话，他们往往只会做多或只会做空，这就出毛病了。我猜想，这个毛病和其他毛病出现的机会不相上下。行为偏执，意味着行动僵化，因此会付出高昂的代价。归根结底，虽然投机的行当要求遵循严格的基本行为规则，但是，投机的行当并不纯粹是数学或者一套固定规则。拿我自己为例，我在阅读纸带的过程中也加进了某些东西，而不单单是数学。其中包括我称之为股票习性的内容，我认为股票具备一定的行为特征，未来到底它会不会按照你观察到的前兆来变化，受股票习性的影响。如果某个股票行为不对路，就不要碰它。因为，既然不能准确了解何处不对，就不能分辨它到底要走哪条路。不能查清事实，便不能判断。没有判断，就没有利润。

　　关注股票习性，研究它的历史表现，其实是老生常谈。当我刚到纽约的时候，在一家经纪行营业厅，有一位法国佬经常谈起他的图表。起初，我以为他是一位怪人，因为公司的人拿他没脾气。后来我发觉，他是一位很有说服力、很能打动人的说客。他说，数学是唯一不撒谎的，因为数学天生不会撒谎。通过他绘制的曲线，他能够预测市场运动。他还能分析曲线，从中揭示，比如说，为什么基恩在其操作艾奇逊优先股（Atchison Preferred）牛市行情时的做法是正确的，这是个著名的案例；为什么后来他在与人合伙操作南太平洋铁路（Southern Pacific）行情时出了问题。前前后后，曾经这位或那位职业交易者都尝试过法国人的体系——不过，他们后来都走了回头路，重新启用自己原来不科学的老一套，靠老一套谋生。他们说，自己那一套能临场随机应变，使用起来更顺手。我听说，法国人声称，基恩承认他的图表百分之百准确，但是如果用在活跃市场上，这种方法太慢了。

后来，有一家营业厅绘制了每天的价格图表[①]。在图表上，股票数月内的价格变化一目了然。客户在打听到某个股票"不科学"的秘密利好消息之后，通过比较个股的行情曲线和一般市场的行情曲线，再牢记一定的规则，就可能分辨它是不是具备相当的上涨可能性。他们把这些图表视为与内幕消息起互补作用的信息来源。如今，许多佣金经纪行都提供交易图表。它们都是由专业统计机构制作的，不仅包括股票行情，也包括大宗商品行情。

应该说，图表对会读图表的人当然有帮助，或者更恰当地说，对能够消化图表信息的人有帮助。然而，普通的图表阅读者容易以偏概全，以为谷、峰、主要运动和次要运动等就是股票投机的全部。如果你按照这样的逻辑盲目自信而鲁莽地行动，那就注定要破产。有一位极出色的人才，的确是一位训练有素的数学家，他曾是一家显赫的股票交易所经纪公司的合伙人。他毕业于一家著名的技术院校。他非常认真细致地研究了众多市场的价格行为，包括股票、债券、谷物、棉花、货币等，以此为基础设计了各类图表。他回溯了很多年的历史数据，跟踪了市场之间的相关性以及市场的季节性变化——噢，每个方面都研究到了。他采用自己的图表从事股票交易多年。他所做的，其实是利用了某种平均方法的优势，具备高智能。据人们所说，他以前经常盈利，直到第一次世界大战打破了所有市场先例为止。我听说，他本人和那些追随他的大客户蒙受了千百万美元的巨大损失之后，才最终罢手。然而，如果市场大势看涨，那么即便是一场世界大战，也不能阻止牛市行情；或者如果大势看跌，同样也没什么事情能阻止熊市行情。想盈利，判别大势才是你需要了解的一切。

这不是有意跑题，而是每当想起自己在华尔街开头那几年的挫折，我就忍

---

① 报价纸带上提供的是行情按照时间进度的数据流。在阅读行情纸带时，交易者首先需要把数字分门别类，还原到各个股票的名下；其次，再凭记忆把各个股票的数据流接续起来，得到每个股票行情变化的数据波动。显然，观察数据流既需要良好的记忆，也需要对数据敏感，需要持续付出注意力和精力才能明了行情变化的细节和过程。

1903 年前后，有证券营业部开始尝试发布日行情图，大约根据每日收市价制作折线图。图表更直观，减轻了交易者的负担。道琼斯指数在 1896 年前推出，是 30 个成分股每日收市价的算术平均值，通过简单计算而得。至今，道琼斯指数还保持了这种传统。从指数到图表，这是市场技术分析工具的进步。

今天，虽然图表丰富多样、更新快捷，有助于减轻交易者负担，但是对短线日内交易者来说，跟踪行情数据流依然不失为效率最高的做法之一。在外汇等市场，做市商通过喇叭不停地广播报价，也有异曲同工之妙。

不住要再强调一次。我现在了解当初自己的无知是什么，自己当年因为无知而犯了许多错误，之所以要一再强调，是因为这类错误恰恰正是一般股票投机者一犯再犯、经年难改的。

　　好了，我第三次重返华尔街，再次试图击败市场，在正规股票交易所经纪行交易，手法相当活跃。我没有指望自己的业绩和在对赌行时一样漂亮，不过，我认为用不了多久自己就会比以前长进得多，因为现在我已经有能力支配大得多的头寸。并且，我这时候已经看出来，自己的主要缺陷在于未能掌握股票赌博和投机的重大区别。话说回来，借助我阅读报价纸带的 7 年宝贵经验，还有对这个行当的一点天赋，折腾的结果虽然谈不上挣了大钱，但确实获得了很高的回报率。和往常一样，有时赢、有时输，但是总体是盈利的。当然，挣得越多，花得也就越多。对绝大多数人来说，都是这样的做法。不，不一定只有挣快钱、挣容易钱的人是这样，对每一个人来说都可能是这样，只要不是天生的守财奴。某些人，比如老拉塞尔·塞奇（Russell Sage），挣钱的本能和藏钱的本能都很发达，所以，当他死的时候富得流油，但这种活法有啥光彩的呢？

　　每天从早晨十点到下午三点，我专心致志，沉浸在击败股票市场的游戏中；下午三点之后，我同样一心一意，陶醉在优游欢乐的生活游戏中。请不要误会。我绝不让享乐影响交易。当我亏损的时候，只是因为做错了，而不是因为生活放荡散逸而影响到交易。我从来没有发生过精神涣散或身体麻木的情况，从来没有损害交易。我承担不起任何可能导致身体和精神不适的意外事件。即使现在，我也通常在晚上十点之前就寝。年轻的时候，我从不玩得太晚，因为如果睡眠不足，我便不能精力充沛地投入交易。因为总体业绩赢大于亏，所以我认为没有必要省吃俭用、放弃生活中的美好享受。市场总能供我所需。我逐渐重拾信心，信心来自我对交易的职业化、不带感情色彩的态度，因为这就是我的谋生手段。

　　我的交易方法的第一个变化和时间因素有关。不能像在对赌行一样，等到事态明朗而确有把握之后出击，去捕获 1 到 2 个点的微小波动。要在富勒顿的营业厅里捕获市场运动，就必须提早很多动手。换句话说，我不得不研判即将出现的行情，预期股票价格变动。这听起来平常得很，简单得可笑，但是，你明白我到底在说什么。这标志着我对待这一行当态度的根本转变，这一点对我具有超乎寻常的重大意义。市场一点一滴地教诲我，博取小幅波动与预期必将发生的上涨行情和下跌行情之间具有本质区别，赌博和投机之间具有本质区别。

在研究市场时，我不得不回溯一个小时以上的历史行情。这样的研究方法，即使是在世上最大的对赌行里，我也不可能学会。我逐渐培养起对交易报告、铁路公司盈利、金融统计数据和商贸统计数据的兴趣。当然，我依然喜欢大手笔交易，他们都叫我"豪赌小子"。不过，我也喜欢上了研究市场运动。凡是可以让交易更明智的方法，我来者不拒、从不厌倦。为了解决某个问题，我们首先必须弄清楚它究竟是什么问题。当自认为已经找到解决方案时，我还必须用事实证明解决方案是正确的。我知道，唯有一条途径可以证明自己正确不正确，那就是用自己的真金白银。

现在看，我进步的速度似乎太慢了。然而，我觉得，当时我的学习过程已经发挥了自己的全部潜能，要知道，整个过程是处在总体盈利状态之下的。如果当时经常处于亏损状态，或许更有利于激发我全身心地投入学习和研究。我肯定能够发现更多的自身缺陷。不过，话说回来，亏损到底有什么好处呢，如果我亏损更多的话，就没钱来实际检验自己的交易方法是不是真正得到改进了。

通过研究在富勒顿公司盈利的交易记录，我发现，虽然对市场的预期经常是百分之百正确，也就是说，我对市场形势和普遍趋势的诊断是正确的，但是，我并没有挣到自己的"正确"判断本身应当获得的那么多盈利。为什么没做到呢？

即使是从盈利不彻底的交易案例中，我也可以学到和失败的案例一样多的东西。

举例来说，在牛市行情开始的时候，我就已经看多了，并且说到做到，已经买入股票做多。之后，果然出现一轮上升行情，如当初我清晰地预料的那样。到此为止，一切顺利。然而，接下来我是怎么做的呢？唉，我听从老成持重的忠告，有意克制"年轻人的轻浮毛躁"。我决意要做得明智一些，谨慎保守一点。大家都清楚，按照这个路子的办法是，先卖出平仓，入袋为安，等市场回落的时候再买回来。我就是这么做的，或者更准确地说，这正是我力图做到的，因为我惯常的做法是入袋为安，再等市场回落。事与愿违的是，回回都等不来市场回落。就这样，在我"保守"的口袋里仅仅安稳收获了4个点的利润，却眼睁睁地看着股票绝尘而去，继续上涨10个点有余，而我坐在一旁束手无策。他们说，获利平仓绝不会让你变穷。是的，不会变穷。但是，在牛市行情下，只拿到 4 个点利润，也绝不会让你变富。

在本该挣到 2 万美元的时候，只挣到了 2000 美元，这就是所谓保守策略带给我的结果。大约就在这个时期，我注意到，在本该挣到大钱的地方，我实际上只挣回了其中如此之小的比例。于是，我有了另一项发现：肥羊们的行事方式和他们的经验深浅有关，经验深浅决定了方式的差异。

初涉交易的羊羔一无所知，每个人，甚至包括他自己在内，都明白这一点。但是，再高一个层次的投机者，或者说第二阶段的投机者，往往自以为十分在行，而且要让别人觉得他懂得很多。他是有经验的肥羊，他可是做了功课的——不是研究市场本身，而是打听到了更高阶段的某些肥羊评论市场的只言片语。第二阶段的肥羊懂得一些避免金钱损失的办法，这些办法尚不为第一阶段的新手所知。正是这种半瓶子醋，而不是前面那些 100% 的羊羔，真正为佣金经纪行提供了每一天的收入来源，一年 365 天。平均来看，他能在市场上挺上三年半的时间；相比之下，初到华尔街一试身手的羊羔，通常只能熬过一个赛季——3 个星期到 30 个星期不等。当然了，这些半瓶子醋的肥羊张嘴就是金光闪闪的交易格言，或者交易行业的各种金科玉律。从老经验们金口玉牙里掉出来的所有禁忌戒条，他们都记得滚瓜烂熟——除了最主要的一条：绝不能当肥羊。

这些半瓶子醋是那种自以为经验丰富的人，因为他们喜欢在股价下跌时买进，所以总在等待市场下跌。他们根据市场从顶部下跌了多少点数来计算自己占到了多大的便宜。在大牛市行情里，新入市的普通羊羔对清规戒律和市场成例一无所知，盲目地期望市场上涨，盲目地买进。此时，他挣到的钱最多——直到市场出现某种正常的回调，行情剧烈下跌，一把扫光他的利润。遗憾的是，我当时自以为明智的做法，正是半瓶子醋貌似小心翼翼的做法，实际上只是其他人的老生常谈而已。当时，我知道必须改变在对赌行养成的习惯，我以为这么做就是改变习惯，可以纠正自己的问题，因为这可是客户群里的老师傅们时常挂在嘴边的足赤真金的金科玉律。

绝大多数交易者——人们称他们为"客户"——都是相似的。你会发现，其中极少有人能够老实承认华尔街不欠他们分文。在富勒顿公司的人，当然也是常见的客户群，各种层次、各种阶段的齐备！喔，倒是有一位老兄和别人不一样。头一件，他确实年长得多。第二件，他从不主动向旁人提供交易建议，也从不吹嘘自己的盈利经历。他是一位倾听高手，专心致志地听人说话。他似乎不大热衷于内幕消息，也就是说，从来不问说话的人听说了什么或知道了什么。不过，如果有人主动给他提供消息，他总是礼貌有加地感谢来者。有时候，他会再次感谢消息提供者——当那个消息被证明为真实的时候。另一方面，如果消息未被证实，他也从不抱怨，因此，没人知道他当初是采纳了那条消息，还是当作了耳旁风。他是交易厅里的一个传奇，这老家伙很富有，能够动用相当大的头寸。然而，从佣金上说，他并没有给这家公司贡献多少，至少别人很难注意得到。他的名字叫帕特里奇（Partridge），不过，人们背后给他起的诨名叫"火鸡"，因为他胸膛宽厚，而且习惯把下巴搁在胸口，大摇大摆地在各间办公室走来走去。

那些客户统统渴望有人推一把，迫使自己行动，这样一来，如果失败的话就可以把错儿都推到别人头上了，他们的习惯是有事便找老帕特里奇商量，告诉他某位圈内人士的朋友的朋友建议他们操作某个股票。他们告诉他，听到这消息后自己还什么都没做呢，想先听他说说该怎么做。但是，不论他们听到的是建议买进还是卖出的消息，这老先生的回复总是同一句话。

那位客户讲完故事、诉说了自己的困惑之后，会接着问他："您认为我该怎么办？"

这时，这"老火鸡"把脑袋歪向一边，带着慈父般的微笑注视着那位交易同行，终于语重心长地开了口："你知道，这是牛市！"

一次又一次，我总是听他说："噢，这是牛市，你知道！"好像他正在赠给你一份价值连城的护身符，而且用价值100万美元的意外事故保险单包裹得严严实实。当然，那时我并不懂他的意思。

有一天，一位名叫埃尔默·哈伍德的家伙冲进营业厅，火急火燎写好一张指令，交给店员。随即他又赶到帕特里奇先生身边，后者正彬彬有礼地听约翰·范宁絮叨他那个老故事，说当时约翰凑巧听说基恩给他的一家经纪行下的指令，于是跟风买进，但是约翰只买了100股，而且只挣了微不足道的3个点，当然了，就在约翰卖出之后，那股票3天上涨了24点。约翰向帕特里奇先生倾诉这件伤心事，至少已经是第四回了，但是这老火鸡脸上堆满同情的微笑，就像头一回听说一样。

好，埃尔默找着这位老先生，和约翰·范宁招呼也不打一个，急冲冲通报老火鸡："帕特里奇先生，我刚刚出掉所有的克莱美斯汽车（Climax Motors）。我的人说，市场肯定要回调，将来能用更便宜的价格买回来，所以你最好也这么办吧。我是说，如果你还没卖掉的话。"

埃尔默满腹狐疑地看着"老火鸡"，当初是他把第一手的买进消息传递给这个人的。业余的，或者说义务奉送的消息提供者，总认为得着他消息的人欠了他天大的人情，甚至他在还不知道消息到底灵不灵的时候就是这感觉。

"是呀，哈伍德先生，我还拿着哪，当然了！""老火鸡"感激地说。埃尔默还惦记着这位老人，多好的人啊。

"好，是时候了，现在卖掉，入袋为安，下次跌下来的时候再进。"埃尔默说，好像他刚刚给老人开了一张存款单。埃尔默从受益人的脸上没看到激动感恩的神色，于是继续道，"我刚刚卖掉手上的每一张股票！"

从他的声音和神态来看，保守估计，你也会觉得他至少是 1 万股的大手笔。

然而，帕特里奇先生面带难色地摇摇头，低声嘟囔："不！不！我做不来！"

"为啥？"埃尔默叫出声来。

"做不来就是做不来！"帕特里奇先生说，他显出一副极为难的样子。

"难道不是我给你消息买进的吗？"

"是您，哈伍德先生，我对您非常感激。真的，打心里感激，先生。但是——"

"打住！听我说！难道这股票没有在 10 天里连涨 7 个点吗？难道没有吗？"

"的确，我对您感恩戴德，我亲爱的兄弟。但是，我不考虑卖掉这股票。"

"你不能？"埃尔默反问，脸上开始显出疑惑的神色。绝大多数消息提供者同时也会卖力地打探消息。

"是的，我不能。"

"为什么不能？"埃尔默往前凑得更近。

"为什么？这是牛市啊！""老火鸡"说这话的神气，好像刚刚交代了洋洋洒洒的详尽解答。

"那是啊，"埃尔默说，他看上去因为失望而有些气恼，"是牛市，我跟你一样清楚。但是，你最好先把你那些股票卖了，回落的时候再买回来。这样，就好降低持股成本了。"

"我亲爱的兄弟，"老帕特里奇说着，显得十分痛苦，"要是把股票卖了，也就丢掉了自己的头寸，那样的话，我哪儿还有饭碗呢？"

埃尔默·哈伍德两手甩得高高的，摇着脑袋，走到我这边，寻求我的同情："是不是莫名其妙？"他对我做耳语状，可调门却高得像在台上表演，"你说！"

我没吱声。于是，他继续道："我告诉他看好克莱美斯汽车的消息。他买了 500 股。现在已经有了 7 个点的利润了，我建议他先出掉，行情回调的时候再买回来，其实早该回调了。我刚才告诉他，你听他说什么？他说要是他卖了，就要丢饭碗。这话怎么说的？"

"求您原谅，哈伍德先生。我说的不是丢饭碗，""老火鸡"插嘴道，"是丢掉我的头寸。等您和我一样老了，就会经历跟我一样多的繁荣和恐慌的轮回，到那时候就会知道，没人承担得起失去头寸的后果，就算约翰·D.洛克菲勒（John D. Rockefeller）也不行。先生，我希望这股票回落，您能用低得多的价钱再买回筹码。但是我自己的能力仅限于根据自己多年的经验来交易。为得到这些经验，我已经付出大价钱了，我不想再付第二次学费。不管说什么，我对您的感激笃笃定定，就像存在银行里的钱一样。这是牛市，你知道。"说完，他踱着方步走开了，留下满脸茫然的埃尔默。

帕特里奇老先生的话对我当时没有多大影响，当开始琢磨自己数不清的"捡了芝麻丢了西瓜"的败招时，我才如梦方醒——我对大市的判断那么准，本应赚到大笔利润，然而每每只抓住其中一小部分。对这个问题研究得越多，我就越能清晰地认识到这位老人多么有智慧（图 5.1）。显然，他年轻的时候曾经遭遇同样的挫折，由此清楚地认识到自身的人性弱点。因此，他再也不允许自己受到这样的诱惑。多年的经验教导他，一方面，这样的诱惑难以抵挡；另一方面，事后总是证明，这样的诱惑代价沉重，就像我已经付出的一样。

老帕特里奇先生之所以再三告诫其他客户："噢，你知道，这是牛市！"本意乃是告诫他们，大钱不是从哪一次或哪几次行情起伏中产生的，而是从主要趋势中产生的，就是说，大钱不在于阅读行情纸带，而在于全面估量总体市场及其趋势。当我终于认识到这一点的时候，我觉得，我在交易上所受到的教育前进了一大步。

图 5.1　经过 1902 年的平淡和 1903 年的下降趋势后，华尔街终于迎来了 1904 年和 1905 年波澜壮阔的大牛市，最大涨幅超过 100%。请记住老帕特里奇语重心长的教诲："噢，你知道，这是牛市！"正是在这轮牛市行情中，二十六七岁的利弗莫尔终于领悟到大势的重要性，虽然他的资产并没有很快增长。

　　这里请让我强调一点。我已经在华尔街摸爬滚打多年，赢过千百万美元，也亏过千百万美元，我的忠告是：我之所以挣大钱，从来不是凭着进进出出，而始终是凭借耐心坚守。明白吗？凭我的耐心坚守。正确判断市场方向，其实没有什么奥妙可言。你总是发现很多人在牛市早期便已经看多，在熊市早期便已经看空。我认识许多人，他们都有能力精准把握时机并正确行动，早在行情有潜力造就巨额利润时，便开始买进或卖出。然而，他们的经历总是和我同出一辙，也就是说，他们也没有从中实现真正算数的利润。既能够正确判断，又能够耐心坚守，这样的人凤毛麟角。我发现，这才是最难学会的内容。但是，作为一名股票作手，只有牢牢掌握这一点，才能赚大钱。对一名交易者来说，在真正学会交易后赢得百万美元，比他在懵里懵懂的日子挣几百美元还容易。"会者不难，难者不会"，千真万确。

　　原因就在于，有的人看市场也许一目了然，但是当市场正在花时间逐步酝酿他预料必然出现的行情时，他却会没有耐心或者信心动摇。如此之多的华尔街才俊，根本不属于肥羊的层次，甚至也不属于第三个等级，竟然不能幸免于亏损，这一点正是其根源所在。不是市场打败了他们，是他们自己打败了自己。

他们虽然有脑子，却不能持之以恒。"老火鸡"如是操作，并如是告诫同行，是完全正确的。他不仅有勇气把自己确信的判断付诸行动，更有明智的耐心坚持到底。

不理会市场大幅运动，一门心思抢进抢出，是我的一项致命错误。没有人能够捕获所有的波动。在牛市行情中，只能买进并持有，直到你确信牛市已经接近尾声。要做到这一点，就必须研究总体市场状况，这既不是内幕消息，也不是影响个别股票的特殊因素。然后，忘掉你所有的股票，忘掉，才能保住盈利！耐心等待，直到你看到——或者如果你愿意这么说的话，直到你认为你看到——市场方向逆转，即总体市场状况开始反向。你不得不施展全部的才华和远见才有可能做到这一点，否则，我的忠告就成了开黄腔，像是教你"低买高卖"，一钱不值。最有益的一点——任何人都能学会，是不再企图抓住行情最后的 1/8 美元——或者行情最初的 1/8 美元。这两个 1/8 美元，是世上最昂贵的 1/8 美元。它们令股票交易者付出的代价加起来何止千百万美元，足以修建一条横跨美洲大陆的高速公路。

认真研究自己在富勒顿营业厅的交易记录，我还有另一个发现：在我懵里懵懂的程度减轻之后，我的操作开始很少发生亏损。如此一来，我便养成了开仓就是大笔交易的习惯。同时，也增强了我对自己判断力的信心，这一方面有利于排除他人建议对我的干扰，另一方面，即使自己偶尔沉不住气，也不至于干扰交易。在这个行当里，如果对自己的判断缺乏信心，就走不了多远。这些就是我学到的全部内容——研判总体市场状况，按大势建立头寸，并坚持到底。我能坚守，没有丝毫急躁。我能眼睁睁看着市场回调而不动摇，心里明白这只是暂时现象。我曾经在卖空 10 万股的过程中预计市场可能大幅回升，我已经预计到——并且是正确地预计到——如此规模的回升，在我看来，这几乎是不可避免的，甚至对行情是有益的，而这对我的账面利润将造成 100 万美元的增减。尽管如此，我仍坚守立场，眼看着自己的账面利润被席卷而去，却从不曾动一点这样的念头：先平回空头，等市场上涨时再卖空。我明白，如果这么做，就会丧失头寸，而只有我的头寸才能给我机会，带来一网打尽的希望。唯有大行情，才能造就大利润。

颇费时日，我才学到了这些。之所以如此慢，是因为我是从错误中学习的，从犯错误到认识错误总是花费时日，而从认识错误到切实纠正错误的时间成本更是有过之而无不及。话分两头，在这期间，我的小日子过得相当舒适，人年轻，交易盈利又不无小补。我的大部分盈利在某种程度上还是得自阅读行情纸带的技巧，因为当时的市场环境相当适合我的操作风格。亏损已经没有当年初闯纽约时那么频繁了，也没有那么令人气愤了。想一想，我曾经在不到两年的时间内破产了三次，那可没什么光彩的。当然，我曾经对你说过，破产是一种极为有效的当头棒喝。

我的本金增长得并不是很快，因为我始终尽我所能让自己活得滋润。我并不克制自己，拥有我这个年纪和口味的年轻人都想拥有许多物质享受，包括自己的汽车。我觉得，既然钱都是从市场上挣来的，生活过得马马虎虎不讲究，也没什么道理。要知道，报价机只在星期天和节假日才停摆。每当我发现自己亏损的原因，查出为什么犯错的时候，"资产"便会有所增长，我在自己的清单里，就会添加一条新的戒律。那么，如何把这些日益增长的资产变现呢？最美妙的办法便是不限制生活开销。自然，我既享受过好玩的时光，也有过一些不那么愉快的体验，不过，要是我对你啰唆这些细节，可就没完没了了。事实上，能够在我脑子里立刻浮现出来的那些经历，都是明确有益于提升交易技能的，都是增长才干的——实质上，就是帮助我更清楚地认识自己的！

6

自信直觉如天助，听信他人对改错

1906 年春天（图 6.1），我在亚特兰大市休短假。当时手上没有股票，我满脑子想的都是换个环境，好好休息一下。顺便说一句，我已经回到了我在纽约的第一家经纪行，哈丁兄弟公司，我的账户一直相当活跃。我的盘子有 3000 ~ 4000 股，并没有当初我在大都会对赌行的盘子大，那时我才 20 岁出头。但是其中有区别，对赌行收 1 个点的保证金便完事，经纪行收取保证金后，真实地在纽约股票交易所为我的账户买进或卖出股票。

图 6.1 1906 年 1 月延续了前两年的牛市行情，市场再创新高，但从 1 月底开始逐波走低，下半年回升后，又进入了漫长的窄幅横向整理过程。市场从 1907 年 1 月开始大幅下降。这段时间利弗莫尔二十七八岁。

也许你还记得我前面讲过的那个故事，当时我在大都会对赌行卖空 3500 股糖业，直觉告诉我有什么地方不对劲，最好了结交易。好，我经常有那种奇妙的感觉。一般说来，有这种感觉时我都照办。但是有时候，我会对这种感觉不屑一顾，告诉自己，要是照一时的盲目冲动来逆转头寸的话简直荒唐。我曾经把这种感觉归结为某种神经紧张状态，比如抽了太多雪茄，或者睡眠不足，或者精神不振，诸如此类。但凡我说服自己放弃这种突如其来的念头，宁可静观其变时，结果总要吃后悔药。大约有十来次，我没有按照这种感觉卖出，第二天市场强势，甚至还有所上涨，于是我暗暗庆幸，要是当初听凭盲目冲动卖出的话，那该多蠢啊。然而，接下来的一天市场急跌，跌得相当难看。一定是什么地方或有什么东西出岔子了，如果当初不那么执着于理智和逻辑，我早已全身而退了。看来，产生这种感觉的原因显然不是生理的，而是心理的。

我只想给你说说其中一个例子，这件事令人难忘。事情发生的时候，我正在亚特兰大市休短假，那是 1906 年春季。我是和一位朋友一道去的，他也是哈丁兄弟公司的客户。当时我对市场怎么都提不起兴致，干脆丢手好好轻松一下。我总能抛开交易尽情娱乐，当然，如果市场格外活跃并且我已经建立了相当重的仓位，那是例外。我还记得，当时是牛市。总体商业前景看好，股票市场走势虽然较平稳，但是基调强劲，所有迹象都表明市场将进一步走高。

这天早晨，我们用过早餐后，把纽约所有早晨的报纸翻了个遍，在海边卖"呆"也卖腻了——看海鸥啄起蛤蜊，飞到 10 米高的地方丢下来，在坚硬的湿沙地上摔开壳，用来当早点——于是，朋友和我起身到海边小道上散步。在白天，这算是我们最刺激的活动了。

时辰还没到中午，我们慢慢走着打发时间，呼吸着带咸味的空气。哈丁兄弟公司在海边小道旁开了一个营业部，我们习惯于每天上午顺道拐进去，看看开市的情况。主要是习惯使然，并没有其他想法，因为当时我手上什么都没有。

我们发现，市场坚挺、交易活跃。我的朋友相当看多，已经持有中等水平的仓位，他的买入价比现价低几个点。他开始对我发表高论，认为应该持有股票，市场还有很大的上涨余地，这多么显而易见、多么明智，云云。我有一搭没一搭地听着，懒得劳神琢磨对还是不对。我浏览着报价板，注意到某些变化——绝大多数股票都上涨，但是联合太平洋铁路（Union Pacific）却是例外。我当时便觉得应该卖空它。我说不出更多道道，就是感觉应该卖空它。我自问为什么会有这种感觉，但找不到做空联合太平洋铁路的任何理由。

我死盯着报价板上那个最新报价，直到眼前一片空白，再也没有任何数字、任何报价板，也没有其他任何东西了。脑子里只剩下一个念头，我要卖空联合太平洋铁路，但就是找不出这么做的缘由。

我当时肯定看起来很古怪，因为我那位朋友正站在我身旁，他突然用胳膊肘捅捅我，问："嗨，你怎么了？"

"不知道。"我回道。

"要去睡会儿吗？"他说。

"不，"我说，"我不想睡，我想要卖空那个股票。"我清楚，照直觉办总能赚钱。

我走到一张桌边，桌子上有一些空白指令单。我朋友跟着我。我填好按市价卖出 1000 股联合太平洋铁路的单子，递给经理。当我填写单子并交给他的时候，他满脸笑容。但是，当他看到单子时，笑容一下子消失了，他看着我。

"写得对吗？"他问我。不过，我没说话，只是看着他，于是他赶紧过去把单子交给操作员。

"你干什么？"我朋友问。

"卖空它。"我回答。

"卖什么？"他对我喊。他是多头，我怎么可能是空头呢？一定是哪儿不对榫了。

"1000 股联太。"我说。

"为啥？"他追问，十分激动。

我摇摇头，意思是没啥原因。不过，他一定猜测我得到了什么内幕消息，因为他拽着我的胳膊，把我拉出门外，进到门厅里，远离其他客户和东张西望的闲人的耳目。

"你听到什么风声了？"他问我。

他满脸兴奋。联合太平洋铁路是他最偏爱的股票之一，他看好它，因为它的盈利和前景都不错。但是，他愿意接受看空的二手内幕消息。

"没有！"我说。

"你没听说？"他很怀疑，满脸不相信。

"我真没听说什么。"

"那你为什么火上房似地卖空呢？"

"我不晓得。"我告诉他。我说的是大实话。

"噢，得了吧，拉里。"他说。

他知道，我的习惯是盘算清楚才交易。我现在卖空 1000 股联合太平洋铁路，肯定是有很好的理由才会卖空这么多股，特别是当下行情很坚挺。

"我真不知道，"我重复道，"我只是感觉要出事。"

"出什么事？"

"我不知道，我也说不出什么理由，我知道的就是感觉一定要卖出这只股票，我还得让他们再卖 1000 股。"

我走回营业部，给他们发出卖空第二笔 1000 股的指令。如果我第一笔放空 1000 股是正确的，那就该再追加一点。

"到底可能出什么事？"我朋友坚持道，他拿不定主意要不要跟风。要是我告诉他我听说联合太平洋铁路要跌，他大概会问都不问我从哪听说，或者有什么道理，就已经跟着卖出了。"到底可能出什么事？"他又问。

"可能发生的事千千万万。但是，我说不准到底要出什么事。我没法给你交代任何理由，又不会算命打卦。"我告诉他。

"那你发疯了，"他说，"简直疯了，一点头绪没有、一点理由没有就卖空，你不清楚自己为什么要卖出它？"

"我不清楚自己为什么要卖它，我只知道我的确想要卖出，"我说，"我就是想要，同渴望其他东西的时候一样。"这渴望如此强烈，于是我又卖了 1000 股。

我的朋友实在受不了了。他抓住我的胳膊说："嘿！快走，离开这儿，免得你有多少卖多少。"

我已经如愿以偿，卖足了自己期望的数量，所以随他拉着，也没等第二笔和第三笔 1000 股交易的回报单。即使有最好的卖出理由，卖了这么多股票，这阵胸臆宣泄也算得上酣畅淋漓了。没有任何看空的理由，特别是整个市场如此看多，视野所及，没有任何东西可以让任何人产生一丁点看空的念头，看来，卖空这么多实在太过分了。然而我记得，以往当我产生了同样强烈的卖空渴望时，如果没有照办，后来总是追悔莫及。

这些故事之中有些我曾经讲给朋友听，有些朋友告诉我，这不是凭空猜测，而是潜意识，是创造性思维的杰作。这种意识正是艺术家创作灵感的源泉，他们自己并没有意识到灵感是怎么来的。在我身上，或许是一种积累的效果，很多微不足道的零散事物积累在一起却很有力量。可能正是我朋友不明智的看多心态激起了我的逆向心理，我之所以选中联合太平洋铁路，是因为它太受追捧了。我没法说清楚到底什么原因或动机引发了我的直觉。我唯一清楚的是，当我走出哈丁兄弟公司亚特兰大市分部的时候，我在上涨行市下卖空了 3000 股联合太平洋铁路，心中却没什么不安。

我想知道最后两笔 1000 股的卖单他们给我做的成交价是多少。于是午饭后，我们信步走到营业部。我欣慰地看到总体市场坚挺，联合太平洋铁路也走高了些。

"我看你完了。"我朋友说。不难看出，他很庆幸自己一点儿都没跟着卖。

第二天，总体市场继续上涨了一些，除了朋友愉快的话语之外，我没有听到任何动静。不过，我还是信心十足地感觉自己卖空是正确的，而当感觉自己是正确的时候，我从不会失去耐心。凭什么不耐心呢？那天下午，联合太平洋铁路的股价停止爬升，在当天接近收市的时候开始下跌。很快，它便跌到了比我卖空 3000 股的平均成交价低 1 个点的水平。我觉得自己站在正确的一方，比之前更有把握，既然如此，自然要再卖出更多股票。于是，到收市的时候，我追加卖出了另外 2000 股。

就这样，我凭着直觉，放空了 5000 股联合太平洋铁路。这个数字是我在哈丁兄弟公司的保证金允许卖空的最大限额。人虽然还在度假，但这笔股票空头数目实在太大了，于是我放弃休假，当夜赶回纽约。究竟要发生什么？找不到蛛丝马迹，我想最好还是亲临现场随时待命吧。如果不得不行动，在现场更便捷。

再后一天，我们听到旧金山大地震的新闻（图 6.2），这是一场可怕的灾难。不过，市场开盘时仅仅下跌了几个点而已。多头的力量还在起作用，大众从来不会自己独立地对新闻做出反应。你看，从来如此。举例来说，如果牛市基础扎实，不管报纸怎么报道当时存在人为操纵，某些新闻事件总是难以产生它们在华尔街处于熊市时发挥的那种效果。一切取决于市场当时所处的心理状态。在这个例子里，华尔街没有评估灾难的破坏程度，因为它还不想那样去做。就在这天收市之前，价格又涨回来了。

我正做空 5000 股。大棒已经打下来了，但我的股票却没受影响。我的直觉顶呱呱，但是我的银行户头却没有进账，甚至连纸上利润也没有。和我一道去亚特兰大、看着我卖空联合太平洋铁路的那位朋友为自己高兴、为我忧心。

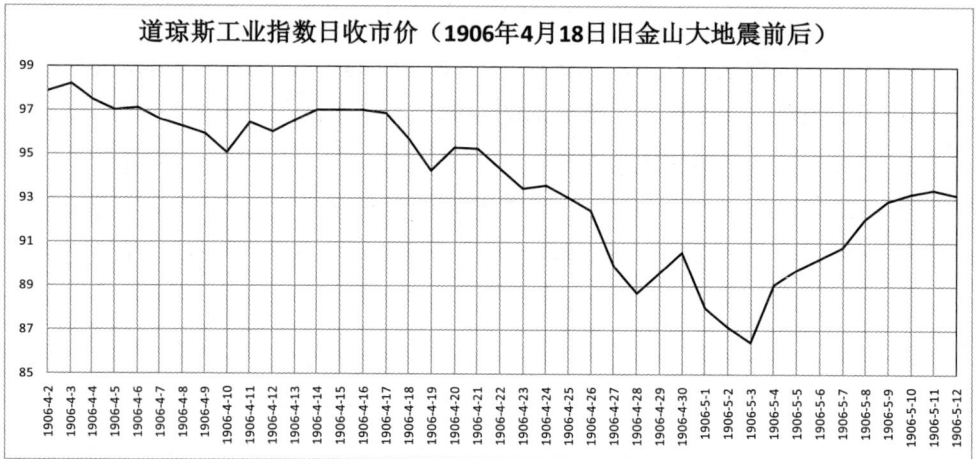

道琼斯工业指数日收市价（1906年4月18日旧金山大地震前后）

图6.2 1906 年 4 月 16 日，利弗莫尔对联合太平洋铁路产生了强烈的看空的感觉，卖空 3000 股；17 日再卖空 2000 股，总共卖空 5000 股；4 月 18 日凌晨，旧金山发生大地震，地震引发的大火使旧金山濒临毁灭。事后从图 6.1 看，1906 年 1 月已经是前两年大牛市的向下转折点，只是 4 月市场表面上似乎依然停留在之前大牛市的看多氛围之中。

　　他告诉我："那真是个了不起的直觉，小伙子。但是你说说，当所有的头脑和金钱都站在多头一边的时候，对着干有什么用呢？他们肯定胜出。"

　　"给点时间。"我说。我意指行情，我不想平仓，因为我知道地震引起的损失极为惨重，联合太平洋铁路公司将是首当其冲的受损者之一。不过，看到华尔街对此视而不见，简直气死人。

　　"哼，给他们时间，你的皮将和其他熊的皮一起，撑起来放在太阳下晒干。"他言之凿凿。

　　"你说该怎么做？"我问他，"联合太平洋铁路公司和其他铁路公司正蒙受千百万美元的损失，这是买进的时候吗？等他们支付了所有损失之后，哪儿来的钱分红呢？你能指望的最好结果也就是，或许麻烦没有报纸渲染的那么严重。但是，这是买进主要受灾铁路公司股票的理由吗？你倒说说看。"

　　我朋友听后只来了这么一句："是啊，听起来挺对。但是我告诉你，市场不同意你的看法，行情纸带不撒谎，对吧？"

　　"它也不总是马上就能讲清事实。"我说。

　　"听着，就在黑色星期五之前不久，有人曾经和吉姆·菲斯克交谈，列举了十条理由，说明为什么黄金应当望不到头地下跌。他的话把自己弄得神魂颠倒，最后他告诉菲斯克，打算卖它几百万。菲斯克只是盯着他，对他说：'只管卖！干吧！卖空，别忘了请我参加你的葬礼。'"

"是，"我说，"如果那伙计果真卖空，你看他能通吃多少利润！卖一点联太吧，你自己。"

"不，我不！我只会见风使舵，这样才能把生意做好。"

接下来那天，更翔实的灾情报告见报了，市场开始滑落，但是即使到这时候，下跌过程仍然没有理当出现的那么猛烈。我看出，太阳底下已经没有任何东西能够挡住一场重大下挫，因此我双倍加仓，再卖出 5000 股。哦，到了这个时候，在大多数人眼中事态已经清楚了，所以我的经纪商乐得让我加仓。并不是他们轻率，或者是我轻率，我对市场的估量也并非莽撞。再往后一天，市场的确开始动作。报应来了，有账照算。我自然当仁不让，把自己的运气发挥到了相称的地步。我又一次加仓，再卖出 1 万股。舍此之外，别无选择。

当时没有其他任何念头，我一心想着自己是正确的——100% 正确——这正是天赐良机。就看我如何施展，才能充分利用这次机会了。我越卖越多，做这么大盘子的空头，用不着多大幅度的行情回升，便足以被扫光所有账面利润，甚至本金都可能不保，我有没有想过这些呢？我不清楚当时到底想过还是没想过，不过，即使想了，也没有造成多大的思想负担。我并非随意孤注一掷。其实我的做法很保守。地震已经发生了，难道还能有人把它收回去吗？他们不可能把坍塌的建筑一夜之间重建如初，不可能免费不花钱，不可能无中生有，对吧？在地震后的头几个小时，即使拿来世上所有的钱也帮不了多少忙，对吧？

我不是盲目赌博，我不是一头疯狂的熊，我没有因为一时顺手而忘乎所以。旧金山几乎从地图上被抹去了，但是我并没有荒谬地以为整个国家都会变成一片废墟。不，我很清醒！我并不预期会出现恐慌。好，次日，我轧平所有头寸，挣了 25 万美元。截止到那个时候，这是我的最大赢利。挣这么多钱，不过在数日之间。华尔街在最初一两天没理会地震。也许他们会告诉你，这是因为关于地震的第一批报道不太令人担心，但是我认为，这是因为必须花费如此长的时间才能改变公众对证券市场的看法，甚至绝大多数职业交易者都是反应迟钝、目光短浅的。

我没法给你解释清楚，不论从科学的角度，还是从玩笑的角度。我要告诉你的是，我做了什么，为什么这么做，以及结果是什么。我对自己的直觉神秘不神秘并不怎么在意，倒是很在意从中获得了 25 万美元。这意味着，一旦时机成熟，我便可以动用比以往任何时候都要大得多的头寸。

当年夏天，我来到萨拉托加温泉区。本意是度假，不过，也留意市场。首先，我并不至于累到懒得琢磨市场的程度。其次，我认识的每一位到那儿度假的人，要么正对市场兴趣浓厚，要么曾经对市场兴趣浓厚。自然，我们的话题绕不开它。我早已注意到，在人们的言论和实际交易行为之间，存在着相当大的差别。有些家伙和你谈到市场时，会显得非常轻率，让你想起那些鲁莽的打工仔，竟敢像呵斥野狗似地训斥坏脾气的老板。

哈丁兄弟公司在萨拉托加开了一间营业部。他们的许多客户都来这儿了。不过，我猜测，他们开这间分店真正图的是广告效应。在度假胜地开分店，简直就是在黄金地段立起一块广告牌。我习惯于顺道在店里逗留一会儿，间杂地坐在一群客户中间。经理人很好，是从纽约总部派来的，到这里就是要为新朋旧友提供一点热情的便利，要是有可能，也顺带兜揽一些生意。这里可是打探贴士的好地方——各种小道消息门类齐全，赛马的、股市的——也是服务员们捞贴士①的好地方。营业部的人知道我没有头寸，因此，经理也就免了过来咬我耳朵，嘀咕什么刚从纽约总部听到的秘密。他一般径直递过电报，说"这是他们刚发的"，诸如此类。

当然，我对市场密切关注。对我来说，观察报价板和判读市场信号是一回事。我注意到，我的"好朋友"，联合太平洋铁路，看起来要上涨。这股票的价格已经比较高了，不过，从它的表现来看，似乎有人正在搜集筹码。我对它观察了好几天，没有动手。越观察便越确信，这只股票背后有人进进出出，总体上是净买入，而且这人来头不小，不仅在银行账户上有大把钞票，而且里里外外头绪清爽，吸筹手法非常聪明。

一旦看准了，我便当仁不让，开始买进，买进价格大约是 160。它保持横

---

① 英文单词"tips"既有小道消息的意思，也有小费的意思，音译为"贴士"。这里是一语双关。
"贴士"一词最初由香港地区按照粤语音译而来，主要在香港、广东一带使用。后来，使用的地域范围逐渐扩大。"贴士"多见于报刊、网络等传媒的书面用语，如"旅游小贴士""家居小贴士""足球贴士"等，读起来让人有一种温馨、亲切的感觉。最主要的是，"贴士"是我国著名翻译家的翻译成果！"贴士"在很多地方还有"小费""茶钱"的意思。（资料来自百度百科）

向波动，于是我也不断买进，每次 500 股。我买得越多，它就变得越强，但没有急涨的情况，感觉非常舒服。根据从报价纸带读到的信息，我看不出有任何问题会使这股票不能再涨上一大截。

突然，那位经理找到我，说他们从纽约收到一封电报——他们和纽约之间当然安装了电报专线——询问我此刻在不在营业部，当他们回复"是"时，对方立即发来第二封电报——"让他别走，告诉他哈丁先生要和他通话"。

我告诉他我等着，然后又买进了 500 股联合太平洋铁路。我想象不出哈丁有什么话要对我说，我觉得肯定和生意没什么关系，就我买的数量来看，我的保证金远远足够。很快，那位经理便来找我，告诉我埃德·哈丁（Ed Harding）先生打长途电话找我。

"哈罗，埃德！"我说。

他却回道："你到底怎么回事？你疯了吗？"

"是你疯了吧？"我说。

"你在干什么？"他问。

"你这什么意思？"

"买那么些股票。"

"怎么啦，我的保证金有问题吗？"

"这不是保证金的事，买它简直就是当肥羊。"

"我不明白你的意思。"

"为什么你要买进那么多联合太平洋铁路？"

"它正在涨啊。"我说。

"涨，涨个鬼！你知不知道那些局内人都把股票倒给你了？你是那儿最容易被人盯上的靶子。把钱输在赌马上，都比输这儿强，别让他们拿你当冤大头。"

"没人拿我当冤大头，"我告诉他，"我没对任何人说过一个字。"

但是他反驳道："你一头扎进这只股票，可别指望每一次都有那么好的运气，发生奇迹把你救出来。趁现在还有机会，赶紧罢手吧。"他说，"在这个水平做多这只股票，简直是罪孽——那些恶棍正成吨成吨往外抛哪。"

"可是纸带显示他们还在买进呀。"我坚持道。

"拉里，看到你的单子进来的时候，我心脏病都要犯了。看在老天分上，别当肥羊了。赶紧出！立刻，它随时可能崩盘，言尽于此，尽到我的责任了。再见！"随即，他挂了电话。

埃德·哈丁是个很精明的家伙，异乎寻常地消息灵通，也是一位靠得住的朋友，和客户又没有利害关系，诚心诚意帮忙。更重要的是，我知道以他的身份正适合眼观六路、耳听八方。我之所以买进联合太平洋铁路，全部依据都来自我自己多年研究股票行为的积累，来自我对其特定征兆的认识，多年经验告诉我，这些征兆通常伴随着可观的上涨过程。我不知道自己到底怎么回事，但是我觉得我一定得出了如下结论，虽然阅读纸带的技能告诉我，这只股票正在被吸纳，但那正是局内人精心伪装的结果，他们故意让纸带讲述着虚假的故事。也可能我是被埃德·哈丁的一片好心打动了——他煞费苦心地保护我，以免铸成他确信无疑的巨大错误。无论是他的精明智慧，还是他的良苦用心，都无可置疑。到底由于什么原因驱使我决定听从他的忠告，真是不清楚，但当时我确实听从了，确实。

于是，我卖出了所有的联合太平洋铁路股票。既然做多是不明智的，如果不做空，当然同样是不明智的。于是，当我出清所有的股票多头之后，又做空了4000股。我卖出的绝大部分股票在162附近成交。

第二天，联合太平洋铁路公司的董事会宣布以10%的股息率派发红利。起先，华尔街没人相信。这个红利过于丰厚，很像是被逼入绝境的市场操纵者施展的最后一个脱身之计。所有的报纸都尖锐而激烈地批评那些董事。然而，虽然华尔街的精英们迟疑不决，市场却已经开了锅。联合太平洋铁路成了领头羊，以巨大的成交量创出了历史新高。有些场内交易者一个小时之内就能发一笔大财，我后来曾经听说，有一位相当迟钝的场内专家弄错了交易方向，竟然稀里糊涂挣了35万美元。第二个星期，他卖掉了交易所席位，成了一位农场主绅士。

当然，在听到宣布派发史无前例的10%股息率的那一刻，我当即意识到，这是我应得的报应，因为我背弃了亲身经验的指引，听从了小道消息。我把自己的清醒判断丢到一旁，选择了一位朋友的怀疑，就因为他没有利害关系，并且通常是个明白人。

一看到联合太平洋铁路创出破历史纪录的新高，我就对自己说："这股票空不得。"

我在世上所有的一切都存放在哈丁兄弟公司的营业厅，作为交易保证金。

不过，这些钱既不会让我感觉轻松一些，也没有让我麻痹大意。事情明摆着，我曾经准确地解读报价纸带，但是竟然愚不可及，让埃德·哈丁动摇了自己的决心。责怪他人没有意义，也浪费不起一丁点时间，覆水难收。于是，我下指令轧平空头头寸。我发单子按市价买进 4000 股联合太平洋铁路，发出指令的时候，价格在 165 上下。按照这个水平，我亏损 3 个点。结果，在经纪人替我买进的股票之中，有的执行价格达到了 172 ~ 174。拿到对账单后，我发现，埃德·哈丁用心良苦的干预让我付出了 4 万美元的代价。对没有勇气坚持自己信念的人来说，这代价不高，这一课学费低廉！

报价纸带显示价格将进一步走高，我没有因为上述挫折而自怨自艾。这是一轮非比寻常的行情，行情的导演者找不到任何先例来比照。当然，这一回，我做了自认为应该做的。一发出买入 4000 股了结空头的第一个指令，我马上决定按照行情纸带的指引来追逐利润，于是立即开立多头，我买进了 4000 股，持股过夜，第二天早晨平仓了结。我不仅弥补了原先损失的 4 万美元，而且另外赢利了 15000 美元。要是埃德·哈丁不曾拼老命地"挽救"我，这一次我已经大杀四方了。不过，他也做了一件大好事，这段插曲是个教训。我坚信，正是这一课，让我学习交易的过程终于道行圆满。

说这些话，并不是指通过这一课，我才学到了不应该听从他人的贴士，应该坚持自己的主见；而是指，通过这一课，我获得了完全的自信，终于有能力摆脱老一套交易方法。萨拉托加的这次经历，是我最后一次随手交易，最后一次即兴发挥式地交易。从此以后，洗心革面，我的交易着眼于基本市场状况，不再汲汲于单个股票。在硬碰硬的投机课堂里，我把自己提升了一级，升这一级可谓耗费时日、艰难曲折。

7

顺势操作先试探，步步为营渐建仓

对于公开表态看多还是看空，我从不犹豫。但是，我不会告诉别人买进或卖出哪一只股票。在熊市行情中，所有的股票都走低；在牛市行情中，所有的股票都走高。当然，这不是说，在战争引起的空头行情中，军火类股票不会走高。我是从一般意义上说的。可是，普通人不要别人告诉他到底是牛市还是熊市。很简单，他就要你告诉他买进或卖出哪只股票。他一心盼着不劳而获，不愿意亲自动手，甚至懒得动一动脑子。让他从地上捡钱，要他数一数，他都嫌太麻烦。

噢，我倒不是那么懒，不过，我觉得琢磨个股比推敲总体市场更轻松，所以过去总是从个股的波动入手，而不是从总体市场运动着眼。只见树木，不见森林。这一套不改，就没有前途，因此，我痛改前非。

要掌握股票交易的基本要领，似乎并非易事。我常常说，在处于上升状态的市场中买进，是最舒服的股票买入方法。请注意，关键在于不要一门心思想着买得尽可能便宜，或者卖得尽可能高，而是一定要买在或卖在正确的时机。当我看空、做空某只股票时，每次卖出的价格都必须比前一次卖出的价格更低。当我买进的时候，情况正相反。我必须按照步步上涨的方式买进，而不是按照步步下降的方式买入。

举例来说，假定我正在买进某只股票，在110买进了2000股。如果买进之后，股价上涨到111，那么至少表明，我的操作暂时是正确的，因为现在该股票已经涨了1个点，头寸表现为账面赢利。好，因为我是正确的，所以我再度进场，又买进了2000股。如果市场仍然处在上涨状态，我会再买进第三笔2000股。假设股价已经上涨到了114。到此时为止，买入这么多已经够了。现在，我已经具备了一定的底仓铺垫，下一步就从这笔头寸开始。我有6000股的多头，平均成交价为111-3/4，当前股票价格为114。这会儿，我暂时不打算

68

再买进。我一边观察，一边等待时机。我推测，在上升过程的某个阶段，市场可能会出现回落。我希望看一看，回落之后，市场到底如何对待这轮行情。或许市场回落到我第三笔买进的价位。假定市场在走高之后跌回到112-1/4，然后再度上涨。好，就在市场涨回113-3/4的时候，我立刻下指令买进4000股——自然是按市价方式。好，如果我得到这4000股的成交价为113-3/4，那么我会认为是什么地方有问题了，于是我发出一份测试指令，也就是说，我要卖出1000股，看看市场有什么反应。但是，如果当初我在113-3/4发出的买进4000股的指令中，有2000股成交价为114，500股的成交价为114-1/2，余下的股票越买价格越高，最后500股的成交价为115-1/2，那么，我知道我是正确的。正是这4000股成交的细节，告诉我在这个时点买入这只股票到底是否正确。当然，上述做法的前提是，假定我已经认真仔细地研究了总体市场状况，并且大市看涨。我从不希望买进股票的价格太低廉，或者太容易买到手。

记得别人跟我讲过一则S.V.怀特执事（Deacon S. V. White）的故事，他曾是华尔街最了不起的股票作手之一。他是一位很雅致的老人，练达睿智、行动果敢。从我听到的情况来看，他在那个时代曾经有过一番了不起的作为。

曾经有一段时光，糖业股份是最活跃的股票之一，其行情经常出现"焰火表演"。H.O.哈夫迈耶（H. O. Havemeyer）时任糖业股份董事长，风头正劲。我从老一辈零散的聊天中拼出的情况是，哈夫迈耶和他的死党们坐拥大把现金，再加上他们诡计多端，足以随心所欲、翻云覆雨地操纵其控制的股票。他们告诉我，在这只股票上曾经被哈夫迈耶鱼肉的中小交易商的人数可能非常庞大，超过了其他任何内幕交易者的纪录，也超过了发生在其他任何一只股票上的纪录。通常，场内交易商更有可能破坏内幕交易者操纵市场的阴谋，而不是推波助澜。

一天，有位认识怀特执事的男士急匆匆闯进营业部，满脸兴奋之色，对执事说："执事，你叫我一听到什么货真价实的消息就赶快来通报，要是采纳了我的消息，会提携我也做上几百股。"他停下来喘口气，看看对方点不点头。

执事先生一边打量他，一边暗暗思忖着，然后说："我不记得是不是答应过你，不过，如果消息能派上用场，我愿意付钱。"

"好，我现在就有消息告诉你。"

"哦，那好啊。"执事说。语气如此温和，那线人听得大受鼓舞，回道：

"是，先生，执事大人。"然后，他凑上前，为了不让旁人听到，小声嘀咕道："H.O. 哈夫迈耶正在吃进糖业。"

"是吗？"执事相当平静地询问。

执事的疑问让那位线人有点不快，于是他加重语气，说："是的，先生。有多少，买多少，执事。"

"我的朋友，你的确有把握吗？"老怀特又追问一句。

"执事，这是板上钉钉的实情，我确定。那帮内幕交易团伙正在四处伸手，吃进他们摸得着的每张股票。这事肯定和税务方面有关，看来他们要在普通股上痛下杀手，它会超越优先股。这意味着，头一把，必定先涨 30 点再说。"

"你真是这么想的？"老怀特略低头，越过眼镜上缘看着他。这是一副老式的银丝眼镜，他戴着它看行情纸带。

"我真这么想？不，我什么也没想，我是知道这事。绝对没错！嗨，执事，H.O. 哈夫迈耶和他的同伙正在吃进糖业，他们现在就在买，绝对是来者不善，没有 40 点的赚头，他们决不罢休。市场随时可能像脱缰的野马一样，不等他们买满仓位就一飞冲天，要是这样，我也不会吃惊。现在这只股票剩余的在经纪公司的营业部之间倒来倒去的数目已经比一个月之前少了。"

"他正买进糖业，嗯？"执事心不在焉地哼道。

"买进糖业？嘿，他使劲奋哪，快得来不及自己动手填写价格。"

"这样啊？"执事回了句，就这几个字。

但是，那位内幕消息提供者这一回真急了，他说："是，先——生！我这消息如假包换。嘿，绝对第一手。"

"是吗？"

"是，这消息应当值一笔整数，你用还是不用？"

"噢，是的，我要用的。"

"什么时候？"贴士提供者怀疑道。

"马上。"随即，执事喊道，"弗兰克！"这是他那位精明透顶的经纪人的名字，当时他正在隔壁房间。

"来了，先生。"弗兰克说。

"我要你替我跑一趟交易所，卖出 1 万股糖业。

"卖出？"线人惊呼，从他声音中透出的痛苦如此尖利，弗兰克刚开始一路小跑，之后又忍不住停下脚。

"哎呀，是的。"执事和蔼地说。

"但我告诉你 H.O. 哈夫迈耶正在买进！"

"我知道你是这么说的，我的朋友。"执事心平气和地回身吩咐经纪人，"赶紧，弗兰克！"

经纪人冲出去执行指令，可怜的贴士客脸憋得通红。

"我到你这儿，"他火冒三丈，"告诉你我有史以来最货真价实的消息。我巴巴儿地送信给你，一心以为你是我的朋友，而且为人公道。我指望你能用它办事——"

"我正在用它办事。"执事用平静的声音打断了他。

"但我告诉你的是哈夫迈耶那帮家伙正在吃进！"

"没错。我听你是这么说的。"

"买进！买进！我说买进！"贴士客尖着嗓子叫道。

"是，买进！我确实听你这么说的。"执事向他保证，同时站在报价机旁，眼睛盯着纸带。

"可是，你在卖它。"

"是，卖了 1 万股。"执事点点头，"当然是卖出。"

他停住话头，全神贯注地察看着纸带，贴士客也走近身，看看执事在看什么，他知道那位老人老谋深算。就在他从执事肩头上张望的时候，一位职员走进来，手拿一张单子，显然，这是弗兰克发来的交易回单。执事几乎瞥都没瞥一眼单子。他已经从纸带上看到了自己单子执行的情况。

这让他吩咐那位职员："叫他再卖 1 万股糖业。"

"执事，我向你发誓，他们真的在买进那股票！"

"是哈夫迈耶先生亲口对你说的吗？"执事轻声问道。

"当然不是！他从来不向任何人透露半个字。就算只要眨眨眼就能帮他最好的朋友挣一个子儿，他都不乐意。但是，我知道这事千真万确。"

"不要着急上火，我的朋友。"执事举起一只手。他正看着纸带。贴士客语调苦涩："早知道你会和我以为的反着来，我宁愿不浪费你我的时间。但是等你买回那些股票、亏得一塌糊涂的时候，我不会开心的。我为你感到惋惜，执事。有话直说！如果你不介意，我要到别处去，按我的信息另谋出路了。"

"我正在按你的信息行动。我觉得，我对市场总算略知一二。或许赶不上你和你的朋友 H.O. 哈夫迈耶，不过，我的确知道一点。我正在做的，是我多年经验告诉我的，根据你告诉我的信息，只有这么做才是明智的。如果哪位在华尔街摸爬滚打的时间和我一样长，就会对为他感到惋惜的人心怀感激。冷静，冷静，我的朋友。"

那位仁兄两眼直瞪执事，不明所以。不过，他对这位执事的判断力和勇气怀有极高敬意。

很快，那位职员又回来了，递给执事一张回单，执事看着单子，吩咐："现在叫他买进 3 万股糖业，3 万股。"

职员脚不沾地地走了，贴士客一边嘟嘟囔囔，一边瞪着这位老狐狸。

"我的朋友，"执事好心解释道，"当你说亲眼看到的时候，我不怀疑你告诉我的是实情。但是，即使我听说是 H.O. 哈夫迈耶亲口告诉你的，也还是要像刚才那样办。唯有一个办法可以查实有没有人正在买进那个股票，正如你说 H.O. 哈夫迈耶和他的狐朋狗友正在买进的那样，就是照我刚才做的那样试一试。第一笔 1 万股相当容易脱手，这还不足以得出结论。但是，第二笔 1 万股也被市场吸进去了，而且行情上涨没有停步。市场吃进这 2 万股的样子向我证明，的确有人愿意照单全收。就此刻来说，到底是哪路神仙在买进并没有什么干系。所以，我轧平空头头寸，再买进 1 万股做多，我认为，到目前为止你的信息货真价实。"

"货真价实到什么程度呢？"贴士客问。

"你在这间营业部有 500 股，按那 1 万股的平均成交价计算成本。"执事说，"日安，我的朋友。下次冷静点。"

"哎，执事，"贴士客不好意思了，"当你卖掉股票时，可不可以请你替我也卖掉？我明白，我那点三脚猫功夫远没有自以为的那么高明。"

故事讲完了，这就是为什么我从来不愿意低价买进股票。当然，我总是力图有效地买进，也就是按照市场最有利于我选择的这一边来交易。等到应当卖出股票的时候，很显然，除非有人想买这些股票，否则我卖不出去。

如果操作的盘子大，就必须把下面这些话始终牢记心间。

首先，研究总体市场；然后，审慎谋划交易策略；最后，按部就班地付诸实施。假定一个人动用了相当大的头寸，并且积累了一大笔利润——账面的。

好，这位先生不可能随便按照自己的意愿卖出。不能指望市场吸收 5 万股就像吸收 100 股那么轻巧。他必须耐心等待，直到市场行情有胃口接纳这么大笔股票的时候。当时机成熟时，他判断市场购买力已经具备了，这是先决条件。当机会到来的时候，我们就必须抓住它。一般说来，他必须随时做好准备，等待这一刻的到来。他不得不在能够卖出的时候卖出，而不是在他想要卖出的时候卖出。为了拿捏分寸，他既必须观察，也必须试探。当然，卖出时，要识别市场何时有能力消受一大笔股票，毕竟没什么大不了。话说回来，刚开始建仓的时候，一上来便满仓操作是不明智的，除非确信市场条件完全合适。请记住，股票永远不会因为价格太高而不可买进，或者因为价格太低而不可卖出。然而，在第一笔交易之后，除非第一笔交易有利润，否则不可以做第二笔。等待并观察，这正是你的纸带阅读技巧派用场的时候——帮你抉择合适的时机来行动。良好的开端是成功的一半，交易成败在很大程度上取决于精准选择合适的时机来开始行动。这一点的重要性，我是在多年交易经历后才认识到的。为了领悟这一点，我付出了千千万万美元的代价。

别误会，我并不是叫你只认逐步加码一条路。当然，通过逐步加码，可以挣大钱，不加码，就挣不到这么多钱。我要说的是：我认为，即使最大投资限额只有 500 股股票，也不应该一笔满仓买进，如果把投机看作严肃的生意的话。如果只想赌一赌运气，那我只有一个建议：别玩这个！

假定一个人买进了第一笔 100 股，但马上出现了亏损，为什么还要雪上加霜，再买进更多股票呢？他应该立即看出来，做错了，至少暂时错了。

8

今是昨非识大局，操之过急悟时机
（时机！时机！时机！）

    1906 年夏天在萨拉托加关于联合太平洋铁路股票交易的遭遇，令我对内幕消息和他人的评论更加敬而远之。也就是说，他人的观点、推测和猜疑，无论出自交情深厚的朋友，还是精明强干的大能人，一概敬谢不敏。事实，而非自负，已经向我证明，我有能力比其他绝大多数人更精准地阅读行情纸带。不仅如此，我的条件也比哈丁兄弟公司的其他普通客户宽裕得多，因为我完全免受各种戴着有色眼镜的盘算或推测的影响。对我来说，做空不再比做多有吸引力，反过来也一样。我的唯一要点是：择善固执，绝不允许自己站在市场错误的一边。

    甚至还是少年的时候，我就总是独自观察事实、独自刨根究底、独自领会意义。唯有经过这条道路，我才能真正认清事物的本质。如果是别人教我从中领悟什么道理，我反而做不到。那些事实本来就是属于我的事实，对吗？要是我信奉什么，你可以肯定，那只是因为我不得不信。我之所以做多股票，是因为我对市场状况的研究迫使我不得不看多。你看看，很多人徒有精明的虚名，之所以看多，是因为他们已经持有了股票。我绝不允许手上已有的头寸，或者先入为主的成见，绑架自己的思考。我再三强调自己从不和行情纸带争论，这就是其中的缘故。因为市场意外地甚或毫无道理地对你不利，你便对市场生气，那就像得了肺炎的时候对肺生气一样荒唐。

    在经历了一个逐步摸索的过程之后，我才最终认识到股票投机事业的全貌。其中除了阅读行情纸带之外，还有极为丰富的其他内涵。老帕特里奇认为，在牛市行情下，必须始终保持看多的立场，这一点具有生死攸关的重要性。毫无疑问，正是他的执着促使我一心扑在压倒一切的头等大事上——确定当前的市场大势。于是，我由此开始领悟到，大钱，必然也只能来自大规模行情。无论最初可能有什么原因激发了市场，大规模行情之所以能够持续，既不是因为有人联手操纵，也不是因为金融家的阴谋诡计，终究是由市场的基础条件所决定的，这是铁的事实。无论谁来干扰阻碍，大规模行情都将不可避免地按照其基本的推动力量所决定的幅度、速度和持续时间来展开。

经历了萨拉托加一役，有一点更清楚了，或许应该说我自己想得更成熟了：既然整个市场的股票都按照大潮流的方向运动，那么，像我过去那样自以为是地研究行情日常的涨跌波动，或者研究这只股票、那只股票的个别表现，就没那么必要了。同时，以大规模行情为出发点，在交易时并没有不便，我甚至可以买进或者卖出交易所清单里的所有股票。单独一只股票流动性受限，如果卖空的数量超过了总股本的一定比例，那是很危险的。当然，具体数额取决于该股票的持有情况，比如谁持有、以什么方式持有、成本价如何等。另一方面，如果交易代表全市场的股票组合，即使卖出 100 万股，也不可能出现逼空的风险。从前，空头不得不留意防范市场操纵和轧空陷阱，内幕交易者充分利用空头们杯弓蛇影的心理状态，每隔一段时间便能从他们身上榨取一笔巨额金钱。

显然，正确的做法是：在牛市行情中看多，在熊市行情中看空。这听起来有点傻，不是吗？然而，只有牢牢地掌握了这条基本原则，我才学会了如何将其付诸行动，只有如此行动才符合市场演变的大概率。我是花了很长时间才最终学会遵守上述原则来交易的。不过，为自己说一句公道话，也要提醒你，其实直到这时候，我都没有充足的本金来按照这样的方式做交易。要是交易限额足够大，那么大幅行情当然意味着大额利润；而要有足够大的交易限额，就必须在经纪商的账户上拥有一大笔本金。

我总是不得不，或者自以为不得不，每天从股票市场挣出当天的面包和黄油。这种错觉干扰了积累本金的努力。本金多了，才可以采用获利更丰的长线方法。当然，长线方法来得慢，短期成本显得比较高，和炒作小幅波动的手法比起来，不那么立竿见影。

不过，现在不仅我对自己的信心增强了不少，经纪商也对我刮目相看，不再把我看成偶尔走运的"豪赌小子"了。过去他们从我身上大把大把地赚佣金，但是现在我很有希望成为他们的明星客户，如此一来，我对他们的价值就超越了简单的交易量。真能赚钱的客户对任何经纪公司来说都是一笔财富。

　　我的眼中不再只见行情纸带，而是要见市场全豹。从这一刻起，我便不再削尖脑袋只顾追求某只股票的日常波动了。从此之后，我简直是脱胎换骨，采用全新的角度来看待市场。我从关注一个报价接着一个报价的歧途，回归到执行上述基本原则的正道，从日常波动回归到市场基本趋势。

　　当然，我曾经在很长一段时间内每天照例吸食市场"麻醉剂"——财经媒体。所有交易者概莫能外。实际上其中大多数内容只是闲言碎语，有部分甚至存心误导，余下的则纯属作者的个人意见。也有声誉良好的每周评论，不过，当它们谈及市场基础状况的时候，也不能令我完全解渴。一般说来，金融媒体编辑的角度和我的角度不同。整理事实并根据事实得出结论，对他们来说，谈不上生死攸关，对我来说则是。不仅如此，在考虑时间因素方面，他们和我之间也存在一道鸿沟。对我来说，分析过去一周的市场行情，远不如预测即将到来的几周走势更有意义。

　　多年来，在我身上同时存在三方面弱点：缺乏经验、年轻识浅、本金不足。于是，我不幸沦为三重弊病交织的受害者。但是，现在我终于体会到茅塞顿开的喜悦。对市场的态度今是而昨非，也悟出了企图在纽约挣大钱却屡遭败绩的原因。现在，我既有足够的资源也有足够的经验和信心。然而，我太急于尝试新发现的这把钥匙，以至于没有注意到大门上还挂着另一把大锁——时机！操之过急，这样的大意再自然不过了。我不得不照例支付学费，承受每一次挫折和锤炼，来换取每一次进步。

　　我研究了1906年的形势，认为资金前景特别严峻。世上很多物质财富已遭损毁。迟早，每个人都会感受到紧缩的压力，人人自顾不暇，难以帮助他人。打个比方，如果把一栋价值1万美元的住宅折腾为价值8000美元的一车皮赛马，那意味着日子每况愈下。然而，我们这次所面临的，远不止是一般性的艰难时期。这一次，是房子遭了火灾，完全毁灭了；是火车失事，一车皮赛马所剩无几了。这次是布尔战争，老百姓累千巨万地供给远在南非、不事生产的士兵们，老百姓的血汗钱在大炮的缕缕青烟中化为灰烬。同历史上类似的案例一样，这对远在英国本土的投资者没有任何益处。这次像旧金山大地震和随后的大火灾一样，也类似于其他自然灾害，其影响席卷了每个人——制造商、农场主、商人、劳工和百万富翁们。因此，铁路公司必定遭受重创。我思量，已经没有任何东西能够挽狂澜于既倒。事已至此，那就只有一个选择了——卖空股票！

前面曾经告诉你，我注意到，一旦我下定决心选择某一方向交易，在最初尝试性建仓后，往往马上便能出现账面利润。不过，这一次我决定一笔倾囊卖出。我们正进入如假包换的熊市行情，既然对此已经不存疑问，我便确信应该夺得自入行以来最大的一笔战果。

起先，市场下挫；然后，再度回升。一点点逐渐拉回，最后稳步上升。我的账面利润消失了，浮动亏损逐步增加。一天，据行情来看，没有哪头熊能够大难不死、有机会活到将来回忆这次如假包换的熊市了。我胆怯了，轧平头寸。还算侥幸，要是没平仓，最后剩下的钱恐怕不够买一张明信片的。我这头熊已经九死一生、体无完肤，但是好歹留下了一条性命。留得青山在，不怕没柴烧。

又犯了错误。那么，到底错在哪儿呢？在熊市里看空，这是明智之举。卖空股票，这也得当。但是，我操之过急，卖得太快了。犯错的代价不赀。头寸是对的，但做法是错的。不管怎么说，每过一天，市场距离无可避免的崩溃就近一天。于是，我继续等待，上涨势头开始放缓，进而陷入停滞，我便尽我可惜已经缩水的保证金的最大限度，让他们替我卖出股票。这一次我是正确的，准确地说，是下一天一整天是正确的，因为再下一天，又是一轮上涨。市场又咬了我一大块肉，真是痛彻骨髓！于是，我研读纸带，平仓止损，再等待。在这个过程中，我后来再一次卖出——再一次，市场先是很有希望地下跌，却再一次毫不客气地上涨。

看来市场存心和我过不去，尽其最大能事要把我打回原形，让我滚回对赌行，重拾那种简单的交易方式。这是我头一次按照事先盘算好的明确方案、以总体市场趋势为根据、不局限于一两只股票的方式操作。我觉得，坚持到底就必定能赢。实际上，当时我还没有形成系统的下单方法，不然我会在下降行情中逐步建立空头头寸，上次曾经给你解释过这种办法。要是那样做的话，我也不至于损失这么多保证金。我也许会同样地犯错，但不会损失如此惨重。你看，我已经掌握了各方面的相关事实，但是尚未学会把它们融会贯通。由于我的观察达不到全面、透彻，结果对大势的正确判断非但没有给我帮忙，反而拖了后腿。

我已经发现，深入剖析自己的错误，总能从中获益。就这样，我终于体会到，在熊市行情中持有空头头寸确实没错，但是不论什么时候，都应该先研读行情纸带，抉择恰当的入市时机。如果有一个良好开端，就不会看到本已产生盈利的头寸遭到严重威胁；在坚持到底的过程中，也就不会经受太多困扰。

当然，如今我对自己观察市场的精确性更加自信，并且其中既不掺杂一厢情愿，也不掺杂个人癖好。同时，也有更多的手段来确认我观察到的事实，可以从各种角度来检验我的观点的正确性。遗憾的是，1906年接连出现的回升行情严重削弱了我的保证金（图6.1）。

当时我不到27岁，从事这个行业已经有12年了。但是，这是我生平第一次根据自己预期的尚未到来的市场危机来做交易，我透过望远镜观察到这场危机的到来。从观察到远处象征着暴风雨的滚滚乌云的第一瞥，到市场真正开始大幅下挫并为我带来利润，这之间的时间跨度显然太大了，远远超过了我当初的预计，我不禁怀疑自己到底是否确实看到了曾经自认为明白无误地观察到的那些景象。当时我已经看到了许多警告信号，比如，短期贷款利率惊人地飙升。不过，有些大金融家还在发表乐观的看法——至少他们对报纸是这么说的，而股票市场一波又一波的上涨行情似乎证明那些悲观的看法不过是杞人忧天的谬论。那么，我看空的立场是根本错误的呢，还是只因过早卖空而暂时错误的呢？

我断定只是动手太早的缘故，但是实在控制不了自己卖空的冲动。后来，市场开始下挫。机会来了，我倾全力抛空。然而，之后市场再次回升，达到了相当高的水平。

这次我被扫地出门。

就这样——我是正确的，却破产了！

我告诉你，这事不同寻常。事情的经过是这样的：我朝前看，看到了一大堆美元堆在路边。在这一大堆美元上戳着一块牌子，牌子上大书着"任您自便"。旁边停着一辆大车，大车两侧写着"劳伦斯·利文斯顿货运公司"字样。我手上提着一把崭新的铁锹。视野所及，看不到其他人，因此在这场"挖金子大赛"中没有竞争对手，这是领先他人一步看到这个美元堆的一大好处。或许有人也看到了这堆美元，但他们此刻没看，他们可能正忙着观看棒球比赛，或者正忙着开车兜风，或者正忙着看房子，并且打算用我盯着的这堆钱来付款买房。这是我头一回看到前头堆着大钱，自然要赶紧冲上去。然而，就在我碰到这堆钱之前，我的好运气转向了，我摔了个跟斗。那堆钱还在，但是我的铁锹不见了，大车也没了踪影。欲速则不达！我太急于求成，太急于证明自己看到的是真金白银，不是海市蜃楼。我看到了，而且心里很清楚自己看到了。我一门心思只想着我的好眼力即将带来的回报，以至于从来没有想一想自己和那堆美元之间还有多远的距离。我本该一路走过去，而不是一头扑上去。

这就是实际发生的情况。我没有耐心判断当时到底是不是正确的入市时机，便一猛子扎进空头一边。此时此刻，本应发挥自己阅读纸带的长处，但我却没有。就这样，我又学到了一个教训，在熊市行情刚刚开始的时候，即使看空是完全正确的，最好也不要立即大笔卖出，一定要等到不存在发动机回火的风险后再行动。

这么多年来，我在哈丁兄弟公司的营业厅已经交易了千千万万股，更重要的是，这家经纪公司对我有信心，我和公司的关系极为融洽。我觉得，他们相信，过不了多久，市场一定会再次证明我是正确的。他们知道我习惯于穷追猛打，只需一笔启动资金，我便不仅能扳回所有损失，还能有所赢利。他们已经从我的交易中赚了很多佣金，将来还会赚得更多。因此，只要我的信用保持可靠，在这里从头开始交易就一点问题也没有。

接连挨了这么多记板子，终于迫使我不再像当初那样过度自信，或许应该说是，减少了当初的粗心大意，因为我当然清楚自己离彻底完蛋只有一步之遥了。我竭尽所能地仔细观察并耐心等待。嗨，在当初跳进市场之前早该这么做了。现在这么做并不是亡羊补牢，而是不得不慎之又慎，下一次尝试必须确有把握。一个人如果不犯错误，用不了一个月，就能拥有整个世界。反过来，如果他不能从自己的错误中汲取经验教训，迟早会破产而变得一文不名。

好了，先生，一个晴朗的早晨，当我来到城里的时候，又一次感到自信满满了。这一次没有任何疑问，我在所有报纸的金融版上都读到了同一则广告，而这正是我要的信号，当初入市的时候，问题正在于没有明智地等待这样的信号。北太平洋铁路和大北方铁路（Great Northern）两家同时宣布增发股票。为了持股人的便利，认购股票的款项可以用分期付款的方式支付。这样的体贴在华尔街还是头一回听说。我立即意识到，这显然不是什么好兆头。

多年来，大北方铁路的优先股一直有一个利好题材，屡试不爽。公司每次宣告增发股票，都意味着又要切开一个甜瓜分给优先股股东们，因为这些幸运的股票持有人有权按照发行价格买入增发的股票。这些认购权很有价值，因为股票的市场价格总是高于发行价格。然而，现在货币市场银根如此之紧，以至于美国最有实力的投资银行家们对优先股持有人有没有能力一下子拿出这么多现金来兑现上述差价，感到没把握。大北方铁路优先股当时的股价大约为330 美元！

我一赶到营业厅便对埃德·哈丁说："现在是卖出的时候了，我本该等到现在才动手的，只要看一眼那则广告，你就全明白了，你不看看吗？"

他已经读过那则广告了。我向他讲了自己对银行家们让步分期付款的看法，但是他不太认同大崩溃已经高悬在我们头顶。他认为最好还是等一等再动手大笔卖空，理由是，市场已习惯于大幅回升了，等一等再动手，卖出的价格或许低一点，但是操作也更安全。

"埃德，"我对他说，"这场崩跌酝酿的时间越久，发生的时候就会越剧烈。那则广告简直是银行家们签字画押的自白书。他们担心的，恰恰是我期待的。这是我们应该登上做空大船的信号，该等的都等到了，如果有 1000 万美元，我此时此刻就会把每分钱都押上去。"

我不得不继续软磨硬泡。那则广告令人吃惊，理性的人只能从中得出唯一的结论，但是埃德觉得还不满意。虽然对我来说，这已经足够了，但是对营业厅里的大多数人来说都还不够。我卖出了一点点，可惜卖得太少了。

几天之后，圣保罗铁路非常好心地出来宣布它也计划再融资，要么是股票，要么是债券，我记不清了。不过，是什么并不要紧，要紧的是，我看到广告的第一眼就注意到，它再融资的支付日安排在早几天已经宣布的大北方铁路和北太平洋铁路增发股票的缴款日之前。明摆着的，这就像拿着扩音喇叭四处吆喝，声威赫赫的老圣保罗铁路正使尽浑身解数抢占另两家铁路公司的上风，因为华尔街上已经没有多少流动资金了。圣保罗铁路聘用的投资银行家们显然相当担心市场的资金不够三家公司同时再融资，于是先下手为强，他们可不想玩什么"你先来，亲爱的兄弟"！如果资金已经如此吃紧——我可以打赌，银行家们一清二楚——那么下一步是什么呢？铁路公司们为争抢资金打破了头，可是市场上没钱。结果会是什么？

卖了它们！当然要卖！公众眼里只盯着眼前这一周的股票行情，对此几乎毫无觉察。明智的股票作手看到的是这一年的行情，可以注意到很多细节。外行看热闹，内行看门道，这就是差别。

对我来说，所有的疑虑和踌躇一扫而光，从这一刻起，我下定决心。就在这一天早晨，我按照从此之后我始终恪守不渝的原则真正打响了我的第一场战役。我把自己的想法和立场告诉了哈丁，他不反对我在 330 美元左右卖出大北方铁路优先股，以及其他高价股票。我从早先犯下的巨大错误中受益匪浅，采取了更明智的卖出方式。

转眼之间，我的名声和资金状况便东山再起。在经纪公司的营业厅里谋生，这也算一个好处，无论赢利来自偶然还是并非偶然。不过，这一次正确操作，绝对来自冷静和清醒的思考，既不是来自一时的灵感，也不是来自高明的行情纸带阅读技巧，而是认真分析影响总体股票市场的基本因素的结果。我不是在猜测，而是在预期市场不可避免的未来动向。我卖空股票，并不需要任何勇气的支撑。除了股票价格走低之外，我看不到其他的可能性，因此不得不照此行事，不是吗？舍此还能怎么办呢？

所有股票都像稀泥般疲软。不久，市场有些回升，于是人们跑来警告我，下跌行情已经触底了。那帮大鳄知道空头的敞口数量极为庞大，决意震荡洗筹，要把老熊们的胆汁都挤出来。如此一来，就能让看空者们吐回千百万美元的利润。这种事必定会发生，因为那帮大鳄不会有丝毫心慈手软。我总是温言感谢那些不请自来的善意顾问。我甚至从不和他们争辩，因为那样一来，他们就会觉得我不知好歹，不懂得心存感激。

那位曾经和我一道光顾亚特兰大城的朋友正备受煎熬。他能理解我当时的直觉，那一次不久之后就发生了大地震。他不能不相信直觉的魔力，因为我就是明智地服从了自己盲目的直觉，卖出联合太平洋铁路而获得了 25 万美元的巨额利润。他甚至说，那一次是天意以某种神秘的方式对我起了作用，驱使我卖出股票，当时他自己是多头。而且他也能理解我在萨拉托加的第二次关于联合太平洋铁路的交易，他能理解只涉及单独一只股票的任何交易，因为他相信在单只股票上，内部消息早已预先排定了股票行情变动，涨也罢、跌也罢。但是，预言所有的股票必定下跌，这下子可真把他惹毛了。这样的消息究竟能对什么人有任何好处呢？在这种情况下，到底该怎么办才好呢？

我回想起老帕特里奇最喜欢的那句口头禅——"噢，这是牛市，你知道"，他说这话的意思，好像只要你足够明智，那么这句话就是足赤真金的内幕消息，而事实也的确如此。有一点令人非常好奇，市场已经崩跌了 15 ~ 20 点，人们蒙受了巨大的损失，但是依然抱着头寸不放，3 个点的回升便足以勾起人们的希望，让大家坚信下跌行情已经见底，接下来行情就要完全恢复了。

一天，我的朋友来找我，他问我："你平仓了吗？"

"为什么平仓？"我说。

"理由充足到家了。"

"什么理由呢？"

"为了挣钱嘛。股票已经触底回升了，跌多少还得涨多少。难道不是吗？"

"是呀，"我回道，"首先沉到底，然后再浮上来，可是不会马上便浮上来。股市必定要死气沉沉一些日子。现在还不到那些死尸浮上来的时候，它们甚至还没死透呢。"

一位老前辈听到了我俩的对话。他是那种总是触景生情、缅怀往事的老头。他说，威廉·R.特拉弗（William R. Travers）是个空头，有一次遇到一位看多的朋友。他们交流了对市场的看法。那位朋友对他说："特拉弗先生，你的看空念头怎么这么僵硬呢？"特拉弗当即回道："对！像尸——尸首那样死——死硬！"下面这事只有特拉弗干得出来。他来到一家上市公司的办公室，要求查阅公司账簿。公司职员问他："您持有本公司的股票吗？"特拉弗回答："应——应该说——说我有！我卖——卖空了2——2——20万股——股票！"

好，回升势头越来越虚弱。我乘胜追击，倾囊卖出。每当我卖出几千股大北方铁路优先股的时候，股票价格便下挫几个点。我也在其他地方探索薄弱环节，卖空一些股票。所有股票都低头屈服，但有一只例外，令人印象深刻，那就是雷丁公司（Reading）。

其他所有股票都像坐了滑梯，但是雷丁公司的股票价格岿然不动，就像直布罗陀岩山一样稳固。每个人都说这只股票被庄家控盘了。从它的表现来看，肯定是这么回事。他们总是告诉我，卖空雷丁公司简直是自杀。营业厅里现在也有人和我一样看空其他所有股票。然而，但凡有人提到卖空雷丁公司，他们就会尖叫"救命"。我卖空了一些雷丁，并且毫不动摇。与此同时，我自然更喜欢寻找、攻击薄弱点，而不是进攻那些防守上更顽强的堡垒。凭我阅读纸带的技巧，在其他股票上更容易获取利润。

关于做庄雷丁公司的那伙人，我的耳朵已经听出茧子了。这伙人实力极雄厚。根据我的朋友们透露的情形，他们起初在低位持有大量股票，因此他们的平均成本实际上低于当前主要价位。不仅如此，该团伙的主要成员与为他们重仓持有雷丁股份提供融资的各家银行关系很深。只要股票价格维持在高位，他们与银行家朋友的交情就是牢靠的、不可动摇的。有一位团伙成员的账面利润超过了 300 万美元。这样一来，即使市场有什么风吹草动，他们也不会伤筋动骨。无怪乎这只股票价格坚挺，藐视空头们的挑战。每过一阵子，场内交易商就会查查这只股票的价格，咂咂嘴，卖出 1000 ~ 2000 股试试它的动静。可是，1 张跟风卖出的单子都没有，于是他们轧平头寸，再找其他更容易下手的地方。每次我看这只股票的时候，都会继续卖出一小部分——数量刚够用来说服自己，表示我确实遵守了自己新的交易规则，不再只操作自己偏好的股票。

如果是往常，雷丁公司行情坚挺或许已经骗我中计了。行情纸带老在说："别动它！"然而，我的理智要求我采取不同的做法。我预期的是普遍性崩跌，所有的股票概莫能外，无论背后有没有做庄的团伙。

我从来都是单打独斗的，在对赌行最初开始交易生涯的时候，就是这样，从此终身保持不变。这是我的头脑施展才能的方式。我必须凭借自己的双眼观察、独自深思熟虑。但是，我可以告诉你，在市场开始朝我预期的方向运动后，有生以来我第一次感觉到自己有并肩作战的同盟军，并且是世上最强大、最可靠的同盟军——基本形势。它们正竭尽全力来帮助我。或许有时候为了动员后备力量会稍稍延迟片刻，但是它们是值得信赖的，只要我没有过于不耐心。我不是凭自己阅读纸带的本事或者自己的直觉和机会对抗。在一系列市场事件的背后，存在着不可抗拒的内在逻辑，正是其帮助我获利。

关键是要选择正确的一边，即有能力判断哪边是正确的，并采取相应的行动。基本形势，我那真正可靠的盟友，命令市场"下跌"，而雷丁公司拒绝服从命令，这冒犯了我们。其他所有股票纷纷低头服软，而雷丁依然坚挺如初，我开始感到恼怒。现在它成了所有股票中最佳的卖空对象，因为它还没有下跌。做庄团伙持有太多股票，随着银根紧缩进一步加剧，他们将无力继续持有。迟早有一天，银行家们的这伙狐朋狗友会落得和没有银行家做朋友的大众没什么两样的下场。到时候，这只股票必定逃不掉和其他股票一样的命运。如果雷丁不下跌，则我的推理是错误的；如果我的推理是错误的，则事实就是错误的；如果事实是错误的，则内在逻辑就是错误的。

我寻思，该股票的价格之所以能够坚持，是因为华尔街害怕卖空它。于是有一天我给两家经纪商同时发出一份指令，分别卖空 4000 股。

你真该在场亲眼看看那只被做庄的股票、那只被说成谁卖空谁就是自杀的股票，当卖空指令争相袭来时，它如断线的风筝般一头栽下。于是，我让他们再卖几千股。当我开始卖空的时候，股票价格是 111 美元。几分钟之内，我便在 92 美元的价位轧平了全部空头头寸。

在这之后，我度过了一段精彩的时光，1907 年 2 月间，我全部清仓（图 6.1、图 9.1）。大北方铁路优先股已经下跌了 60 或 70 点，其他股票下跌的比例也不相上下。我已经获利不菲了，不过之所以清仓，是因为我盘算市场下跌的幅度已经实现了近期前景。我预期，即将出现相当幅度的反弹，但是还不至于看好到入市做多的程度。我还不打算完全放弃自己的立场。短期之内，市场可能不适合我介入交易。我之所以赔掉从对赌行挣到的第一笔 1 万美元，就是因为不分场合，一味地进进出出，不看市场条件是否合适。我不会重蹈当年的覆辙。另外，别忘了，就在不久前，我曾经破产过，因为过早地预期这场崩跌的到来，在时机成熟之前过早卖出。现在既然已经拥有了巨额利润，我希望变现，以便更真切地感受到我始终站在正确的一边。回升行情曾经令我破产，我不想再让下一次回升把我一扫而光。于是，我没有继续坚持，而是丢手去了佛罗里达。我热爱钓鱼，也需要休整一番，在那儿可以一举两得。此外，在华尔街和棕榈滩之间，经纪商也安装了直连电报线。

9

紧缩银根酿恐慌，修成正果当股王

我乘船沿着佛罗里达海岸巡游。钓鱼的日子过得飞快，钓饵都用完了，身心放松。这段日子很美好。一天在棕榈滩外边，有些朋友乘摩托艇来到船上，其中一位随身带着一份报纸。我有些日子没看报了，也提不起兴趣看。但当我扫了一眼朋友带到游艇上的那份报纸后，我看到市场已经经历了一轮大幅回升，幅度有 10 个点或更多。

我告诉朋友们，打算和他们一起上岸。市场不时形成温和的回升行情是合理的。然而，熊市还没有结束，要么是华尔街，要么是愚蠢的大众，要么是那些绝望的多头，他们不顾紧缩的货币环境，亲自上阵或者唆使他人把价格推升到了合理范围之外。在我看来，这太过分了。我必须观察一下市场。我还不清楚自己下一步会不会有所动作。但是，我很清楚现在迫切需要看到报价板。

我的经纪商，哈丁兄弟公司，在棕榈滩设有一个分部。走进去后，我发现很多相熟的老伙计都在这里。其中大多数人的调子都是看多的。他们是那种凭纸带交易的类型，喜欢快进快出。这类交易者不愿意费心向前看得太远，因为他们的交易方式不需要。我曾告诉你，我是怎么在纽约的营业厅成为颇有名气的"豪赌小子"的。当然，人们总是对某人的赢利和交易手笔夸大其词。营业部里那群伙计已经听说我在纽约做空狠狠赚了一票，现在他们预期我会再次一头扎进空头一边。他们的想法是，回升行情还将持续相当长的时间，不过，他们宁愿认为对多头进行反击是我的责任。

我这一趟来佛罗里达是钓鱼之旅。我已经经受了相当紧张的交易压力，需要享受一个假期。但是，当我看到反弹行情把价格推高到这种地步的时候，便感觉不再需要度假了。当我上岸的时候，本来没有考虑下一步该做什么。但是，现在我知道必须卖空股票了。我是正确的，必须通过我习以为常的途径，也是唯一的途径，实际证明这一点——用金钱说话。卖出总体市场性的股票组合可能是合适的、理性的、有利可图的，甚至可以说是爱国的。

我从报价板上第一眼看到的是阿纳康达公司（Anaconda），它的股票价格正处在跨越 300 美元的边缘。它已经经历了突飞猛进般的回升过程，显然它的背后藏着一伙咄咄逼人的多头群体。我有一个由来已久的交易诀窍，当只股票的价格第一次超越 100、200 或 300 美元整数大关之后，它不会停留在这些整数附近，而要继续上升较大的幅度。因此，如果在它刚刚穿越上述界线时立即买进，几乎肯定能看到利润。胆小的人不喜欢在股票创历史新高的时候买入。但是，我对这类价格运动的历史案例的观察指引着我。

阿纳康达公司只是一只低四分位的股票，也就是说，该股票的面值仅有 25 美元。这个股票需要 400 股才相当于通常面值为 100 美元的 100 股其他股票。我估计，它突破 300 美元之后，就应该继续上涨，转眼之间便可能触及 340 美元。

请记住，我是看空的，不过我也是一个凭行情纸带交易的人。我了解阿纳康达，如果它果真按照我所预料的走法，变化会很快。不管什么，只要来得快，总是对我胃口。我已经学会要有耐性，还要坚持到底，不过，我天生偏好快速变化，而阿纳康达公司肯定不是慢性子。之所以当它超越 300 美元时买进它，我是受到了内心欲望的驱使，那就是，验证自己的观察，这种欲望在我身上总是十分强烈。

此时此刻，纸带说买进力量强于卖出力量，因此，市场普遍性的上涨态势或许会再延续一段。审慎的做法是等一等再卖空。不过，搂草打兔子，等待的同时也可以挣一点酬劳。从阿纳康达公司上快速抢进 30 个点的利润，差不多就能实现这个心愿了。对整个市场看空，单单对一只股票看多！于是，我买进了 32000 股阿纳康达——相当于 8000 股整数面值的股票。有点儿孤注一掷，但是我确信自己的理论，而且我料想这笔交易的利润有助于增加我的保证金，更有利于下一步做空。

第二天，因为北方暴风雪或者其他类似的原因，电报线断了。我在哈丁兄弟公司的营业部等待进一步的消息。人群中不时发出牢骚，什么想法都有，交易商们做不成交易的时候就是这样。后来我们得到了一个报价，一整天就得着这一个——阿纳康达，292。

有位伙计和我在一起，他是我在纽约遇到的一位经纪商。他知道我做多了

8000 股整数面值的股票，并且我猜他也给自己买了一些，因为当我们得到那个报价的时候，他肯定眼前一黑。他搞不清此刻这只股票是又跌去了 10 个点呢，还是停住不动了。从阿纳康达涨上来的样子看，要是它一下子跌掉 20 点也没什么不寻常的。不过，我对他说："别担心，约翰，明天就好了。"我真是这么感觉的，但是他看着我，摇了摇头。他觉得他自己更明白，他就是这样的人。于是，我大笑作罢，继续在营业部里等着，说不定还会有一些报价滴漏过来。然而没有，先生。那一个是我们当天的唯一收获：阿纳康达，292。这意味着我的账面亏损接近 10 万美元。我想来个快的，好，快的来了。

下一天，电报线路恢复，如常收到最新报价了。阿纳康达开市于 298，之后上升到 302-3/4，但是很快，它的上涨势头就被慢慢消磨掉了。同时，市场上其他股票表现得也不像还有进一步上涨余地的样子。我打定主意，如果阿纳康达跌回 301，就必须断定它的整个这轮行情都是假象。如果它的上涨行情合理，价格应该已经一鼓作气达到 310 了。如果它不涨反跌，就意味着我观察到的那些范例辜负了我，我现在是错误的。当一个人犯错的时候，唯一该做的就是停止继续犯错、重回正确的一边。因为预期 30 ~ 40 点的上涨，我买进了 8000 股整股。这不是我第一次犯错，也不会是最后一次。

果不其然，阿纳康达跌回到 301。就在市场触及这个数字的那一刻，我悄悄溜到电报员旁边——他们和纽约营业厅之间有直线电报——对他说："卖出我所有的阿纳康达，8000 股整股。"我压低嗓门，不打算让任何人知道我在干什么。

他抬起头看着我，几乎吓呆了。然而我点点头："全卖掉！"

"没问题，利文斯顿先生，您的意思不是市价方式吧？"他的神色看起来好像因为漫不经心的经纪商会把指令执行得很拙劣、他自己就要赔掉几百万美元了。不过，我简短地吩咐他："卖出！别多问！"

营业部里有两个布莱克家族（Black）的小伙子，吉姆（詹姆斯的昵称）和奥利（奥利弗的昵称），他俩听见了电报员和我之间的对话。他们都是大交易商，从芝加哥来，曾经是那儿小麦市场有名的大炒家，现在他们在纽约股票交易所大手笔交易。哥俩很富有，挥金如土。

当我离开电报员走回报价板前的座位时，奥利弗·布莱克对我微笑着点点头。

"你会后悔的，拉里。"他说。

我停住脚步，问："你是什么意思？"

"明天你会把它再买回来的。"

"把什么买回来？"我说。除了那个电报员，我对谁都没说过。

"阿纳康达，"他说，"你会付320美元的价钱。这次的做法可不怎么高明，拉里。"他再次微笑起来。

"什么不高明？"我做出一副茫然的神色。

"按市价卖出你的8000股阿纳康达，而且你还一再坚持。"奥利弗·布莱克说。

我知道他应该是非常聪明的，而且总能凭内幕消息交易。但是，他怎么能这么清楚我的单子呢？我搞不明白，因为我确信营业部没有出卖我。

"奥利，你怎么知道这些的？"我向他打听。

他大笑，然后告诉我："我从查理·克拉泽（那位电报员）那儿知道的。"

"但是他根本没有离开过座位呀。"我纳闷道。

"我听不到你和他的耳语，"他咯咯笑着，"但是我听到了他发给纽约营业厅的电报上的每个字。好几年前我学会了发电报，当时我的一份电报被弄错了一个地方，结果和他们大吵一场。从那之后每当要像你刚才那样办事的时候——向电报员口授交易指令的时候，我一定要确保电报员发出的电报和我的口授一字不差。我知道他的电报发出的内容，但是你会后悔卖出阿纳康达的，它要涨到500美元。"

"不是这一趟，奥利。"我回道。

他瞪着我，对我说："你口气不小嘛。"

"不是我，是纸带。"我说。那里没有报价机，因此没有行情纸带，但是他知道我指什么。

"我听说过那些伙计，"他说，"他们盯着纸带，眼里看到的却不是价格，而是一张股票到站、出站的铁路时刻表。不过，最后他们都被关到墙上装了软垫的精神病院房间里了，这样才不会伤着自己。"

我一句也没回他，因为就在这时，营业部的小伙计送来了成交报告。他们在299-3/4卖出了5000股。我知道这里的报价稍稍落后于市场。当我向电报员发出卖出指令的时候，棕榈滩营业部报价板上的价格是301。就在此时此刻，我有很确定的感觉，在纽约股票交易所场内，该股票的实际交易价格一定更低，要是有人提议以 296 的价格从我手中接过这些股票，我巴不得一口答应，而且开心得要死。刚刚发生的事情说明，我从来不以限价方式交易是对的。假定我把卖出价格限定在 300，结果怎样呢？那就绝不可能脱手了。不，先生！当你想离场的时候，一定要利利索索离场。

现在，我的股票成本价差不多在 300。他们在 299-3/4 又脱手了 500 股——我指的当然是整股。下一笔是 1000 股，在 299-5/8 卖出。然后，100 股，299-1/2；200 股，299-3/8；200 股，299-1/4。最后剩下的股票在 298-3/4 脱手。哈丁兄弟公司最聪明的场内交易员足足花了 15 分钟才能脱手最后那 100 股。他们不想把口子撕得太大。

在接到最后那笔股票卖出成交回报的那一刻，我开始做这趟上岸真正想做的事情了，那就是，卖空股票。此乃不得不为。市场肆无忌惮地回升，现在正乞求我来卖空。但是人们的兴头刚来，重新拾起了看多的话头。然而，市场演变的轨迹告诉我，回升行情已经走到头了，现在卖空是安全的，这一目了然。

下一天，阿纳康达开盘价低于 296。奥利弗·布莱克满心期待它进一步上涨，一大早就来到营业部，希望亲眼看到该股票跨越 320。我不知道他做多了多少股，或者一股没有也说不定。不过，当他看到开盘价的时候，没有笑出来；当天股价进一步走低，他也没有笑；后来，我们在棕榈滩得到的最新报告说，该股票根本没有市场，他还是没笑。

到了这个分上，无论你多么挑剔，所需的验证信号都已经足够了。我的账面利润每个小时都在增长，不断地告诉我，我是正确的。当仁不让，我卖出更多股票，什么都卖，这是熊市，所有的股票都在下跌。再下一天是星期五，也是华盛顿生辰纪念日 ① （图 6.1、图 9.1），我不能再待在佛罗里达钓鱼，因为已经建立了相当大的空头头寸——对我来说很大，我必须赶回纽约。那儿谁需要我？我自己！棕榈滩离市场太遥远、太偏僻了，来来回回打电报，耗费了太多宝贵时间。

我离开棕榈滩，返回纽约。星期一，我在中途不得不在圣奥古斯丁消磨了 3 个小时，等下一趟火车。那里也有一家经纪商营业部，在等车的空当里我自

---

① 华盛顿生辰纪念日是 2 月 22 日，利弗莫尔指的是 1907 年 2 月 22 日，请对照图 6.1 和图 9.1。

然要去看一看市场今天的表现。阿纳康达又从上一个交易日向下突破了几个点。实际上，它从没有停止下跌，直到当年秋天大崩溃之后。

1907 年：股市恐慌

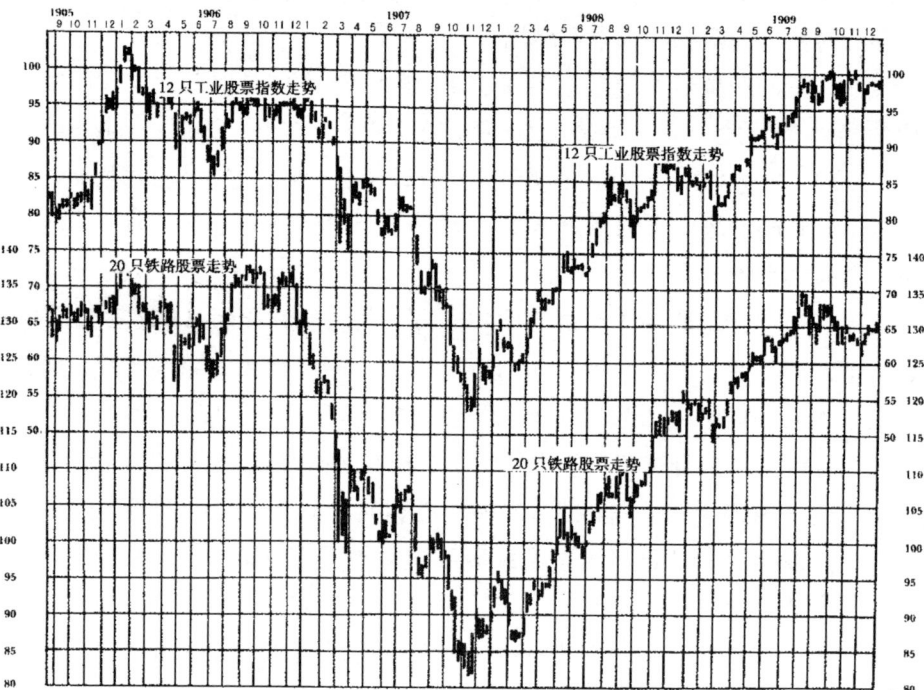

资料来源：菲利普·L.凯略特的文章《投机的艺术》，发表于 1927 年的《巴伦周刊》

图 9.1 本图由译者辑自［美］肯·费雪的《华尔街的华尔兹》（刘雨译，中国青年出版社，2008 年，第 89 页）。利弗莫尔在 1906 年下半年已经开始看空股市，但是没有耐心等待时机，过早卖空又不得不斩仓，以至于把他在旧金山大地震期间获得的 25 万美元盈利损失殆尽。不过，他终于学乖了，1907 年既看空，又有耐心等待时机，还能采取逐步建仓的试错方法，终于获得巨大赢利。

　　我赶回纽约，继续做空了大约 4 个月（图 9.1）。和往常一样，市场时常出现回升行情，我总是先平仓然后伺机再卖出。严格说来，我并没有持股坚守。请记住，我曾经亏光了从旧金山大地震的崩跌行情中挣到的 25 万美元，一个子儿不剩。当时我是正确的，却依然免不了破产。现在我谨慎从事，人在走完背运之后，终究有时来运转的时候，即便不一定能好到极点。挣钱的办法就是挣钱本身。挣大钱的办法就是精准选择恰当时机站到正确的一边。在这行生意中，你必须既有理论，又结合实际。投机客一定不能仅仅当一名学生，必须既是学生，也是尽职的投机者。

我干得相当漂亮，虽然从现在的角度看，当时在战略上还有不足之处。到了入夏时节，市场变得沉闷起来。看来，不到仲秋之后，肯定没有什么大行情可做了。我相识的人要么已经去了欧洲，要么正打算去欧洲旅行。我觉得，去一趟肯定对我有好处。于是，我出清了所有头寸。当我出发向欧洲航行时，盈余比整百万美元的四分之三稍微多一点。在我看来，这个数字像是一笔盈余的样子了。

我在艾克斯温泉镇逍遥。我为自己挣来了这趟休假。揣着大把钞票，和朋友们、熟人们以及其他悠游放松的人们一起，待在这样的地方，实在太好了。在艾克斯，所有的享受都来得轻松愉快。我远离华尔街，脑子里几乎没有闪过一丝关于它的念头。我敢说，这里的度假胜地胜过美国本土的任何一处。这里不必听人讨论股票市场，我无须做交易，有足够的钱来维持相当长时间的开销。不仅如此，当我回去的时候，我还知道怎样做能够挣到更多利润，比我夏天在欧洲的开销多得多。

一天，我在《巴黎先驱报》上看到一则发自纽约的报道，斯梅尔特冶炼公司（Smelters）宣布额外增发红利。他们做庄推高了该股价格，整个市场都在相当强劲地回升。看到这个消息后，艾克斯温泉镇的一切对我来说都不同了。这个消息明白地显示，多头圈子依然负隅顽抗，绝望地对抗着基本形势——对抗普通常识和基本的诚实，因为他们知道即将到来的是什么。他们之所以施展这样的诡计，不过是为了在风暴到来之前推高股市以便脱手。当然，也可能他们真的不相信局势危险的程度如此严重，如此迫在眉睫——和我的想法不同。华尔街大佬们的想法往往倾向于一厢情愿，与政治家们或者寻常的肥羊们如出一辙。我不允许自己以这种方式思考。在投机者身上，这样的态度乃是致命的错误。或许炮制新证券或者推销新企业的投资银行家有本钱沉湎于满怀希望的幻觉之中。

我清楚，多头操纵者无论多么天衣无缝，在熊市行情下都已经注定了失败的命运。我在读到上述消息的那一刻便知道，唯一可以放心大胆做的事情，就是卖空斯梅尔特。嗨，内部人士的行径简直是叩头求我卖空，因为他们竟然在发生货币恐慌的边缘提高了股息率。这就像在少年时代别人挑战你"敢不敢"

那样令你愤怒。他们挑战我不敢卖空这只特别的股票。

我打电报发出了一些卖空斯梅尔特的指令，也建议我在纽约的朋友卖空它。当我从经纪商那里拿到成交回报时，看到他们做到的成交价格比我曾经在《巴黎先驱报》上读到的报价低 6 个点。这就清晰地揭示了当前的形势。

我原本计划当月底回巴黎，3 个星期之后航行回纽约，但一从经纪商那里得到成交回报的电报，我就动身返回了巴黎。到达巴黎当天，我打电话给蒸汽船公司，发现下一天就有一趟快船前往纽约，于是我赶上了这趟船。

就这样，我返回纽约，比原先的计划几乎提早了一个月，因为在那里做空最令人安心。我手上的现金远超过 50 万美元，都可以用作保证金。我的回报不是来自看空，而是来自行为服从逻辑。

我卖出了更多股票。随着银根进一步收紧，短期贷款利率继续上升，股票价格继续走低。我已经预见到这种局面。起初，我的远见曾经令我破产。但是，现在我既正确又成功。无论如何，真正令人开心的是我清醒地意识到，我自己作为一名交易者，终于走上了正确的轨道。我还有很多东西需要学习，但是我知道该做什么了，再也没有跟跄挣扎，再也不是半生不熟。纸带阅读技巧是这个行当的重要组成部分，选择正确的时机入市同样重要，坚定持有头寸也同样重要。然而，我的最大发现是，你必须研究总体形势，按照各方面的影响大小排列顺序，由此就能预期市场未来发展的可能性。一言以蔽之，我学到了必须通过自己的努力才能获得回报。我不再盲目赌博，或者偏执于追求这门游戏的技巧，而是通过艰苦的研究和清晰的思维来赢得成功。同时我还发现，没人能够真正避免肥羊交易方式的危险，肥羊交易方式只能让人招致肥羊的命运。财神爷不打盹，从不会错过给你派发应得的酬劳。

我们的营业厅挣到了大把利润。我自己的操作如此成功，渐而至于被他们传为佳话，当然了，他们免不了大大地添油加醋。他们把我说成了许多股票行情崩溃的始作俑者，常常有我叫不上名字的人走过来向我表示祝贺。他们统统认为，最了不起的是我赢取的巨额利润（而不是我的正确分析和果断操作）。他们对我第一次向他们鼓吹看空观点时的情形只字不提。当时他们认为我是一头疯狂的熊，是股市投机的失意者，满腹牢骚、存心报复社会。对于我预见到货币市场即将遭遇困境，他们没有留下丝毫印象。在他们看来，经纪商的会计要用完一滴墨水的三分之一，才能在我名下的分类账上写完盈利的数字，这个才是奇迹般的成就。

朋友们曾经对我说，在许多营业厅，时常有人提起哈丁兄弟公司营业厅里的"豪赌小子"，说他扬言要采取各种各样的手段来对付做多的那帮人。如秃子头上的虱子，市场注定要往低得多的水平走，但是这伙人却依然顽固地力图推升许多股票的价格。直到今天，他们还对我发动的一波波袭击津津乐道。

从1907年9月中下旬开始，货币市场用大喇叭对整个世界发出警告，但是人们相信会发生奇迹，不愿意卖出他们手上持有的投机性头寸。一位经纪商曾经在10月的第一个星期给我讲了一个故事，这个故事令我对自己交易行为的克制几乎感到羞惭。

你应该还记得，交易所场内的短期贷款通常在货币经纪商①的资金席位发放。经纪商从他们的银行那里得到通知当日需要偿还多少短期贷款，由此估算当日大致需要借入多少资金。银行家们当然知道他们当日可供借出的头寸，有钱可借的银行会把钱发送到交易所。来自银行的这笔钱通过几家货币经纪商来处置，他们的主要业务就是短期拆借。大约中午时分，当日最新的拆借利率会发布出来。通常该利率代表当日截至此时所有拆借交易的平均中间利率。一般说来，上述业务通过报买价和报卖价公开进行，因此每个人都知道正在发生的行情。在中午到大约下午两点之间，资金拆借方面通常没有太多业务，但是在交割时间之后，也就是下午2:15，经纪商都会知道当日准确的资金状况，就会联系货币经纪商，借出他们富裕的资金头寸，或者借入他们短缺的资金头寸。这些业务也是公开进行的。

好，1907年10月初的一天，前面提到的那位经纪商来找我，他告诉我，事情已经发展到这种地步，如果经纪商资金头寸富裕，那么他们不会再去找货币经纪商。原因是几家著名的佣金经纪行派人蹲守在那儿，随时攫取任何一笔借出的资金。自然，没有哪一位公开拆出资金的经纪商能够拒绝借钱给这些公司。他们的信誉良好，抵押品也足够抵值。但是麻烦在于，一旦这些公司拆入短期资金，那些出借者就看不到还钱的日子了。他们只要说一时还不上款，那些出借者不管愿意不愿意，都不得不把贷款展期。因此，任何一家交易所会员

---

① 货币经纪商：货币经纪公司最早起源于英国外汇市场，是货币市场的交易中介，代理其他金融机构发布交易指令，为资金拆出方和拆入方撮合成交，同时发布成交利率、成交量等信息。

如果资金富裕打算拆出，总会越过货币经纪商，派自己的人在场内四处打听，这些人会和他们的好朋友耳语："要不要 10 万？"意思是"你想借入 10 万美元吗？"那些货币经纪商代表银行方，现在他们也采用了同样的手法。再看资金席位，那里现在一片荒凉。想想看，竟是这样的情景！

他还告诉我，在 10 月的这些日子里，借款方按照各自的利率拆入资金，这实际上已经是交易所内的成规了。你看，年化的拆借利率在 100% ~ 150% 之间波动。我猜想，通过让借入方确定利率的办法，借出方以某种古怪的方式自我感觉不那么像是冷血的高利贷者了。然而你可以笃定，他比其他人一文都不少拿。借入方自然做梦也不敢不付高利息。公平游戏，别人付多少，他就得付多少。无论如何，他要的是资金，能弄到手就已经很不错了。

情形越来越糟糕。可怕的算总账的日子终于降临！多头们、乐观者们、一厢情愿者们以及人数巨大的肥羊群体，起初因害怕疼痛而忍耐小额亏损，现在不得不遭受完全截肢的重创——而且不带麻醉。这一天，1907 年 10 月 24 日，我永不忘怀（图 9.2）。

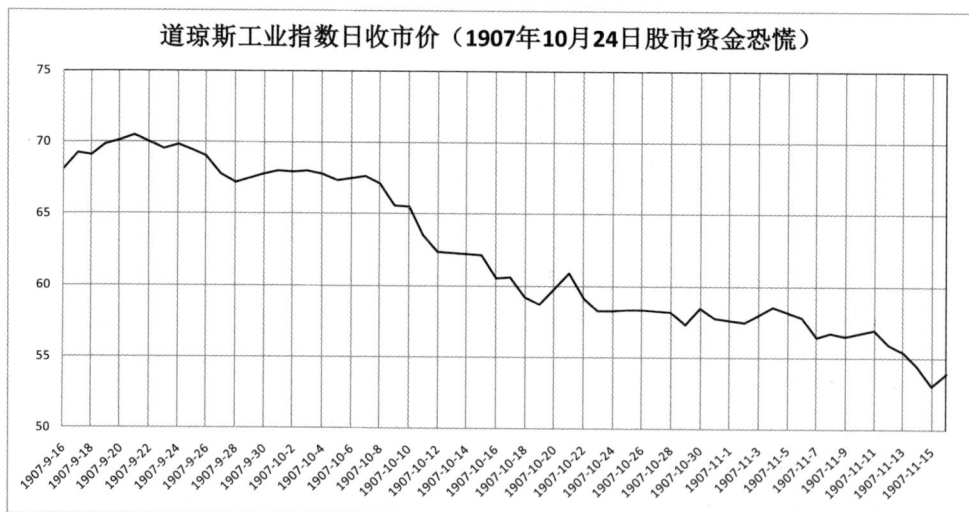

图 9.2　1907 年 1 月开始的熊市行情延续到当年 11 月，10 月是其高潮的一部分。当年利弗莫尔大约 29、30 岁。他对熊市早有预期并曾经因为过早动手卖空而遭受挫折。后来，他终于在正确的时机采取了正确的卖空方法。10 月 24 日，市场已经进入恐慌状态，利弗莫尔应摩根之请，同时也出于自己的稳妥考虑，获利平仓并转手做多，当日其总赢利超过 100 万美元。这是他的第一个百万美元，当日他是"股市之王"。

早晨，来自货币经纪商的报告显示，不论借出方开出多么离谱的价码，借入方只有照单付账的分。资金不足以满足所有人的流动性需求。那天，到处找钱的人比往常多得多。那天下午，当交割时间到来后，至少有100位寻找资金的经纪人围在资金席位周围，每个人都急切地希望借到自己公司迫切需要的资金。没有资金就不得不卖出客户以保证金买入的股票，按照市价方式以任何价格卖出——只要能卖出，而股票市场上的买方现在就像资金一样稀少。此时此刻，一眼望去，看不到哪儿有1元钱余钱。

那位朋友的合伙人和我一样看空，因此他们公司无须借钱。但是我那位朋友，就是前面提到的那位经纪人，刚在资金席位附近看到了周围那一张张憔悴绝望的面容，他赶回来找我，他知道我重仓卖空整个市场。

他说："我的天哪，拉里！我不知道要出什么事，从没见过这样的场面。这样子可持续不下去了，总得有人做点什么，我看这会儿好像每个人都破产了。你不可以再卖股票，场子里绝对没钱了。"

"你在说什么？"我问。

然而，他是这么答复我的："你曾经听说过那种课堂实验吗？把一只小白鼠放入一个玻璃钟里，然后把钟里的空气抽出来。看那可怜的小老鼠呼吸越来越急促，两胁大起大伏，就像过度做功的折叠风箱，它费尽力气企图从钟里越来越稀薄的空气中汲取足够的氧气。你看着它窒息，直到它的双眼鼓得几乎从眼眶里掉出来，它喘息着，一点点走向死亡。唉，当我在资金席位看着周围的人群时，我的脑海里浮现出这样的情景！哪儿都没钱，你也不能出清股票，因为没人买入。要叫我说，此时此刻，整条华尔街都破产了！"

这番话引起了我的深思。我曾经预见市场将要重挫，但是没有，我必须承认，没有预见将会出现我们历史上最悲惨的恐慌。如果市场走得太远，对任何人都没有好处。

最后，显而易见，在资金席位旁等待拆入资金已经毫无用处，因为不会有任何资金。于是灾难降临了。

那天再晚些时候我听说，股票交易所主席R.H.托马斯（R. H. Thomas）先生心里清楚华尔街上的每间公司都正走向灾难，四处奔走寻求救援。他拜访了詹姆斯·斯蒂尔曼（James Stillman），国民城市银行（National City Bank）的董事长，国民城市银行是美国最富有的银行，它曾经夸口从来没有按照高于6%

的利率出借过资金。

斯蒂尔曼听了纽约股票交易所主席的请求。他对后者说："托马斯先生，这事我们必须拜访摩根先生，听听他怎么说。"

两位先生怀着避免发生我们金融史上最具灾难性的恐慌的期望，前往 J.P. 摩根公司（J. P. Morgan & Co.），拜会摩根先生。托马斯先生对他和盘托出。他的话音刚落，摩根先生便对他说："你回交易所，告诉他们会有资金供应他们的。"

"哪儿来的资金？"

"从银行来！"

在这样严峻的关键时刻，所有人都对摩根先生怀有无比强大的信念，于是托马斯先生一句也不多问，立即赶回交易所，向场内他那些已经被判了死刑的同行会员们宣布死刑缓期执行。

这时，不到下午两点半，J.P. 摩根派遣范·恩伯里 - 阿特伯里公司（Van Emburgh & Atterbury）的约翰·T. 阿特伯里（John T. Atterbury）来到了找钱的人群中，他以和 J.P. 摩根公司关系亲密而闻名。我的朋友说，这位老经纪人快步走向资金席位。他举起手，就像复兴布道会上的劝勉者。人群当初听了托马斯主席宣布的消息之后曾经平静了一些，现在正开始担心救援计划流产，最糟糕的结局无可避免。但是，当他们看到阿特伯里先生的面孔，看到他举起的手，马上像是变成了一群石像。

鸦雀无声。

于是，阿特伯里先生宣布："我获得授权借给诸位 1000 万美元。放松点！有足够的资金，足够你们每一位！"

然后他开始分派。他没有向每位借入者说明借出者的名字，而是简洁地快速记下每位借入者的名字和借入金额，他告诉借入者："会通知你到哪儿领取资金。"他指的是借入者稍后可以借到钱的银行的名字。

一两天之后我听说，摩根先生只是向被吓坏了的纽约银行家们捎了个口信，要他们必须提供股票交易所需要的资金。

"可是我们也没有资金，我们的贷款数额已经到顶了。"银行家们反对道。

"不是还有准备金吗？" J.P. 摩根先生厉声反驳。

"但是我们已经低于法定准备金的限度了。"他们哀号。

"动用准备金！这正是准备金派用场的时候！"各家银行服从了，动用了大约 2000 万美元规模的准备金。这挽救了股票市场。银行间的恐慌直到下一个星期才出现。他是真丈夫，J.P. 摩根。银行家们的恐慌并不比股市的大多少。

在我作为股票作手生涯的所有日子里，我对这一天的记忆最鲜活。正是这一天，我的盈利首度超过 100 万美元。它标志着我头一次按照预先计划的交易战略成功地收官。当初我预见到的一切已经变为既定事实。然而，超越这一切的是：我的狂热梦想已经成为现实。在这一天，我是市场之王！

当然，请容我来解释一下。我来纽约已经有好几个年头了，常常绞尽脑汁力图查明准确的原因：在这场游戏中，为什么我在纽约股票交易所的经纪公司不能取胜，而在波士顿的对赌行里，从 15 岁的少年时代起就一直能够做到？我明白，终有一天，我会发现到底是什么地方出了问题，我不会继续错下去。到那时，我将不仅具备正确作为的意愿，而且拥有确保正确作为的技能。这意味着力量。

请不要误会我。我并不是白日做梦的自大狂，或者天生傲慢的虚荣之徒。虽然当初在富勒顿公司和哈丁兄弟公司的营业厅交易的时候，股票市场曾经令我困惑不已，但是我始终有一种感觉，同样还是这个股票市场，总有一天会对我俯首帖耳。我只是感觉这样的一天迟早会到来。它确实来了——1907 年 10 月 24 日（图 9.2）。

之所以这么说，原因是在那天早晨，一位曾经与我所在的经纪公司有过很多业务往来的经纪人——他知道我一直在重仓做空——和华尔街最显要的银行的一位合伙人一同乘车。我的朋友告诉那位银行家我有多么大的交易手笔，因为我肯定会穷追猛打。如果你的做法是正确的，就应该把所有可能带来好处的成果都摘取到手，否则即使正确又有什么价值呢？

那位经纪人为了使他说的话听起来更有分量，也许有些夸大；也许是因为在我后面跟风操作的人比我知道的还多；也许那位银行家远比我清楚形势究竟危急到了什么地步。不管怎么说，我的朋友告诉我："他带着极大的兴趣听取了我介绍的情况，特别是当我说到你曾说过，市场只需再推动一两把，真正的抛售行情就会开始，那时的市场将是何等局面。当我说完后，他回道，当天晚些时候他可能会请我做点事。"

当货币经纪商发现在货币市场不论报出什么价格都拿不到一分钱的时候，我知道那一刻终于到了。我派出若干经纪人到各处的人群中打听情况。有一段时间，联合太平洋铁路竟然一张申报买入的单子都没有。任何价位上都没有！

想想看！其他股票的处境也好不到哪里去。没有资金来买股票，没有人愿意买股票。

我已经拥有巨额的账面利润，而且我也有把握，要让价格进一步暴跌，所需要的全部动作不过是再发出指令，卖出 1 万股联合太平洋铁路以及其他六七个分红不错的股票，接下来的行情简直就是地狱了。在我看来，即将从天而降的恐慌将会十分猛烈、十分惊人，以至于交易所理事会在估量形势后可能建议临时关闭交易所，就像 1914 年 8 月第一次世界大战爆发时所采取的措施那样（图 13.3）。

这可能意味着极大地增加账面利润，也可能意味着没办法把这些账面利润转化为实在的现金。不仅如此，还有其他方面需要考虑，其中一个考虑是，再进一步下挫可能延缓复苏行情的到来，现在我已经开始预期它的到来了，市场在大失血之后辄待补偿性改善。此外，这样的恐慌可能对国家造成很大范围的普遍性伤害。

我打定主意，既然继续采取进取的空头策略是不明智、不友善的，那么继续持有空头头寸也就不合逻辑了。于是，我掉转方向，开始买进。

在我的经纪人开始为我买进之后不久——顺便说一句，我拿到的都是底部价格——那位银行家派人找我的朋友。

"我派人找你，"他说，"因为我要你立即找你的朋友利文斯顿，告诉他我们希望他今天不要再卖出任何股票。市场已经承受不起进一步的压力了。照情形来看，要避免毁灭性的大恐慌已经成为一项非常艰难的挑战了。请唤起你朋友的爱国心。在这种情形下，一个人必须为所有人的利益着想、出力。请立即将他的回话通知我。"

我的朋友立即过来找我，告诉我这席话。他说得很委婉。我猜测他一定认为我早已预谋打垮市场，所以要我接受他的请求等于要我放弃挣得 1000 万美元的大机会。他知道我对某些华尔街巨头颇为痛恨，因为他们和我一样清楚即将出现什么样的局面，但是他们依然向公众大批倾销股票。

事实上，大人物们也遭受了巨大的损失，我在底部买入的许多股票恰恰原本都是在著名金融人物的名下，当时我并不知道，但是这无关紧要。我实际上已经轧平了全部空头头寸，而且在我看来，当时是廉价买入股票的好机会，同时也会帮助股票市场形成急需的复苏行情——如果没有其他人再重锤市场。

于是，我告诉我的朋友："请转告布莱克先生，我同意他的看法，并且完全认识到事态的严重性，甚至在他派你来之前就已经认识到了。我不仅今天不再卖出任何股票，而且还要入场买入股票，我的保证金允许买多少就买多少。"我兑现了我的诺言。那天我买进了 10 万股，站在多头一边。此后 9 个月之内，我没有卖空 1 股（图 9.3）。

道琼斯工业指数日收市价（1908年1月2日至1909年12月31日）

图 9.3 利弗莫尔说，自从他于 1907 年 10 月 24 日轧平空头并转手做多后，9 个月之内未做空 1 股。事实上，1908 年、1909 年股市终于从大跌转为上涨行情，几乎完全收复失地。无论他在 1907 年的做空还是 1908 年的做多，都符合股市大势。这个阶段他 30、31 岁。

这就是我告诉我的朋友我的梦想已经成真，我当上了一小段时间的股市之王的缘故。那天有一段时间，如果有人有意打压，股票市场确实会听凭他的摆布。我并没有受到自大狂病的侵害而产生幻觉，事实上，在华尔街的闲言碎语中，当有人指责我袭击市场的时候，当人们夸大我的操作时，你能体会到我的感受。

我好端端地走出了这场劫难。报纸上说，拉里·利文斯顿，那个"豪赌小子"，挣了好几百万美元。噢，那天收市之后，我的身家远超过 100 万美元。然而，我最大的收获并不是美元，而在于无形的方面：我一直是正确的，我一直向前看，一直遵守一份清晰厘定的计划。我已经掌握了为挣大钱而必须遵守的准则，我已经永远超越了赌徒的层次，我终于学会在动用大头寸的情况下明智地交易。在我的一生中，这一天的重要性无与伦比。

10

守候行情关键时刻，明察最小阻力路线

认识自己所犯的错误并不比研究自己成功的案例更有益处。不过，所有人天生都有逃避惩罚的倾向。如果你把某次错误和被痛打一顿联系起来，就用不着第二次再来纠正这样的错误了。更有甚者，所有在股票市场犯下的错误犹如重击在你的软肋上，而且同时带来了双重的伤痛———一是你的口袋，二是你的虚荣心。然而，我要告诉你一件咄咄怪事：有时股票投机者明知故犯，在犯错误的时候，其实知道自己正在犯错误。在犯下这些错误之后，他也会自问为什么犯错误。在受惩罚的痛苦过去很长时间之后，经过冷静深刻的反思，他或许能弄明白自己是怎样一步一步走向错误的，错误发生在交易过程中的哪一个地方、哪一个时点，但不包括犯错误的原因。这时，他会自我安慰一番，于是事情就这么过去了。

当然，如果某人既明智又幸运，他不会第二次重复犯同一个错误。但是，和原先的错误稍有不同的变种有几千个，他会继续犯其中这个或那个错误。错误的家族如此庞大，当你打算犯傻试试身手的时候，总会有这样或那样的错误在你身边随时伺候。

为了告诉你我是如何犯第一个百万美元级别的错误的，首先必须把话题拉回到当我刚刚成为百万富翁的时候，就在崩跌行情结束之后的 1907 年 10 月。随着交易历程的进展，拥有百万美元不过意味着拥有更多的储备。金钱不会给交易者带来更多的安慰，因为不论富裕还是贫穷，他终究都会犯错误，而犯错误绝不会给人以安慰。当一位百万富翁正确作为的时候，金钱仅仅是他手下的仆人之一。损失金钱在我的烦恼之中排不上号。一旦止损后，我就绝不再受亏损的困扰。一觉醒来，便将它忘得一干二净。但是，站在错误一边，而不是接受亏损，才是损毁钱袋和精神的真正败因。你还记得迪克森·G. 沃茨（Dickson G. Watts）讲的一个故事吗？

有个人非常紧张，于是他的朋友问他怎么回事。

"我没法入睡，"紧张的那位回答。

"为什么睡不着？"他的朋友问。

"我拿着太多棉花了，心里老是惦记棉花，睡不着。它把我折磨得不成人形了，我该怎么办呢？"

"那就卖掉些，卖到你睡得着为止。"他的朋友回答。

通常，人总是很快适应环境变化，以至于丧失了对来龙去脉的全景感受。他不太能感觉到前后的差别，也就是说，他不会清晰地记住当他还不是百万富翁时的感受。他只记得以前有些事情做不到，现在可以做到了。一个相当年轻而又普通的人，用不了多久就会丢掉曾经身为穷人的那些习惯。如果要忘记自己曾经富有，可能需要花费更长时间。我猜测，这是因为金钱创造了需求，或者说金钱鼓励了大手大脚。我的意思是，当某人在股票市场挣钱之后，很快就会丧失节俭的习惯。然而，等他的钱损失殆尽之后，要花更长的时间才能改掉大手大脚的毛病。

1907 年 10 月，在把所有空头买入平仓并开始做多之后，我决定放松一段时间。我买了一艘游艇，准备到南方的水域巡游一趟。我对钓鱼简直着了魔，打算好好享受一下生活。我对这一趟旅行非常向往，希望随时能够动身。但是最终没能成行——市场不让我离开。

我总是既交易大宗商品，也交易股票。我小的时候在对赌行里开始交易生涯，多年不辍地研究这些市场，虽然或许不如在股票市场上那样勤勉。实际上，我宁可做期货，而不是股票。从操作角度可以这么说，毫无疑问它们具有更大的合理性。相对于股票交易，期货交易带有更多商业经营的属性。当事人可以按照处理任何商业问题的方式来对待大宗商品交易。或许可以用人为的理由推动或阻碍大宗商品市场的涨跌趋势，然而，人为干预只能一时得逞，事实最终必定重新占据主动权，因此交易者将从研究和观察中获得回报，正如常规的商业经营一样。他可以观察并评估形势，他掌握的情况和其他任何人一样多。他不需要防备内幕操纵的小团伙。棉花、小麦或者玉米市场，绝不会像股市那样一夜之间出人意料地宣布派发红利或者增发红利。长期来看，大宗商品价格仅受一项法则的统驭——供给和需求关系的经济规律。大宗商品期货交易者的生意经只在于查明供给和需求的事实，同时包括现在和未来两方面。他不需要如同股票交易那样在许多方面只能凭猜测和想象。因此，大宗商品市场交易始终非常吸引我。

当然，所有的投机市场万变不离其宗。行情纸带的信息都是相同的，只要你愿意动脑子，这一点是显而易见的。你会发现，如果善于提出问题，进而推敲基本形势，那么问题的答案便能自动显现出来。然而，人们从来不愿费神提问题，更不用说追究答案了。一般美国人都不是轻信的人，但是，走进经纪商营业厅看着行情纸带的时候除外——不论是股票市场还是大宗商品市场。在所有的游戏中，唯有这一桩在动手之前真正需要研究，偏偏唯有这一桩，人们在动手的时候放弃了平常明智的预先准备和谨慎戒备的好习惯。他们愿意拿出自己的一半身家投入股票市场来冒险，而事前推敲谋划所花的时间竟然不如选购一辆中等价位汽车的时候那么多。

阅读行情纸带并不像表面上看起来那么复杂。当然，你要有经验，但更重要的是始终牢记若干基本要领。阅读行情纸带不是给自己算命，纸带绝不会告诉你下一个星期四下午 1:35 你有多少身家。阅读纸带的目的是进行两项评估，第一，怎样交易；第二，何时交易。也就是说，确定到底是买进还是卖出更明智。行情纸带发挥作用的道理在股票市场上与在棉花、小麦、玉米或燕麦等其他市场上完全一致。

我们观察市场——观察行情纸带记录的价格轨迹，目的只有一个：判断市场方向，也就是价格走势。我们知道，价格要么上涨、要么下跌，这取决于它遭遇的阻力大小。为了便于理解，我们可以这样表述，正如其他事物一样，价格沿着阻力最小的路线运动[①]。因此，如果它在上升时受到的阻力比在下降时受到的阻力更小，它就会上升；反之亦然。

对于市场到底属于牛市还是熊市，只要行情已经发展到相当程度，我们就不应当感到困惑。如果某人的头脑保持开放，且具备合理的观察能力，则趋势显而易见；如果硬要让事实迁就自己的理论，那恰如削足适履，绝非明智之举。

---

① 作为术语，其被称为"最小阻力路线"，一般描述时，可以说成"阻力最小的路线""阻力最小的行情路线"或"阻力最小的价格路线"等。这是本书中利弗莫尔提出的一个关键理论，译者在附录三中做了进一步解析，供参考。

　　"最小阻力路线"大体上就是指市场"趋势"。利弗莫尔认为，当市场突破关键点位之时，正是最小阻力路线显现的那一刻，相当于揭示趋势发生或恢复的重要突破信号。

如此看来，我们本来就会知道到底是牛市还是熊市，也能够做到；而如果分辨出了牛市还是熊市，也就知道了应该买进还是卖出。因此，我们应该在行情起始阶段尽早了解到底是应该买进还是卖出。

举例来说，假定市场正处在横向波动阶段，一如往常地在 10 个点的范围内上下摆动，上方大致达到 130，下方大致为 120。当它处于底部的时候，可能看上去十分疲软；或者，当它向上摆动的时候，在上涨了 8 ~ 10 个点之后，可能看上去十分坚挺。某人不应受表面现象的迷惑而入市交易。他应当耐心等待，直到行情纸带告诉他时机已经成熟。事实上，人们往往因为股票看起来便宜而买进，看起来昂贵而卖出，由此损失的金钱左一百万、右一百万，数都数不完。投机者不是投资者，他的目标不是为了按照一个比较有利的利率水平获取固定的资金收益，而是通过价格的上升或下降来博取利润，不论他选择哪一个市场交易。于是，需要判定的关键因素是，从交易的那一刻向前展望的阻力最小的行情路线；而他应当耐心等待的是市场明确界定自身阻力最小的行情路线的关键时刻，因为这才是他积极入市的信号。

阅读行情纸带不过是帮助他看出，在 130 的水平卖出压力比买进压力更强一些。按逻辑，价格随后应有所回落。直到此时，卖方相对于买方仍占据主动，而浮于表面的纸带研究者可能判断价格将持续上涨，直到 150 之前都不会驻足，于是他们买进。但是，回落开始了，他们或者套牢不动，或者割肉认赔一点，有的甚至转而卖空，并开始议论空头行情。然而，在 120 附近，下跌行情遭遇了更强大的抵抗。买方相对卖方占据主动，于是市场回升，空头回补。投资大众如此经常地来回拉锯，就是不肯接受教训，其固执程度令人吃惊。

终于事情有了新的进展，进一步增强了市场向上的力量或者向下的力量，于是最大阻力点随之上移或者下移，也就是说，在 130 的价格水平，买进压力第一次超过了卖出压力；或者在 120 的价格水平，卖出压力第一次超过了买进压力。价格将突破原有的边界或者原来的行情极限位置而继续发展。一般说来，总会有一群交易者在 120 处卖空，或者在 130 处做多，因为当时的行情看起来风头正劲。后来市场对他们不利，过了一阵之后，他们被迫改变自己的看法，或者转向操作或者平仓了结。不论属于哪一种情况，他们都有助于市场更加清晰地界定阻力最小的价格路线。因此，明智的交易者一边继续耐心等待市场明确界定这条价格路线，一边观察基本商业形势以获得线索，同时，市场参与者群体中碰巧猜错了的这部分人现在必须纠正错误，我们也应观察他们交易活动的力量。这类纠正性的交易活动倾向于推动价格沿着阻力最小的路线演变。

这里我要说的是，虽然我并不认为以下结论具备严格的数学准确性，或者称得上什么投机公理，但是我的经验向来表明，只要我的头寸是根据我判断的最小阻力路线建立的，那么，偶然事件——那些事前未曾预期或未能前瞻到的事件，总是对我的头寸有帮助。你还记得我曾经告诉你的在萨拉托加交易联合太平洋铁路的故事吗？好，我之所以做多，是因为我发现阻力最小的路线是向上的。我本该继续持有多头头寸，而不是听信经纪人告诉我的所谓内部人都在卖出股票的说法。无论公司董事们的脑子里到底在想什么，都不可能造成任何实质性的区别。我本来就不可能了解他们的意图。但是，我能够知道、也的确知道，纸带正在说"行情向上"！就在这时，出人意料的事情发生了，公司宣布上调红利，股票价格应声上涨了 30 点。164 的价位看起来高得吓人，但是正如我在前面告诉你的，绝不要因为股票价格太高而不能买进，绝不要因为价格太低而不能卖出。实质上，这个价格与我判定的最小阻力路线毫无关系。

在实际操作中可以发现，如果照我所说的那样交易，则在当日闭市和次日开市之间出现的重要新闻通常也和阻力最小的价格路线协调一致。市场趋势早在新闻发布之前便已经确立，在牛市行情下，看空的消息被市场忽略，看多的消息则被市场放大；反过来，也是一样的道理。第一次世界大战结束前夕，市场处在非常疲软的状态。这时，德国宣告实行潜艇战政策[1]。当时我已经卖空 15 万股股票，不是因为我知道即将出现这则新闻，而是因为我遵从最小阻力路线交易。就我的交易操作而言，后来发生的一切都没有任何神秘之处。当然，那天我充分利用这则消息带来的机会，轧平了所有的空头头寸。

由此可见，你必须做的一切就是观察纸带，确定市场的关键点位[2]，并随时做好准备，一旦判明市场阻力最小的路线，便立即顺其方向交易。这听起来非常简单，但是在实际操作过程中，必须对许多东西严加防范，其中最重要的是

---

① 第一次世界大战期间，德国在实行无限制潜艇战（1917 年 2 月 1 日）之前，潜艇拦截商船后，允许乘客和船员离开船只，再用舰炮击沉商船。

② 利弗莫尔所说的关键点位指的是主要价格水平，一旦市场确定无疑地突破了这类价格水平，要么表明新趋势已经产生，要么表明调整过程结束，原有趋势恢复。这类价格水平如同分水岭，具有揭示趋势的重要作用。

防范你自己——警惕你的人性。站在正确一面的人总是同时得到两股力量的帮助，一是基本形势，二是那些站在错误一面的人。我之所以强调这一点，原因正在于此。在牛市行情里，看空的因素被人们忽视。这正是人性，然而，人们往往声称对这些因素后来的作用感到吃惊。人们会告诉你，小麦产量一落千丈，因为在这块或那块产区天气一直很糟糕，有些农户已经被毁了。等所有麦地收割完毕，所有小麦产区的所有农户开始把小麦运送到传送带上的时候，多头们才开始对天气造成的损失之小感到吃惊。现在他们发现，他们只不过帮了空头一个大忙。

当你在大宗商品市场操作的时候，绝不可对市场抱有成见，必须保持头脑的开放和灵活性。无论你对下季农作物收成或者可能出现的需求情况持有什么样的看法，对纸带上的信息置若罔闻都是不明智的。我回想起当初自己因为企图预期行情开始的信号，反而错过了一波大行情。当时我感觉对基本形势太有把握了，以至于认为不必等待市场确定最小阻力路线的那一刻。我甚至自以为或许可以帮助市场捅破那层窗户纸，因为市场看起来碰一碰就会倒下[①]。

我对棉花非常看好。它正在 12 美分附近徘徊，在一个中等幅度的区间范围内上上下下。它正处在进退两难的状态，我能看出来。我知道自己其实应该等待。但是鬼迷心窍，我误以为只要稍微推它一把，它就会越过上方的阻挡水平。

我买入了 5 万包棉花。果然，它开始向上移动。然而，同样果然的是，只要我停止买进，它也停止上移。然后，慢慢退回我开始买进的原地。等我卖出平仓之后，它又停止下降。折腾一次后，我思忖，现在距离行情开始要近得多了，于是再次误以为单凭我自己就可以启动它了。于是，再次动手。情况和上次一样。买进，行情向上移动；停手，行情又回到原地。这样的傻事我竟然一连干了四回或者五回之多，直到最后厌恶至极才罢手。这一通折腾，我损失了大约 20 万美元。于是，我彻底放弃。就在此后不久，它终于开始上涨，一路不停，一直涨到如果我当初进去现在就能发大财的高价位——要是当初不是火急

---

① 在这几段话中，利弗莫尔强调要把对基本形势的分析（基本分析）和阅读纸带技巧（技术分析）相结合。这是实用的经验之谈。但是请注意，两者并非等量齐观，后者是决定性的，首先，纸带是对基本形势的验证；其次，操作时机只能以纸带信号为准。

最后这句话，"自以为可以帮助市场捅破那层窗户纸"，在这里的本意是强调上述两者中后者才是决定性的。译者冒昧地推测，利弗莫尔可能最终背离了自己发现的这条重要原则，埋下了最终失败的种子。

火燎地提早入市。

　　类似这样的经历屡见不鲜，数不清的交易者前赴后继，一次又一次重蹈覆辙，因此，我可以给出如下规则：在窄幅波动的市场行情中，价格谈不上任何明确方向，而是只在狭窄范围内横向延伸，在这种情况下企图预期市场下一步大动作到底是向上还是向下，是没有任何道理的。这时，你该做的是观察市场、研读纸带，确定价格横向波动的上下极限位置，拿定主意，除非市场在哪一个方向上突破了上述极限位置，否则绝不沾手。投机客必须让自己一心一意顺从市场，才能谋取利润；决不能执迷不悟，强求纸带顺从自己；决不和纸带争辩，决不要求纸带说明缘由或给你解释原因。给股票行情当事后诸葛亮是得不着红利的。

　　不久前，我和一群朋友在一起，大家渐渐聊起了小麦。其中有些人看多，有些人看空。最后，他们问我有什么想法。好，我已经研究这个市场一些日子了，我知道他们不想听什么统计数字或者基本形势分析，于是我说："如果你们打算从小麦上挣一些钱，我倒是可以提一点建议。"

　　他们都回答说想挣钱，我便告诉他们："如果确实想从小麦上挣钱，只要好好观察它，等着，等它超越 1.20 美元的那一刻买进，就能赢得一记漂亮的快球！"

　　"为什么现在不买，才 1.14 美元？"一位老兄问道。

　　"因为现在我还不知道它到底会不会涨。"

　　"那为什么到了 1.20 美元还买进呢？这个价格看起来已经很高了。"

　　"你是愿意凭着对获得巨大利润的向往而盲目赌博呢，还是愿意明智地投机，取得数额较小但是可能性大得多的利润呢？"

　　他们统统说宁愿要数额较小但是可能性大得多的利润，于是我说道："那就照我说的做，在它向上超越 1.20 美元时买进。"

　　我在前面曾告诉你，我已经关注小麦市场很长时间了。几个月来，它一直在 1.10～1.20 美元之间成交，特别没有方向感。好，先生，有一天它收市于 1.19 美元以上，我立即做好准备。果然，第二天它开市于 1.20-1/2，我果断买进。它一路上涨到 1.21 美元、1.22 美元、1.23 美元、1.25 美元，我一路紧紧跟随。

　　当时，如果你要我告诉你到底发生了什么情况，我肯定说不上来。当它处在狭窄区间横向波动时，找不到任何解释。我说不准到底它会向上突破 1.20 美元的极限水平，还是向下突破 1.10 美元的极限水平，虽然我心中怀疑它更可能最终向上突破，因为世上的小麦还不至于多到足以引发价格大幅下挫的程度。

事实上，欧洲人似乎一直在悄悄地吃进，很多供货商在 1.19 美元左右已经都卖空了存货。由于欧洲人的采购以及其他原因，大量小麦已经运离了市场，因此，最终向上的大幅价格运动开始了。价格向上超越了 1.20 美元的标志水平，这是我看到的全部线索，而有了这个，对我来说便足够了。我知道，它之所以向上超越 1.20 美元，是因为向上的运动终于聚集了足够的力量把市场推升到上限之上，如此一来，某些事情必然会发生。换句话说，当市场向上超越 1.20 美元后，阻力最小的小麦价格路线就确定了。这时市场完全进入另一个故事了。

我还记得，有一天是个节假日，我们这里所有市场都休市了。温尼伯小麦的开盘价上升了 6 美分每蒲式耳。当我们的市场第二天开市的时候，小麦价格也涨了 6 美分每蒲式耳。价格的确是沿着最小阻力路线演变的。

刚才对你说的，是我以研读行情纸带为基础的交易体系的精髓。我纯粹通过跟踪研究而获悉价格最可能的运动方向。我还附加了一些测试性交易以检验自己的方向判断，测定市场心理转化的关键时刻。我的办法是，观察我开始的试验性操作后的价格反应。

我曾告诉一些有经验的交易者，当我预期市场上涨而买进股票的时候，宁愿支付更高的价格；而当我卖出的时候必须在更低价卖出，否则就根本不做。令人吃惊的是，许多人听到这话竟然露出怀疑的神色。如果一位交易者始终对投机原则坚持不悖，也就是说，总是等待市场本身确定其最小阻力路线之后，仅当纸带说"涨！"的时候开始买进，仅当纸带说"跌！"的时候开始卖出，挣钱或许就不会如此困难了。随着市场逐渐上升，他应该亦步亦趋逐渐加仓。起初，他只买进全部额度的五分之一。如果这笔头寸未形成账面利润，他绝不可以增加持仓，因为显然开头他便是错误的，至少暂时是错误的。而无论何时，犯错误都不会有利可图。当然，他面对的还是曾经说"涨！"的同一条纸带，不过，这不一定意味着纸带撒谎了，而是因为它现在说"等一等！"而已。

在棉花上，我在很长时间里一直保持着非常成功的交易记录。我有一套独门心得，而且将其彻底付诸实践。举例来说，假设我决定投入的总额度为 4 万 ~ 5 万包。好，我会如自己所言，研读纸带，观察买进或者卖出的机会。

再假设市场的最小阻力路线显示为看涨行情。好，我会先买进 1 万包。在完成这笔买入之后，如果市场比我最初买进的价格上涨了 10 个点，我就再吃进另外 1 万包。市场表现前后一致，这时，如果我能取得每包 20 个点，甚至 1 美元的利润，就会再买进 2 万包。于是，我完成了自己的总建仓额度——我的交易基础。然而，如果在买入最初的 1 万包或 2 万包之后出现了账面亏损，我便立即平仓了结。在这种情况下，或许我只是暂时是错误的。但是正如前面所说，不论在哪个市场，如果开头便错，就不值得再做下去了。

当我坚守自己的交易体系时，所取得的成就是，在每一轮真正的价格运动中都不落下，始终能够建立棉花头寸。在我逐步加码到满仓的过程中，或许因为我采取试探式的操作方式会斩掉 5 万或 6 万美元。看起来这样的试探成本很高，其实不然。一旦真正的价格运动开始后，花多长时间才能让我弥补当初为了确保建仓时机正处在恰当时点而试探、斩掉的损失呢？根本不花时间！在正确的时机站在正确的一边，总是值得的。

我想我也曾经说过，这些介绍的内容或许可以被称为我的建仓体系。只用简单的算术就可以证明。如果仅在赢利的条件下才投入大额的风险头寸，那么反过来，当你亏损的时候，只是小额试探的头寸遭受亏损。实际就是这样。如果某人按照我介绍的方式交易，就总能建立有利可图的头寸，重仓赢取利润。

职业交易者根据他们的市场经验，总会形成这样或那样的一套交易体系，这取决于他们对待投机这一行的态度或者他们的志向。记得曾经在棕榈滩遇到过一位老先生，我没有记住他的名字，一下子想不起来了。我知道他曾经在华尔街摸爬滚打多年，一直可以追溯到南北战争时期，有人告诉我他要老得成精了。他亲身经历了太多的繁荣和恐慌。他有一句老生常谈："太阳底下没有新鲜事，至少在股票市场根本没有。"

这位老人问了我很多问题。当我把自己在交易中通常采取的做法对他说完后，他点着头说：

"是啊，是啊，你做得对！你逐步建仓的路子，你思考判断的路子，为你造就了一个好体系。按照你说的道理做，容易实行，因为你对投入的资金忧心最少。我想起了帕特·赫恩（Pat Hearne），听说过他吗？噢，他是一位很著名的交易人士，在我们那里有一个账户。这家伙真聪明，而且很冷静。他在股票上挣了钱，于是人们向他请教交易建议。可他难得开口。很多人都向他咨询自己的交易是否明智，要是实在躲不过去，他便会举出他最喜欢的一句赛马场格言：
'不下注不知输赢。'他在我们的营业厅交易。他会先买进某只活跃股 100 股，
如果它有 1 个点的上涨，这时再买入另一笔 100 股；再涨 1 个点，再买 100 股，
以此类推。他总是说，他做交易不是为了让别人挣钱的，因此，总要在最后一
笔买入的成交价格的 1 个点之下设置止损指令。如果价格保持上升，他便跟着
市场上调止损的点位。当市场出现 1 个点的回落时，股价会触发他的止损指令，
让他出市。他宣称，无论损失出自他原来的保证金，还是出自他的账面利润，
只要超过 1 个点，都是没有任何道理的。

　　"你知道，一位职业投机客并不指望做长线挣大钱，而是指望挣有把握的
钱。当然，如果机会来了，做长线也没问题。在股票市场上，帕特既不追求内
幕消息，也不指望一星期挣 20 个点的大行情，而是挣有把握的钱，数额只要足
以维持美好生活就行。我在华尔街阅人无数，在圈外人士中，帕特·赫恩是唯
一的一位把股票投机看作纯粹机会的游戏，就像 21 点纸牌游戏或者轮盘赌，同
时明智地长期坚持一套相对可靠的下注方法。

　　"帕特过世以后，我们有一位原先总是和他一道交易的客户，他照搬帕特的
系统，在拉克万纳公司（Lackawanna）的股票上赢利超过 10 万美元。之后，他
的操作对象也从拉克万纳转到其他一些股票。因为手上拥有一大笔赌本，他以
为用不着再死抱帕特那一套了。当市场出现回落行情的时候，他没有把亏损限
制在小额，而是听任亏损增长——好像亏损不是亏损而是利润似的。自然，他
的每一分钱都赔进去了。当他终于罢手的时候，还欠我们几千美元。

　　"他后来又在那里晃荡了二三年。虽然资金赔光了，但是他对交易的热衷依
然保持了好长时间，不过只要他规规矩矩，我们倒也不反对。我记得他总是直
言不讳当初愚蠢至极，千不该万不该，不该把帕特·赫恩的交易方式半途而废。
好，一天他兴冲冲地来找我，请求我让他在我们营业厅卖空某只股票。他人还
算不错，在他走上坡路的时候也曾经是一位好客户，于是我告诉他，我个人愿
意担保他的户头可以做 100 股。

　　"他卖空了 100 股莱克肖尔（Lake Shore）。那时候正是比尔·特拉弗斯
（Bill Travers）猛砸市场的时候，那是 1875 年。我这位朋友罗伯茨抛空莱克肖
尔公司的时候正在火候上，此后他随着行情发展一路不断加码，仿佛找回了他
在抛弃帕特·赫恩的交易体系之前那段交易成功时期的老习惯，不再听从希望

和憧憬的神秘召唤。

"好，先生，罗伯茨在接连四天中成功实施了依次加码，他的账户形成了15000美元的账面利润。我看到他并没有在我们这里预先设置止损指令，便提醒他注意这个问题，他告诉我，崩跌行情刚刚开了个头而已，他可不想被随随便便1个点的行情回升震出来。说这话是8月。9月中旬不到，为了给他的第四个孩子买一辆婴儿车，他得向我借10美元。他没有坚守自己的经过实践检验的交易体系。他们之中绝大多数都是这个问题。"

这位老伙计看着我摇摇头。

他说得对。有时我觉得，投机的行当肯定不属于自然的商业行为，原因在于，我发现普通投机者的天性都是同他自己做对的。人们大多都有一些共同的弱点，少有例外的是，这些弱点对投机成功构成了致命的威胁——而在日常生活中，通常正是这些弱点才使他能够讨得同伴们的青睐。或者，当他在其他方面冒险的时候，倒是通常能够对这些弱点保持特别高的警惕，因此，这些弱点在其他方面的危险程度，远远比不上当他在股票市场或大宗商品市场做交易的时候。

投机者的主要敌人总是潜藏在他的内部自挖墙脚。不可能把"希望"从人类的天性中割除，也不可能把"恐惧"从人类的天性中摘掉。在从事投机时，如果市场对你不利，每一天你都希望这是最后一天。盲目听从希望的摆布，不接受最初的损失，到头来，亏损反而变本加厉。对于开疆拓土的帝国建设者和大大小小的拓荒者们来说，正是"希望"这个共同的天性，成为他们强有力的盟友，帮助他们从胜利走向胜利。另一方面，当市场对你有利时，你越来越担惊受怕，害怕下一天市场会把你的利润夺走，煮熟的鸭子飞了，于是你平仓出市——过早地！恐惧使你不能挣到你本应挣到的那么多利润。成功的交易者不得不和这两类深藏在自身内部的本能做斗争。他不得不和那些你或许会称之为"自然冲动"的东西反其道而行之。在天性让你充满希望的时候，不可希望，而是必须戒惧戒惕；在天性让你恐惧的时候，不可恐惧，而是必须满怀希望。成功的交易者必须恐惧，因为亏损可能滋长坐大，最终酿成大得多的损失；他也必须希望，因为利润可能滋长坐大，最终积累为一大笔利得。按照普通人的方式在股票市场赌博，绝对是没有出路的。

从14岁开始，我便一直投身于投机事业。这么多年来，这是我唯一从事的行当，我想我知道自己在说什么。我已经经历了近 30 年持续不断的交易生涯，其中既有本金微不足道的时候，也有坐拥数百万美元的时候，最终获得的结论是，某人在某一时期有可能战胜某只股票甚至某一类股票，但是没有哪个活人能够击败股票市场！某人可能在棉花或谷物的某一笔交易中挣到利润，但是没有人能够击败棉花市场或谷物市场。这就像赛马，某人可能在一场赛马中取胜，但是不可能战胜赛马这个行当。

要是我有办法强调、再强调，让你刻骨铭心，那该多好啊！不论什么人说什么话来反对，都是这些道理，不会有任何不同。我说的这些话不容置疑，我知道我这么说是正确的。

11

声东击西巧出货，巨额棉花借东风

现在把话题拉回到1907年10月。我买了一艘游艇，做好了所有准备，打算离开纽约到南方水域游弋一番。我对钓鱼简直疯魔了，一心想着在自己的游艇上尽情地钓鱼，想去哪儿就去哪儿，想待多久就待多久。万事皆备。我已经在股票市场大有斩获，然而，就在出发前的最后一刻，玉米却把我绊住了。

这里必须做一番解释，在那场给我带来第一个100万美元的市场恐慌之前，我曾经一直在芝加哥的交易所交易谷物。当时我做空了1000万蒲式耳小麦和1000万蒲式耳玉米。我对谷物市场已经跟踪研究了很长时间，在看空股票市场的同时，也看空玉米和小麦。

好，两个市场都开始下跌，不过就在小麦持续下跌的时候，芝加哥规模最大的作手——我就称他为斯特拉顿（Stratton）吧——突发奇想，打算囤积操纵玉米。我在股票市场清仓后，本来已经准备乘游艇前往南方，却发现虽然小麦市场给我带来了不俗的利润，但在玉米上，斯特拉顿已经炒高了价格，我有相当大的亏损。

我知道国内市场上玉米的数量比这个价格所显示的多得多。供求规律一如既往地发挥作用。但是，需求主要来自斯特拉顿，而供给根本还没有到达市场，因为玉米运输遇到了交通严重"梗阻"的情况。我记得，我那时总是祈祷来一场寒潮把泥泞不堪的路面冻结实，好让农户们把玉米运送到市场来。然而，每次都落空。

就这样，一方面我期盼计划中的钓鱼旅程快快成行，另一方面玉米上的亏损却生生拽着不让我走。市场像现在这样子，我是不能甩手就走的。斯特拉顿自然随时密切关注着空头的动向。他知道已经抓到我了，而我对双方的情况和他一样清楚。不过，正如我前面说的，我当时正盼着自己或许能够打动老天爷，让老天爷赶紧动手帮帮我。老天爷也罢、其他神仙也罢，对我的需求都没有一分一毫的关照，于是我死了心，认真琢磨怎样通过自己的努力摆脱当前的困境。

我轧平小麦的头寸，利润丰厚。然而，玉米的问题无疑棘手得多。要是能够按照当时的市场价格平掉自己的 1000 万蒲式耳，我会很开心地立即照办的，虽然亏损还是比较大。但是，一旦我开始买进平仓，逼空主谋斯特拉顿自然会一刻也不耽误，立即加紧挤压市场，如此一来，就会因为我自己的买进把价格一路抬上去，简直是用自己的刀割自己的喉咙。

虽然玉米行情坚挺，但是我希望开始钓鱼旅程的心情更迫切，因此我必须靠自己找法子立即解脱。我必须进行一场战略大撤退。我必须买回 1000 万蒲式耳的空头头寸，与此同时还必须把亏损限制在越少越好的范围内。

碰巧当时斯特拉顿同时也在囤积操纵燕麦行情，并把该市场控制得很好。我密切跟踪所有谷物收成方面的新闻、交易池内的流言等，我听说强大的阿莫阵营（Armour Interests）在市场方面对斯特拉顿来意不善。我当然知道斯特拉顿不会让我如愿买到玉米的，除非按照他定的价钱，但是在我听说阿莫阵营有意修理斯特拉顿的传言的那一刻，立即想到，或许可以指望芝加哥的交易商们伸出援手。他们有可能帮到我的唯一办法是，由他们卖给我斯特拉顿不愿意卖给我的玉米。其他都好办。

首先，我安排好向下每隔 1/8 美分一笔、每笔 50 万蒲式耳玉米的买入指令。在这些指令就绪后，我让四家经纪公司分头同时按照市价卖出 5 万蒲式耳燕麦。我料想，这一招应该会引发燕麦的一波快速下跌。我知道那些交易商脑子里是怎么盘算的，他们很容易就会猜想阿莫阵营正在对斯特拉顿发动攻击。他们看到燕麦市场已经打响了，就会顺理成章地推论，下一个快速下挫的就该轮到玉米了，就会开始卖出它。要是斯特拉顿逼空玉米的诡计破产了，油水可就太大了。

我对芝加哥交易商们心理的揣摩绝对正确。当看到燕麦市场由于四面而来的卖出指令快速下跌的时候，他们立即跳入玉米市场，迫不及待地卖出玉米。在接下来的十分钟之内，我便买到了 600 万蒲式耳的玉米。在发现他们停手不卖的那一刻，我立即按市价买进了剩下的 400 万蒲式耳。这自然导致玉米价格再度上升，但是经过这么一番腾挪之后，我轧平了 1000 万蒲式耳的全部空头头寸，并且和我利用交易商们卖出的机会开始买入平仓时的市场价格相比，净成交价格的差距不到 1.5 美分。为了诱导交易商们卖出玉米，当初我做空了 20 万蒲式耳燕麦，平仓的时候损失仅为 3000 美元，这是成本相当低廉的看跌诱饵。我在小麦上挣到的利润冲抵了我在玉米上的大部分亏损，在谷物市场所有交易的总体亏损仅有 25000 美元。后来，玉米上涨了 25 美分每蒲式耳。毫无疑问，斯特拉顿曾经有机会对我任意宰割。倘若我径直买进我的 1000 万蒲式耳玉米、没有用心考虑价格成本，到底会付出什么样的代价就很难说了。

某人在某事上浸淫多年之后，不可能不对它养成某种习惯性的态度，他会和普通初学者有相当大的差别。正是这种差别把专业人员和业余人员区分开来。正是他看待事物的方式决定了他在投机市场上挣钱还是赔钱。公众往往对自己的交易操作采取半严肃半随意的态度。他们的自我每每不合时宜地掺和进来，因此他们的思考不可能深入、透彻。专业人员关心的是把事情做对，而不是只惦记着挣钱，他们明白，只要把其他事项都安排妥帖，利润就会自己照顾自己。交易者必须学会按照专业台球选手的方式来从事本行，也就是说，要前瞻好几步，而不是只考虑眼前这一杆。交易者要以头寸为本，必须把这一点转化为职业本能。

我想起曾经听到的关于艾迪生·坎迈克（Addison Cammack）的一则故事，这则故事十分贴切地说明了我打算揭示的内容。就我所听说的情况来看，我认为坎迈克是华尔街有史以来最出色的股票交易者之一。

许多人相信他总是做空，这并非实情，不过他确实觉得空头一边的交易更有吸引力，并且确实乐于充分借助人性的两大要素——希望和恐惧，来达到自己的目的。以下警句据说是他原创的："势道不减，不卖股票！"老一辈们告诉我，他最大的几次赢利都是在做多的时候取得的，显然，他并非根据自己的偏好而是根据市场条件来交易的。不管怎么说，他都是一位完美的交易者。好像有那么一次，那是很久以前了，在一轮牛市行情的末端，坎迈克看空。而 J. 阿瑟·约瑟夫（J. Arthur Joseph）得知了这个信息，他是一位金融撰稿人，很健谈。无论如何，市场当时不但坚挺，甚至还在上涨，响应着多方领头者和报纸上乐观报道的刺激。约瑟夫知道，对于坎迈克这样的交易者来说，看空的信息具有极大的利用价值，于是这一天他带着利空的消息急匆匆赶到坎迈克的办公室。

"坎迈克先生，我有一位非常要好的朋友，在圣保罗营业厅担任转运交收员。他刚刚告诉我一些事儿，我想你应该知道。"

"啥事儿？"坎迈克漫不经心问道。

"你已经掉头了，对吧？你现在看空了？"约瑟夫问道，想要确认一下。如果坎迈克没有兴趣，他不打算浪费宝贵的资源。

"是。到底是什么了不起的信息呢？"

"今天我到圣保罗的办公室转了转，为了搜集新闻，平常每周我都要去两三趟的。那儿的朋友告诉我：'老头儿正在卖股票。'他指的是威廉·洛克菲勒。'吉米，他真的在卖吗？'我对他说。他答道：'是的。他正在卖出，向上每隔3/8美元卖出15000股。我这两三天里一直在转送那些股票。'我一分钟都不曾浪费，立刻赶来见你。"

坎迈克并不容易被打动，不仅如此，他早已习惯于各色人等火急火燎地冲进他的办公室，带来各色各样的消息、街谈巷议、谣传、内幕信息以及谎言，以至于对他们统统失去了信任。他淡淡地答道："你确实这样听说的吗，约瑟夫？"

"我确实？那还有假！你以为我是聋子吗？"约瑟夫说。

"你那位朋友靠得住吗？"

"绝对可靠！"约瑟夫断言，"我已经认识他很多年了。他从不对我扯谎。他不会！没得说！我知道他绝对靠得住，我愿意拿性命担保他告诉我的话。他是这个世界上我最了解的人，似乎比你了解我的程度深多了，尽管咱俩相处了这么多年。"

"对他有把握，嗯？"坎迈克说着，再次凝视着约瑟夫。于是他说道："好，你应该知道。"他叫来他的经纪人，W.B.惠勒。约瑟夫期待着他会给后者下指令卖出至少5万股圣保罗。威廉·洛克菲勒利用市场坚挺的机会正大举抛售他的圣保罗持仓。他卖这些股票到底属于投资性质还是投机性质并没有什么关系。唯一重要的事实是，标准石油一系（Standard Oil crowd）中最厉害的股票交易商正在脱手圣保罗。如果一位普通人从可靠的来源听到这样的消息，他会怎么做呢？根本不用问。

然而，坎迈克，那个时代最精明的空头交易者，当时又正对市场看空，却对他的经纪人说："比利，跑一趟交易所，向上每隔3/8美元买进15000股圣保罗。"该股票那时的行情在90多美元。

"你是说卖出吧？"约瑟夫急忙插话道。他在华尔街可不是初学乍练，不过他对市场的看法是从一位新闻记者的角度出发的，顺便提一句，这正是一般大众的角度。从内部人卖出的消息来看，价格肯定应该是走低的。不仅如此，还能有什么内部人能够比得上威廉·洛克菲勒先生这样的分量呢？标准石油出货，而坎迈克买进！不可能！

"不，"坎迈克重申，"我指买进！"

"难道你不相信我？"

"相信！"

"难道你不相信我的消息？"

"相信。"

"难道你不看空吗？"

"看空。"

"好，怎么讲？"

"这正是我买入的原因。现在听我说，你要和你那位可靠的朋友保持联系，一旦他们按比例卖出的行动停手了，要立刻让我知道。立刻！你明白吗？"

"好。"约瑟夫答应道，告辞离开。他没多少把握，不知道自己是不是真的理解坎迈克买进威廉·洛克菲勒的股票的用心。他知道坎迈克对整个市场是看空的，这令他对坎迈克的这番举动更加困惑。无论如何，约瑟夫还是去见了他那位担任转运交收员的朋友，要他盯紧"老头儿"何时停止抛售，第一时间把消息告诉自己。约瑟夫每天两次找他的朋友，打探消息。

一天，转运交收员告诉他："现在老头儿那里没有运来更多股票了。"约瑟夫谢了他，赶紧跑到坎迈克的办公室通报消息。

坎迈克一字不漏地仔细听了，回身问惠勒："惠勒，我们营业厅总共有多少股圣保罗？"惠勒查了查，报告说他们总共累积了6万股。

坎迈克当时是看空的，甚至在他开始买进圣保罗铁路之前，便已经卖空了其他铁路公司的以及各种各样的股票。现在他重仓卖空整个市场。他马上吩咐惠勒卖出他们做多的6万股圣保罗，并且继续卖空。他利用他在圣保罗铁路的多头持仓做杠杆，压低了整个市场，这轮下跌给他的操作带来了极大的好处。

圣保罗持续下跌，直到44美元，坎迈克从中狠狠赚了一笔。他出牌的技艺已经达到登峰造极的地步，也获得了与之相称的利润。我这里要说的是他对待交易的习惯性态度。他连想都不用想，立即看出比在一只股票上获利重要得多的东西。他深谋远虑，看出这是天赐良机，这么做不仅可以为将来发动大规模的空头操作选择合适的时机，而且可以恰到好处地形成第一轮推动。关于圣保罗铁路的那则内部消息导致他买进而不是卖出，是因为他立即看出这正好可以为他的空头行动提供巨大的弹药储备。

还是回头说我自己。我轧平了小麦和玉米，驾着游艇前往南方。在佛罗里达的海域巡航，度过了一段开心时光。钓鱼真是棒极了，诸事顺遂，我感觉对尘世了无牵挂，也无意自寻烦恼。

一天，我在棕榈滩登岸。碰到了许多华尔街的朋友和其他熟人。所有人都在议论一位当时最引人注目的棉花投机客。来自纽约的一则报道说，珀西·托马斯（Percy Thomas）赔光了每个子儿，风传这位世界闻名的大作手在棉花市场第二次遭遇滑铁卢。

我始终对珀西·托马斯抱有崇高的仰慕之情。头一次听说他是从报纸上看到的，报道的是股票交易所的经纪商会员谢尔顿-托马斯公司（Sheldon & Thomas）破产，当时托马斯正在力图操纵棉花市场，谢尔顿缺少他的合伙人的远见或者勇气，在其临门一脚的时刻临阵退缩。至少，当时华尔街上都是这么说的。不管怎么说，他们不但没能狠赚一票，反而弄出了多年之内最为轰动的一场大败仗。我忘了他们赔了几百万美元，公司关门大吉，于是托马斯从头开始单干。他把全部身心都投入到棉花上，没过多久就重新站了起来，连本带利偿还了债主的债务，虽然在法律上，偿还这些债务已经不再是他的义务了。他还债之外，还给自己剩下了100万美元。他在棉花市场东山再起的传奇，堪比S.V. 怀特执事在股票市场的著名事迹，后者在一年内清偿了100万美元债务。托马斯的勇气和智慧让我佩服得五体投地。

棕榈滩的每个人都在议论托马斯交易三月棉花合约时的倾覆事件。你可以想见这类议论越传越邪乎的情形，当你听到的时候，其中免不了夹杂着以讹传讹、添油加醋或者修饰发挥的成分。我就遇到过关于我自己的一则传言，它传来传去，传的同时不断增加新内容和绘声绘色的细节，最后面目全非。不到24小时就重新传回"原创者"那里，结果原创者也认不出自己的杰作了。

珀西·托马斯再度遭遇不幸的消息把我的心思从钓鱼拉到了棉花市场。我搜集了有关的交易报告，阅读这些资料来厘清市场环境演变的脉络。当回到纽约的时候，我便全神贯注地研究该市场。每个人都看空，每个人都在卖空七月棉花合约。你知道人们是怎么回事，我猜测，人们之所以做某件事，往往因为他身边的每个人都在做同样的事，这是社会感染作用的典型案例。或许这属于人们合群本能的某种表现，或者是合群本能改头换面的某种形式。无论如何，根据广大交易者们的看法，卖出七月棉花乃是明智之举、稳妥之举，只有这么做才安全！把一般人的卖空归结为轻率，那实在太轻描淡写了。交易者们眼中只有市场的一个侧面，只看见大把大把的利润，他们确信不疑地预期价格即将崩跌。

我当然看到了这一切，有一点给我留下了很深的印象，就是做空的伙计们已经没有太多时间用来买进平仓了。我对形势研究得越深入，对这一点的观察便越清晰，终于决定买进七月棉花。说干就干，我很快买入了 10 万包。吃进的过程没有遇到任何麻烦，因为实在是太多的人都在卖出。假如悬赏 100 万美元，看谁能够找到一位不卖出七月棉花的交易者，那么在我看来，恐怕没人有法子拿到这笔赏金。

这话说的是 5 月下半个月。我继续买进更多棉花，他们则继续卖出，直到最终我接手了所有在市面上流动的合约，总共 12 万包。就在我买进最后一笔棉花合约之后没过几天，市场开始上涨。上涨行情一旦开头便一发不可收，对我偏爱有加，也就是说，它每天都上升 40 ~ 50 点。

在一个星期六，大约在我动手操作的 10 天之后，价格开始慢慢爬升。我不知道市面上还有没有更多七月合约卖出。这得靠我自己来探明，于是我按兵不动，等待最后十分钟。我知道，那些伙计通常都在这个时间卖空，如果当天市场的收市价上升，那么这些人就笃定被套住了。于是我给四家经纪人同时发出买入指令，每一家买进 5000 包，都按市价，同时入场。这一招刺激行情上涨了 30 点，空头们施展浑身解数力求挣扎脱困。当天市场收市于最高点。请记住，我所做的，不过是买光了最后的 2 万包。

下一天是星期日。星期一，利物浦的开市价应当上升 20 点，才能和纽约的上涨持平。然而，它上涨了 50 点。这意味着利物浦的涨幅比我们这里的涨幅高 100% 以上。我和那里的市场上涨毫无干系。这就表明了，我的推理建筑在牢靠的基础上，我的交易符合最小阻力路线。与此同时，我并没有失去清醒的头脑，我有天量的多头仓位需要处置。不论市场急剧上涨，还是逐渐上涨，吸纳卖盘数量的能力终究有一个极限。

来自利物浦的电讯当然驱使我们的市场狂热起来。然而，我注意到，行情越高，七月棉花似乎越稀少。我没有释放自己的任何持仓。对空头们来说，虽然星期一的走势既不值得兴奋也没什么可高兴的，但是，我没有察觉到即将出现空头恐慌的任何蛛丝马迹，没有任何迹象显示空头的防线即将崩溃、要竞相平仓了。我手上有 14 万包的巨额多头仓位，必须为它们找到市场。

星期二早晨，当我前往办公室的时候，在大楼的入口处碰到了一位朋友。

"今天早晨《世界报》上的报道相当引人注目。"他微笑着说道。

"什么报道？"我问他。

"什么？你是说没有看到报道吗？"

"我从来不看《世界报》。"我说，"报道什么了？"

"嘿，满篇都是你，报道说你把七月棉花控盘了。"

"我没有看到。"我告诉他，和他分开后，我不知道他到底相信不相信我的话。他可能认为，我没有对他坦言那篇报道到底是不是真的，实在不够意思。

我赶到办公室后，打发人去找来一份报纸。没错，确实有一篇报道，在头版上，标题大大地写着：

七月棉花被拉里·利文斯顿控盘

当然，我立即意识到这篇文章将会把市场的水完全搅浑。即使我已经处心积虑地为处置我的 14 万包棉花寻找最周全的方法和手段，也不可能找到比这更好的机会了。根本不可能找到这样的机会。这篇文章正巧出现在节骨眼上，正在传遍全国，人们要么从《世界报》上读到，要么从其他报纸的转述中读到。文章也通过电报传到了欧洲。从利物浦市场的棉花价格来看，这一点是显然的。市场简直疯狂了。既然有这样的消息，其结果便毫不奇怪。

我自然料到纽约会有怎样的反应，也知道该怎么做。这里的市场 10 点开市。10 点过 10 分的时候，我手上已经一包棉花都没有了。我让他们拿走了我的 14 万包，一包没留。我的大部分头寸卖出成交价最终被证明是当日的最高价。交易者们为我创造了市场。我所做的一切不过是看出了卖出我的棉花的天赐良机。我抓住机会，因为这已经由不得我了。舍此还能做什么呢？

我很清楚，棉花出货的问题本来需要我花费大量心血才能有解，不期然天上掉下这篇文章，一下子解开了我的心结。如果《世界报》没有刊登这篇文章，我一定会牺牲一大块账面利润才能最终脱手大额头寸。在卖出 14 万包七月棉花的同时避免价格下跌，这样的魔法已经超出了我的能力范围。然而，《世界报》的报道干脆利落地替我表演了这出把戏。

《世界报》出于什么目的发表它，我说不上来。我绝不知情。我猜测作者可能得到了某位棉花市场朋友的内幕消息，以为自己能够抢先推出独家新闻。我从来没有遇到过那篇文章的作者或者《世界报》的其他任何人。那天上午 9 点之后，我才知道报纸上有这篇文章，并且要是我那位朋友没有引起我对它的注意，我可能到那时还被蒙在鼓里。

没有它，便没法找到足够大的市场来卸载我的头寸。这是大手笔交易的一大麻烦。当你离场的时候没法悄悄溜掉，不像小额交易那样稳便。当你希望卖出时，或者当你认为应当卖出时，并不总能如愿以偿。你必须在你能够卖出的时候离场，乘着市场足以吸纳你所有头寸的时候。抓不住离场机会，可能让你付出数百万美元的代价。不可犹豫，机会稍纵即逝。你还不能耍花招，比如和空头竞争，把价格打上去，结果就会削弱市场的吸纳能力。这里我要向你强调，随时察觉交易机会，说起来容易做起来难。必须时刻保持高度警惕，这样，当机会来敲门的时候才能一把抓住。

当然，并不是每个人都知道我这次幸运的际遇。在华尔街，实际上哪儿都一样，给某人带来大钱的任何事件都被视为大有可疑。如果该事件没有给当事人带来好处，那就从来不会被人看成意外事件，而是因为你太贪婪或者狂妄自大而咎由自取。反过来，如果给当事人带来了利润，他们就会称之为强盗打劫，说是奸诈之徒得意、正派好人遭殃云云。

是那些心术不正的空头自己行事草率，招致了市场的惩罚。到头来，这些人一边舔着自己的伤口，一边指责我一手策划了这次意外而成功的袭击。不但他们，其他人也持有同样的想法。

一两天之后，一位在全世界棉花市场都可以称雄的仁兄碰到我，说："这一定是你有史以来干得最滑头的一次，利文斯顿。我很想知道，如果你在市场上自行处置那些头寸会损失多少钱？你知道，如果不想引发大抛售，这个市场只能吸纳不超过 5 万包棉花，那么剩下的你怎么设法才能既不损失账面利润又能出货呢？这个问题开始让我感到很好奇，我可想不出你的诡计，油滑，真油滑。"

"我与这事毫不相干。"我向他保证，尽最大努力表达自已的诚意。

然而，他一个劲儿反复叨唠："太油滑了，我的孩子，太油滑了！不要这么谦虚嘛！"

正是在这桩交易之后，某些报纸把我称为"棉花大王"。不过，我已经说过，我真的不配这个头衔。我想没有必要提醒你，要收买纽约《世界报》的那个专栏，把全美国的钱拿来都不够，或者说谁都不可能发挥个人影响力来确保它刊登那样一篇报道。当时它给我带来的完全是夸大不实的虚名。

然而，我之所以讲这个故事，并不是为了卖弄什么虚名，这类虚名有时张冠李戴，硬压到了其实并不相称的某人头上；也不是为了强调抓住机会的重要性，不论机会是什么时候来的、怎么来的。我的目的只不过是说明自从七月棉花交易之后，报纸上对我大泼脏水的原因。如果不是这些报纸，我可能遇不到那位著名的人物——珀西·托马斯。

12

巧舌如簧蔽主见，数百万金付东流

就在喜出望外地了结七月棉花交易之后不久，我收到了一封信，写信的人要求和我会面。来信署名是"珀西·托马斯"。我当然立即回复，很乐意见到他，欢迎他在任何方便的时候到访我的办公室。第二天，他来了。

我对他仰慕已久。不论哪里，但凡和种植棉花或者买卖棉花沾边的地方，他的名字都家喻户晓。在欧洲，以及在美国各地，人们和我交谈时都引用珀西·托马斯的观点。我记得有一次在瑞士的一处度假胜地，我和一位开罗的银行家聊了聊，他和已故的欧内斯特·卡斯尔爵士（Sir Ernest Cassel）联手在埃及种植棉花。当他听说我来自纽约的时候，立即向我询问珀西·托马斯，后者的市场报告他一期不落地认真收读。

我总想着，托马斯是以科学的态度做生意的。他是一位真正的投机者，一位具有梦想家般的远见、斗士般的勇气的思想者，也是一位消息极其灵通的人士，在棉花方面既有深厚的理论造诣，又精通实际交易。他乐于倾听，也乐于贡献自己的观念、理论和心得。与此同时，他对棉花市场实务以及对棉花交易者的心理了如指掌，因为他拥有多年的交易经验，既挣到过也赔掉过巨额资金。

在先前那家股票交易所经纪公司——谢尔顿-托马斯公司倒闭之后，他便开始单干，两年之内奇迹般地东山再起。我记得曾经在《太阳报》上读到过，在他的财务状况重整旗鼓之后，他做的第一件事就是完全偿还老债主，第二件事是雇用一位专家为他研究判断如何为他的 100 万美元选择最佳的投资方式。这位专家查验了他的财产，分析了几家公司的财务报告，然后建议他买进特拉华—哈德逊铁路公司（Delaware & Hudson）的股票。

托马斯曾经因为破产损失了数百万美元，又在棉花市场赢回来更多的百万美元，这次在三月棉花交易上栽跟斗赔得精光。他来到我的办公室之后，几乎是直奔主题。他提议和我联手操作，无论他得到什么信息都会在向公众发布之前立即通知我。我的分工是负责实际交易，他说我在这方面拥有特殊的天分，而他没有。

出于多种原因，这个提议对我没什么吸引力。我坦诚地告诉他，给我套上两套缰绳就没法跑了，我也不想学这些新招式。但是他一再坚持，我们两人是理想组合，最后我只好干脆挑明我不愿意和影响他人交易的事儿有任何瓜葛。

"如果我愚弄了自己，"我对他说，"那就独个儿受罪，我立即认账。既没有久拖不决的债务，也没有意想不到的烦恼。我自己选择要单枪匹马，同时也因为这是最明智、最低成本的交易方式。我靠自己的头脑和其他交易者的头脑公平比赛，其乐无穷。那些人我从来没有见过，从来没有和他们交谈过，从来没有建议他们买入或者卖出过，将来也不希望见到或者认识他们。如果我挣钱，是按照自己的观点交易挣钱的，我不会贩卖自己的观点，也不会利用自己的观点做资本。如果我采取其他方式挣到了钱，在我想象之中便不算挣钱。我对您的提议没有兴趣，因为我对这行当感兴趣的原因仅仅在于按照自己的方式为自己操作。"

他说他很遗憾我是这样的想法，力图说服我，说我拒绝他的计划就错了。但是我坚持己见。接下来，我们聊得很开心。我告诉他，我知道他一定会卷土重来的，如果他允许我在财务上给他资助一二，那将是我的荣幸。不过，他说他不能从我这里接受任何贷款。后来，他问起我在七月合约上的交易，我毫无保留地如实相告，从怎么开头的，到总共买进了多少包，还有成交价以及其他细节。我们继续聊了一小会儿，他告辞了。

在若干章节之前我曾经对你说过，投机者有很多敌人，其中许多潜藏在他的内部动摇并破坏他的事业。说到这里，我的脑子里立即涌现出自己曾经犯下的许多错误。我已经认识到，某人或许拥有别具一格的头脑，并且终生习惯于独立思考，但是当他遭遇一位拥有非凡说服力的人物的劝诱时，依然十分脆弱。我对投机者中比较常见的毛病已经具备了相当的免疫力，比如贪婪和恐惧、一厢情愿等。然而，我仍然只是一位普通人，我发现自己极容易犯错。

就在这段特别的时期，我本应该保持高度警惕的，因为就在不久之前我曾经亲身经历一段遭遇，足以证明自己多么容易受到花言巧语的迷惑，竟至于违背自己的判断，甚至是违背自己的意愿行事。这件事发生在哈丁兄弟公司的营业厅。我在那儿有一间几乎算得上私人专用的办公室，让我独占一个房间，并且在交易时间内除非我允许，不应该有人进来打扰我。我不愿意受到干扰，同时因为我的交易头寸非常大，我的账户给他们带来了相当多的利润，所以我也就得到了很好的关照。

一天，市场刚收市，我就听到有人说："下午好，利文斯顿先生。"

我转过身，看到一位完全陌生的人——大约 30 到 35 岁。我不明白他是怎么进来的，可人明明站在那儿。我断定他一定有什么事和我有关所以才被放进来。不过，我什么也没说，我只是看着他，他马上开了腔："我来找您谈谈瓦尔特·司格特（Walter Scott）。"接着他便滔滔不绝起来。

他是一位图书代理商。其实，他既没有特别令人愉快的风度，也没有巧妙的讲话技巧，外貌也谈不上有什么特别的吸引力，但是他肯定很有个性。他口若悬河，我以为自己在听他说。然而，他的话我一句也没听进去。我觉得自己从来没明白他说什么，甚至当时也没有。他总算说完了长篇大论，递给我一杆自来水笔，再递给我一张空白的表格，我就签了。这是一份花 500 美元购买一套司格特作品的合同。

签好字的那一刻我才回过神来，但是那张合同他已经稳稳当当地掖进口袋了。我不需要那些书，也没地方放那些书，它们对我没有任何用处，这些书我也没人可送。然而，我竟然同意花 500 美元买下它们。

我对赔钱早就习以为常，以至于从来想不到错误本身那一面。我总是反思自己的做法，以及当初为什么这么做。首先，我希望了解自己的局限性，自己的思维定式。其次是我不希望重复犯同一个错误。只有从自己所犯的错误中汲取教训、将它转化为将来的获利，我才能原谅自己的错误。

好，现在我已经犯了 500 美元的错误，但是还没办法找出问题出在哪儿。作为第一步，我静静地打量着那家伙。如果他的脸上没有对我显露出微笑——一丝会心的微笑，我情愿被吊死！他似乎看穿了我的心思。不知怎么地，我已经明白用不着再对他解释什么了，不告诉他，他也知道。于是，我跳过了解释、开场白等部分，开门见山地问道："这 500 美元订单你能从中得到多少佣金？"

他立即摇着头，回答："我不能那么干！抱歉！"

"你能拿到多少？"我坚持。

"三分之一。但是我不能那么干！"他说。

"500 美元的三分之一是 166 美元 66 美分。我给你 200 美元，要是你把那张签字的合同还给我。"为了证明我的诚意，我从兜里拿出 200 元钱。

"我跟您说了，我不能。"他说。

"你遇到的客户都会给你这样的提议吗？"我问。

"不是。"他回道。

"那么你为什么这么有把握我一定会守约呢？"

"因为你们干的这一行就是这样的。您是第一流的输家，而正是这一点使您成为第一流的赢家。我非常非常感激你，但是我不能那么干。"

"那么你告诉我，为什么你不愿意挣到比佣金更多的钱呢？"

"说得准确点，不是这样的，"他说，"我的工作不全是为了佣金。"

"那你工作是为了什么呢？"

"既为佣金，也为销售纪录。"他答道。

"什么纪录？"

"我自己的。"

"图啥呢？"

"您工作的目的就只是为了钱吗？"他反问我。

"是的。"我说。

"不。"他摇着头，"不，您不是。如果只为钱，您不可能从中得到这么多乐趣。您肯定不是单纯为了给您的银行户头添更多数儿才工作的，您不会仅仅因为喜欢容易到手的钱才泡在华尔街的。您一定有得到趣味的其他方式。好，我也一样。"

我没有再和他争辩："那么你是怎么得到你的乐趣的呢？"

"噢，"他坦白道，"我们都有一个弱点。"

"你的弱点是什么？"

"虚荣心。"他说。

"好，"我告诉他，"你成功地说服我签署合同，现在我要取消签约，我打算付你 200 美元——为你 10 分钟的工作，这还不够满足你的自尊心吗？"

"不，"他回答，"您看，我们这伙人中其他所有人也都在华尔街推销好几个月了，饭钱都挣不够。他们抱怨商品不对路，还有地点不对头。于是总部打发我来证明错在他们销售的能力上，既不怪书，也不怪地点。他们挣的是 25% 的佣金。我原来在克利夫兰，我在那儿两周卖出了 82 套。我到这里要卖出一定的套数，不仅要卖给那些拒绝从其他代理人手上购买的人，还要卖给那些他们甚至见不到的人。这就是他们愿意付给我 33.33% 佣金的原因。"

"我到现在还不明白你是怎么卖给我那套书的。"

"嗨，"他用安慰的口吻说，"我也卖给了 J.P. 摩根一套。"

"不，不会吧？"我说。

他一点也不生气，他简单地说："说实话，我卖了！"

"把一套瓦尔特·司格特的著作卖给 J.P. 摩根？要知道他不仅收藏了一些善本，甚至还可能有一些小说最初的手稿。"

"好，这里有他的亲笔签名。"他马上掏出一张有 J.P. 摩根签名的合同在我眼前晃了晃。或许这并不真是摩根先生的签名，不过当时我还没有想到这一层，因此没有起疑。他不是也把我的签名揣在口袋里吗？我感到满心好奇。于是向他打听："你是怎么通过图书管理员这一关的呢？"

"我没有看到图书管理员的影子。我看见的是老头儿本人，在他的办公室。"

"这太夸张了！"我说。每个人都知道，即使要徒手走进摩根先生的私人办公室，也比带着一件滴答作响、听起来像闹钟的包裹进入白宫还要难上百倍。

然而他坚称："我做到了。"

"但你是怎么进他办公室的？"

"我是怎么进你办公室的呢？"他反问。

"我不知道，你告诉我。"我说。

"好，我进摩根办公室的方法和进你办公室的方法是一样的。把门的家伙本来是不让我进来的，我只是和他谈了谈。我让摩根签约的方法和让你签约的方法也是一样的。您不会为了一套书和我签合同。您只管拿起我递过去的钢笔按照我说的做了，没什么不同，和你一样。"

"真是摩根的签名吗？"我问他，三分钟之后总算找回了我的怀疑主义。

"当然！他从小就学会了写自己的名字。"

"就这么简单？"

"就这么简单，"他回答，"我清楚地知道我自己在做什么。这就是所有的秘密。我非常感激您，日安，利文斯顿先生。"说着，他开始向门外走。

"等一下，"我说，"我一定要让你从我这儿挣到 200 元整数。"我递给他35 美元。

他摇摇头，然后说："不，我不能那么做。但是我可以这么做！"说着，他从口袋里拿出那份合同，一撕两半，把两半递给我。

我数出 200 美元，举到他面前，但是他再次摇摇头。

"你的意思不是这样的？"我说。

"对。"

"那么，你为什么要撕掉合同呢？"

"因为您没有哀怨，而是自己承担下来，要是我自己处在您的位置遇到这种情况也会自己承担下来的。"

"但是我是自愿付你 200 美元的。"我说。

"我知道。然而，钱不代表一切。"

他的语音之中有些东西促使我说："你说得对，钱不是一切。那么你现在真心希望我为你做的是什么呢？"

"您反应真快，不是吗？"他说，"您真的愿意帮忙吗？"

"是的，"我告诉他，"我愿意。但是到底会不会做，还得看你想要我做的是什么。"

"陪我一道去埃德·哈丁先生的办公室，要他让我和他谈三分钟。然后您让我单独和他谈。"

我摇摇头，说："他是我的好朋友。"

"他已经 50 岁了，而且是一位股票经纪人。"那位图书代理商说。

这话确实，于是我带他走进埃德的办公室。我从这位图书代理商那里再也没有听到更多的话，也没有听说更多关于他的话。不过，几星期之后的一天傍晚，当我正从城里往城外赶的时候，在第六大道的地铁站不期然碰到了他。他很有礼貌地举起帽子，我点点头回敬。他走过来，问我："你好吗，利文斯顿先生？哈丁先生好吗？"

"他挺好，怎么问这话？"我感觉他话里有话。

"那天您带我去见他，我卖给了他价值 2000 美元的图书。"

"他从来没对我提起过半个字。"我说。

"对，那种人从不谈这个。"

"哪种人不谈？"

"那种人从不犯错误，因为犯错误必定是桩坏生意。那种人总是知道他需要什么，没人能告诉他还有别的选择。那种人总是让我有机会教育我的孩子，也让我太太心情不错。您给了我很好的回报，利文斯顿先生。当我放弃您急切给我的 200 美元的时候，我就估计会有好报。"

"不过，要是哈丁先生没有给你下单呢？"

"噢，但我知道他会的。我已经发现他是哪种人了，搞定他小菜一碟。"

"对。然而，万一他一本书都不买呢？"我追问。

"那我就会再回来找您，卖给您点什么。日安，利文斯顿先生，我要去见市长。"列车停靠中央公园站的时候他站起身。

"预祝你卖给他 10 套。"我说。市长阁下属于坦慕尼派 ① 人物。

"我也是共和党人。"他说着向外走去，不慌不忙，好整以暇，确信列车会等着。列车果然等着。

我之所以对你详细讲述这个故事，是因为它关系到一位著名人物，而后者在我自己并无意愿买进的时候驱使我买进了。图书代理商是头一个对我发挥这种作用的人。照理说，绝不应该再有第二个了，然而，有。你决不可寄希望于世界上只有一位不同寻常的推销员，或者寄希望于自己对这等影响力超凡的人物具有完全的免疫力。

珀西·托马斯来访时，我委婉而坚定地拒绝了和他联手操作的提议，当时我断言我们两人的商业道路绝不会再会合。我甚至吃不准将来会不会再见到他。然而，紧接着第二天，他给我写信，谢谢我主动提出帮助，邀请我过去看他。我回信表示我会拜访。他再次来信，于是我去了。

后来我多次拜访他。听他说话总能带给我很多乐趣，他知识渊博，表达起来又十分风趣。我认为他是我遇到过的最有吸引力的人物。

我们几乎无所不谈，他博览群书，对许多话题都有令人惊异的见解，并能以出色的才华趣味盎然地引申、概括。他的言谈包含的智慧给人留下深刻印象，他的话语说服力举世无双。我曾经听到许多人在许多事情上指责珀西·托马斯，其中包括不真诚。有时我也暗自猜想，他出色的雄辩并不是来自如下事实：首

---

① 19 世纪 60 年代，坦慕尼派成为美国民主党在纽约的主要组织，并进而控制了纽约民主党，其后赢得对纽约市的彻底控制，开始了一个极端腐败和堕落的时代。坦慕尼派对纽约的统治超过 70 年，被认为是美国最重要的政治模式，而坦慕尼派对美国的巨大影响力，直到 20 世纪 60 年代才式微。"坦慕尼派"常用以比喻政治腐败和滥权。

先他彻底说服了自己，然后因为自己心悦诚服，反过来极大地增强了说服别人的能力。

当然，我们对市场事务也谈得很多、很深。我对棉花不看好，但他看好。我看不出任何多头的迹象，但是他看得到。他拿出如此之多的事实，我觉得我应该已经被淹没了，但是我没有。我没法证明他说得不对，因为我不能否认它们的真实性，但是它们也动摇不了我根据自己的研判形成的信念。然而，他不停地说啊说，最后我对自己从交易报告以及其他日报中搜集的信息不再确信了。这就意味着我不再能够用自己的双眼来观察市场了。人不会被人说服来反对自己原来的信念，但是他可能受花言巧语的迷惑而变得将信将疑、犹豫不决，这么一来甚至更糟糕，因为这就意味着他不可能怀着信心来安心交易了。

准确地说，我不能说自己已经完全糊涂了，但是我不再能够泰然自若，或者说我在一定程度上放弃了自己的独立思考。我没本事详细说明究竟自己是如何一步步走到这步田地的，这种心态导致我付出了高昂的代价。我感觉，这一方面正是由于他对他的数据的准确性信誓旦旦，这些数据完全出自他本人；另一方面，我的判断的独立性并不完全出自我自己，而是来自公开数据。他喋喋不休地强调他的数据来自他的 1 万名分布在南方的调查对象，过往事实一再证明这个结果百分之百可靠。最终，我变得按照他的观察方式来观察形势——因为我们看的是同一本书的同一页，而且他把书举在我眼前。他的思维很有逻辑性。只要接受了他的事实，剩下的就很容易了，我自己从他的事实推导的结论就会和他本人的结论一致。

在他开始对我展开关于棉花市场形势的长篇大论之前，我不仅看空，而且卖空了市场。渐渐地，随着慢慢接受他的事实和数据，我开始担心当初的头寸可能建筑在错误信息的基础之上。我自然不能一方面带着这种感觉，另一方面不轧平原来的头寸。一旦因为托马斯驱使我认为自己做错了而轧平头寸，接下来就简单了，当然必须做多。我的头脑就是这样的思维方式。你知道，我这辈子除了交易股票和期货之外，其他什么都没做过。我自然认为，如果看空是错误的，那么看多就是正确的。既然看多是正确的，就必须赶紧买进。正如在棕榈滩的老友告诉我的，帕特·赫恩总是说："不下注不知输赢！"我必须证明我对市场的看法到底是正确的还是错误的，而证据只能从我的经纪商月底提供的对账单上读出来。

我开始动手买进棉花，转眼就达到了我通常的头寸额度，大约6万包。这次的操作手法是我职业生涯中最愚蠢的一次。我没有根据自己的独立观察和判断来参与市场，而是仅仅充当了他人的傀儡。显然我活该得到惩罚，所以这次愚蠢的操作并没有到此为止。我不仅在自己无意看多的时候买进了，而且没有服从多年经验的提示步步为营地加码。我的交易方式不对，听他人的话交易，结果亏损。

市场不是按照我的方向变化的。当我对自己的头寸有把握时，从来不会感到害怕或是不耐烦。然而，如果托马斯是对的，市场就不该出现现在这样的表现。一步错，步步错。第一步采取错误行动，接下来就有第二步、第三步，结果当然把自己完全搞乱了。我竟然允许自己被人说服不接受亏损、不采取止损措施，而是持仓对抗市场。这样的交易方式与我的天性完全格格不入，也和我的交易原则与理论南辕北辙。甚至少年时代在对赌行的时候，我已经做得比这更好了。然而，现在我已经不是我自己了。我变成了另一个人——托马斯的化身。

我不仅在棉花市场做多，而且重仓持有小麦多头。后者表现得很漂亮，给我带来了不俗的账面利润。我愚蠢地力图挺起棉花市场，致使我的棉花头寸增加到大约15万包。或许可以告诉你，大约这个时候我感觉身体不太舒服。我说这个不是为自己愚不可及的行为找借口，只是陈述一个相关的事实。我记得当时前往贝肖尔调理了一下。

在贝肖尔期间，我进行了一番思索。在我看来，我的交易头寸已经过大了。一般说来，我并不胆怯，但是这样的巨额头寸已经令我紧张，这促使我决定减仓。为了达成这一目的，我就必须要么出清棉花，要么出清小麦。

似乎令人难以相信，以我对这个行当了解之透彻，以我在股票和大宗商品市场投机的12～14年的经验，我竟然做出了一个完全错误的抉择。棉花给我带来账面亏损，我留着它；小麦给我带来账面利润，我卖掉它。这真是愚蠢透顶的做法，但是我唯一能找到的借口是，这不是我的交易，而是托马斯的。在投机者铸成的所有大错中，几乎没有什么比企图为已经亏损的交易摊低成本更要命的了。用不了多久，我的棉花交易便最大限度地证明了这一点。绝对要卖掉账面亏损的头寸，永远保留账面赢利的头寸。显然这才是明智之举，而我对这一点再熟悉不过，直到现在我甚至还要自问，当初为什么偏偏背道而驰。

就这样，我卖出了小麦，在深思熟虑之后断送了这笔头寸的利润空间。就在我出市后，小麦价格一口气不停地继续上涨了 20 美分每蒲式耳。如果当初保留它，我就能从中获得大约 800 万美元的利润。雪上加霜的是，因为决定继续持有亏损的头寸，我买进了更多的棉花！

我记得很清楚，我是如何日复一日地买进棉花、买进更多棉花的。那么你认为到底我为什么买它呢？为的是维持价格不下跌！如果这不是超级傻瓜玩法，还有什么是呢？我就这么搭进去越来越多的资金——最终也会损失越来越多的资金。我的经纪人和我的密友们对我的行为难以理解，他们到今天也不理解。当然，如果这笔交易最终的结果换一个样子，我就会成为奇才了。不止一次有人警告我，不要过分信赖珀西·托马斯的精彩分析。我对这些好意的提醒一点儿也没听进去，而是继续买进棉花，以免市场下跌。我甚至还到利物浦买进。到头脑终于清醒过来的时候为止，我总共买进了 44 万包棉花。然而，这时候已经悔之晚矣。因此，我把所有的头寸都卖掉了。

我几乎赔掉了我在股票和大宗商品上其他所有交易挣到的利润。虽然没有一扫而光，但是仅剩下区区几十万美元。而在遇到才华横溢的朋友珀西·托马斯之前，我曾经拥有数百万美元。像我这样的人，竟然违背了自己在追求成功的过程中经过千锤百炼才学到的全部法则，岂是一句愚蠢可以形容的。

这次经历让我认识到，即使没有任何来由，人也可能自导自演愚蠢荒唐的一出。这是很有价值的一课。这一课花费了数百万美元，给我一个教训，交易者的另一个危险的敌人是容易受到一位吸引力难以抗拒的人物以非凡的才华表达出来的似是而非之论的感染。话虽然这么说，我始终琢磨着，只花费 100 万美元可能也已经足以学到这一课了。然而，命运女神并不总是让你自己决定交多少学费。为了教训你，她先狠狠地揍你板子，再把她的账单交给你，知道你不得不付，不管金额多少。现在我终于明白自己犯傻的潜力可以达到何种地步了，于是，断然给这自招的无妄之灾画上了句号。珀西·托马斯就此从我的生活中消失。

就这样，我超过十分之九的本金都完蛋了，正如吉姆·菲斯克（Jim Fisk）老挂在嘴边的"化为乌有"。我当百万富翁的时间前后不到一年。我的数百万美元财富来自我的头脑，我的好运气替我锦上添花。而我损失这些财富的过程正好完全相反。我卖掉了我的两艘游艇，决定削减开支，生活方式不再那么奢侈。

　　然而，祸不单行，我开始走背运。先是生了一场病，然后是必须紧急支付20万美元的现金。要是放在几个月之前，这笔钱根本不算回事，但是现在它几乎意味着我飞速消失的财富中剩余的全部家当。我必须拿出这笔钱，问题是，到哪儿去把它弄来？我不想从保存在经纪商账户上的余额中支取，因为已经剩不下多少保证金可供交易了。不仅如此，如果我打算尽快赢回我的几百万美元，那么这时候比往常任何时候都更迫切需要交易本钱。我眼前看到的只有一条出路，从股票市场拿出这笔钱来！

　　好好想想看！如果你对经纪商营业厅里的普通客户有所了解，就会同意我的下列看法：在华尔街，抱着让股票市场替你支付账单的念头去交易，正是最常见的亏损因由。如果死抱着这样的念头不放，终将亏光所有本金。

　　有一年冬天在哈丁兄弟公司的营业厅，几个趾高气扬的家伙要花三四万美元买一件大衣，但是其中没有一个有福气穿上它。事情的经过是这样的，一位杰出的场内交易者——他后来成为世界闻名的1年领取1美元象征薪俸的人物，穿着一件水獭毛皮里子的皮大衣来到交易所。那个时候，裘皮价格还没有涨到天上，这样一件大衣的价值也不过1万美元。好，哈丁兄弟公司营业厅里这伙人之一，鲍勃·基文，下决心要买一件俄罗斯紫貂皮里子的皮大衣。他在纽约上城打听了价格。价码大致差不多，也是1万美元。

　　"去他的，太贵了。"其中一位反对道。

　　"噢，还行！还行！"鲍勃·基文温和地承认，"也就是一个星期的薪水罢了，除非你们大伙为了表扬我是营业厅里最好心的人，花钱买下来当礼物送给我，算是礼轻情意重吧。我听到颁奖词了吗？没有？很好。那我还是让股票市场替我埋单吧！"

　　"你为什么需要貂皮大衣？"埃德·哈丁问道。

　　"穿在我这种身材的人身上特别合适。"鲍勃答道，边说边站起来。

　　"你刚才说打算怎么来付这笔账？"詹姆斯·默菲问。问话的这位在营业厅里最擅长打探内幕消息。

　　"明智地投资一个短线品种，詹姆斯，就是这样。"鲍勃回道，他知道默菲只是想打听点消息。

　　果不其然，詹姆斯追问道："你打算买哪只股票？"

　　"你又错了，伙计。现在可不是买进的时候。我打算卖出5000股美国钢铁。

它应该至少下跌10个点。我只要拿到2个半点的净利润，手到擒来，不是吗？"

"你听说美国钢铁有什么事？"默菲急切地问。他瘦高的个子，黑头发，一副面黄肌瘦的模样，因为担心错过纸带上的什么信息，他从不外出吃午饭。

"有人对我说，在我曾经动心要买的大衣中那一件最合身。"他转身对哈丁说，"埃德，卖出5000股美国钢铁普通股，照市价。就今天，亲爱的。"

他是一个赌徒，我是说鲍勃，他喜欢没完没了地开玩笑逗乐。他的行事方式是，一定要张扬得满世界知道他是意志刚强的人。他卖出了5000股美国钢铁，而股票价格立即开始上涨。实际上，鲍勃并不像他嘴上说的那样满不在乎，他在赔了1个半点之后认赔止损，于是给营业厅里的大伙交底，纽约气候太暖和，不适合穿裘皮大衣云云。裘皮大衣既不利健康，又太过招摇。其他人乘势挪揄起哄。然而，没过多久，其中另一位为了支付那件大衣买进了一些联合太平洋铁路。他亏损了1800美元，之后宣称妇女用貂皮做围巾挺好看的，但是不适合用来做男式大衣的里子，对于一位温文尔雅的绅士来说。

在这之后，这伙人一个接一个，想方设法要从股票市场上弄出买大衣的钱来。一天，我说还是我来买下这件大衣，以免本营业厅亏损得破产。但是所有人都嚷嚷，这样不公平，如果我想得到那件大衣，那也该让市场出钱给我买才行。不过，埃德·哈丁强烈支持我的主张。当天下午，我来到裘皮店买大衣，结果，一位来自芝加哥的人士上星期已经把它买走了。

这只是一个例子。在华尔街，但凡有人企图从市场挣出一笔钱来支付一辆汽车、一条项链、一艘快艇、一幅画作，没有不赔钱的。股票市场的手指缝紧得很，从不肯为生日礼物付账，不然的话，把这些钱攒起来足以建一家大医院了。事实上我认为，在华尔街所有的灾星当中，幻想股票市场变成了自家的财神爷，要给自己发一个大红包，这样的白日梦大概是最常见、最挥之不去的一个。

正如其他那些被反复验证的灾星一样，这颗灾星也是其来有自的。当某人一心想着让股票市场替他偿付一笔突如其来的开支的时候，他会怎么做呢？唉，他只会期盼，只会赌博。在这种情况下，他所遭遇的风险远大于明智地投机的时候。如果明智地投机，他会在冷静研究基本形势的基础上得出合乎逻辑的观点或意见，并据此交易。从出发点来看，他追求的是立竿见影的利润，他等不起。退一万步，即使市场对他特别关照，还得立刻兑现，耽误不得。他自己哄自己，觉得自己要的不多，只不过输赢机会一半对一半地赌一把而已。他以为自己可以快进快出，比如说，亏2个点就止损，挣够2个点也一定罢手。实际上，他已经跌入了陷阱——误以为这只是一半对一半的机会。我认识的一些人就是这样损失了千千万万美元，特别是在牛市中的高点买进、随后遇到中等规模回落行情的时候。按这种交易方式肯定没有出路。

好，在我作为股票作手的职业生涯中，这次犯错的愚蠢程度登峰造极，也成了压断骆驼脊梁的最后一根稻草。它打败了我。棉花交易之后剩余的那点钱被我赔得精光。雪上加霜的是，我还继续交易，并且继续亏损。我执意认为股票市场最终非让我挣钱不可。就这样，眼睁睁地看着我的资源终于耗竭。我负债累累，不仅对我的主要经纪商欠下了债务，也对不要求缴纳足额保证金便允许我交易的其他经纪商欠下了债务。不仅当时负债，而且从此以后我一直处在负债的状态下。

13

诡计羁绊遭利用，翻本良机过眼云

就这样，我再次破产了，这次真是糟透了，交易手法错到不能再错，糟到不能更糟。我身体有病、精神紧张、情绪低落，不能平静地思考问题。也就是说，当时所处的精神状态，绝不是一位投机者交易时应有的精神状态。每件事都不顺，喝凉水都塞牙。说真的，我开始胡思乱想，觉得冷静的判断力已经离我而去，可能再也找不回来了。我已经越来越习惯于动用大笔头寸，比如说，超过 10 万股，我担心如果做小额交易，自己可能表现不出良好的判断力。如果你只拿着 100 股，即使是正确的，似乎也没有多大价值。曾经沧海难为水，大头寸大来大去，再让我交易小头寸，何时可以实现预期的利润，我觉得心里没底。我没法向你解释当时的感觉是多么无能为力。

再次破产，一蹶不振，债务缠身，而且自己的做法错误！在经历了那么多年的成功之后，由于若干错误的诱惑，我的处境比当初从对赌行起家的时候还不如。其实，这些错误本可以帮助我铺平通向更大成就的道路。关于股票投机的行当，我已经学到了很多，然而，还是没有学到多少关于人性弱点如何作梗的内容。世界上没有哪个人的头脑能够像机器一样不论什么时候总是保持同样的效能，让你始终可以依赖。现在我终于认识到，我做不到始终如一地免受其他人或坏运气的影响，并不完全靠得住。

金钱的损失对我的影响从来都是微不足道的。然而，其他麻烦却有可能，而且的确令我困扰不已。我仔细研究这场灾难，当然，用不着太费周折就能看出自己在什么地方干了蠢事。我找出了准确的时间和地点。要想在投机市场把交易做好，就必须彻底反省自己。为了清楚地认识到自己可能愚蠢到何等地步，非得经历长期的自我教育不可。有时我甚至认为，只要能够让一位投机者切实学会始终避免骄傲自负，无论付出多少代价都不为过。数不清的俊杰人士功败垂成的先例，都可以直接归因于当事人的骄傲自负。这是普天之下人人皆有可能染上的一种通病，其代价高昂，对华尔街的投机者来说尤其如此。

被这样的感受包围着，我在华尔街度日如年。我不愿意做交易，因为状态不佳。我决定离开一段时间，到其他地方找到一点本金。我觉得，换一换环境，有助于重新找回我自己。于是，被投机的行当打败之后，我再度离开纽约。我的境况比破产还糟，因为欠下了超过 10 万美元的债务，分布在各家经纪行。

我来到芝加哥，在那儿找到一笔本金。数额不算大，但这只不过意味着我需要稍微长一点的时间才能把财富重新赢回来。我曾经与之做过生意的一家经纪商对我的交易能力信心十足，愿意让我在他们营业厅从小额开始交易，以证明他们很有眼光。

我十分小心地开始交易。我不知道，要是我一直待在那儿，最终能够发展到什么程度。然而，在这期间发生了我职业生涯中最不寻常的一段经历，使我缩短了原拟在芝加哥的时间。这个故事说来几乎令人难以置信。

一天，我收到一封来自卢修斯·塔克（Lucius Tucker）的电报。我早就认识他。最初他还是一家纽约股票交易所会员公司的办公室主任。我偶尔和那家公司有生意往来，但是后来和他失去了联系。电报这样写道：

速来纽约。

L·塔克

我了解到，他从我们共同的朋友那里得知了我的窘境，因此肯定藏着什么主意。与此同时，我也没有钱可以用来浪费在不必要的纽约行程上，于是我没有照他说的办，而是通过长途电话找到了他。

"我收到了你的电报，"我说，"什么意思？"

"意思是纽约的一位大银行家想要见你。"他答道。

"哪一位？"我问。我想不出可能是谁。

"到了纽约我就告诉你，否则告诉你也没用。"

"你是说他想见我？"

"是的。"

"为啥事呢？"

"他要当面告诉你，如果你给他这个机会。"卢修斯说。

"你能不能写封信给我？"

"不行。"

"那就直截了当告诉我。"我说。

"我不想在电话里谈。"

"听着，卢修斯，"我说，"至少告诉我，到底会不会白跑一趟？"

"肯定不会。你来，一定有好处。"

"能不能给我一点暗示什么的？"

"不行，"他说，"这对他不公平。除此之外，我也不知道到底他打算为你做到什么程度。但是接受我的忠告，来吧，赶快来。"

"你肯定他确实要见我？"

"除你之外没有别人。最好来，我跟你说。给我拍电报，通知我是哪趟火车，我到火车站接你。"

"那好吧。"我回道，挂了电话。

我并不喜欢如此神秘兮兮的做派，但是我知道卢修斯是善意的，而且他一定有很充分的理由才会在电话里作那番表示。再则，在芝加哥的发展并没有成功到让我难分难舍的程度。按照我目前交易的速度，需要花费很长的时间才能积攒足够的资金，恢复原来的交易规模。

我回到纽约，对即将发生什么事情一无所知。实际上，我在火车上不止一次害怕竹篮子打水一场空，既要搭进去来回的车票钱，又要浪费时间。我没有猜到即将开始这辈子最出奇的一次人生经历。

卢修斯在火车站接我，一见面便开门见山，之所以要我来，是应丹尼尔·威廉森（Daniel Williamson）先生的紧急要求。后者来自著名的纽约股票交易所经纪公司威廉森—布朗公司（Williamson & Brown）。威廉森先生要卢修斯转告我，他要向我提出一项商业计划，他确信我会接受这个提议，因为这对我非常有利。卢修斯发誓，他根本不知道到底是什么计划。从该公司的声望来看，可以确保他们不会要求我做任何不恰当的事情。

丹尼尔·威廉森是该公司的高层管理者。该公司早在 19 世纪 70 年代由埃格伯特·威廉森（Egbert Williamson）创立。公司里并没有"布朗"其人，过去也一直没有这么个人。在丹尼尔的父亲手上，该公司的地位一直非常显要。丹尼尔继承了相当可观的财富，他并不十分在意外面的业务。他们拥有一位价值 100 个普通客户的大客户——阿尔文·马昆德（Alvin Marquand），他是威廉森的姐夫。阿尔文不但是十来家银行和信托公司的董事，还是规模庞大的切萨皮克—大西洋铁路公司（Chesapeake and Atlantic Railroad）的董事长。在铁路世界里，继詹姆斯·J.希尔（James J. Hill）之后，他是最活跃的人物。同时，他还是一个势力强大的银行家小团体的发言人和显要成员，人们称该群体为"福特·道森帮"（Ford Dawson Gang）。据说他的身价在 5000 万美元到 5 亿美元之间，具体数额要看说话的人是怎么评估的。当他过世的时候，人们发现他的身价为 2.5 亿美元，都是从华尔街挣来的。可见，这的确是位了不起的客户。

卢修斯告诉我，他刚刚接受了威廉森—布朗公司的一个职位———一个为他量身定做的位子。按照计划，他将成为促进公共关系和大众业务的某种角色。该公司正致力于扩展大众客户的经纪业务，卢修斯建议威廉森先生开设几家分支机构，一家开在纽约上城最大的饭店里，另一家开在芝加哥。我的印象是，他们打算在后面这家分支机构里给我提供一个位置，可能是营业厅经理，而这样的安排我是不大可能接受的。我没有当即拒绝卢修斯，因为我认为最好等该公司正式提议后再拒绝比较稳妥。

卢修斯带我走进威廉森先生的私人办公室，把我介绍给他的上司，然后赶紧离开了办公室，在同时认识双方的情况下，他好像不愿意被人当成见证人。我预备洗耳恭听，然后说"不"。

威廉森先生非常友善。他是一位彻头彻尾的绅士，举止无可挑剔，面带微笑。我能看出他很容易交到朋友，也很容易维持友谊。为什么不呢？他身体健康，自然心情不错。他有用不完的钱财，因此别人不大可能怀疑他居心不良。这些优势，再加良好的教育和社交训练，使他很容易不仅礼数周全而且友好待人。不仅友好待人，还可以热心助人。

我没吭气。没什么话说，并且，我总是让其他人先把话说完，然后才说自己的。曾经有人告诉我，已故的詹姆斯·斯蒂尔曼（James Stilman，国民城市银行的董事长。顺便说一句，他是威廉森的一位密友）有一个惯例，不论谁来向他提议什么事，他都会不动声色地静静聆听对方叙述。等对方说完了，斯蒂尔曼先生继续看着对方，好像对方还有话没说完似的。于是对方感觉非得再说点什么不可，果然继续下去。只是简单地看着和听着，斯蒂尔曼经常能够让对方提出对他的银行更有利的条件，比他本人原本打算开口提出的条件还要优惠得多。

我之所以保持沉默，并不是为了让人家提出更优惠的交易条件，而是因为我喜欢了解有关事项的所有事实，让对方把他想说的话说完，就能够当场做出决定。这一招可以节省大量时间，这样可以避免争论，避免毫无建设性的漫长讨论。就我参与其中的角色而言，别人向我提出的几乎所有的商业建议我都可以通过回答"是"或"否"来确定。然而，刚开始的时候没法说"是"或"否"，除非等到对方把整个提议和盘托出。

丹尼尔·威廉森说，我听。他告诉我，他已经听说了我在股票市场操作的很多情况，他很遗憾我已经离开过去的领域到棉花市场去经营了。是我不走运，而他也差这一份荣幸，没有早一点见到我。他认为我的专长还是在股票市场，我天生就是干这行的，不应该偏离这一行。

"这就是其中的缘故，利文斯顿先生，"他愉快地总结道，"为什么我们愿意和您做生意。"

"怎么个做法呢？"我问他。

"让我们当您的经纪商，"他说，"我的公司愿意做您的股票生意。"

"我很乐意把生意给您，"我说，"可是我做不到。"

"为什么做不到？"他问道。

"我没钱了。"我回答。

"这不成问题，"他说着，脸上露出友好的微笑，"我资助您。"他从口袋里掏出一本支票簿，写了一张支票，递给我，给我 25000 美元让我下单。

"这是为什么？"我问道。

"为了让你把它存在你自己的银行账户上，你可以签你自己的支票，我要你在我们的营业部做你的交易。我不在乎你是赢还是亏。如果这笔钱花光了，我会再给你一张个人支票。所以你用不着对这一张过于小心在意，明白？"

我知道这家公司很有钱、业务很好，并不在意任何人的生意，更不用说送某人一笔钱让他存进去做保证金。虽然如此，这事做得也太好心肠了！他不是在他的经纪公司给我一笔信用额度，而是给我真金白银，因此只有他一个人知道这笔钱从何而来，唯一的条件是我做交易应该通过他的公司进行。不仅如此，他还承诺，如果交易不如意，他还会支付更多！无论如何，其中定有缘故。

"什么道理呢？"我问他。

"道理很简单，我们希望在这间营业部里有一位人人都知道的很活跃的大客户。每个人都知道您在空头一边动用大笔头寸，这是我特别喜欢的地方。您是位著名的豪赌客。"

"我还是没听明白。"我说。

"我对您坦诚相见，利文斯顿先生。我们有两三位非常富有的客户，他们大手笔买卖股票。当我们卖出 1 万 ~ 2 万股什么股票的时候，我不希望华尔街怀疑他们卖出了他们持有的股票。如果华尔街知道您在我们营业部交易，就不知道抛到市场的股票到底来自您做空，还是其他客户抛出原来做多的股票了。"

我马上明白了。他打算利用我的豪赌客名声来掩盖他姐夫的操作！事情是这样的，一年半之前，我曾经在空头一边获得了有史以来最大的斩获，从此之后，华尔街的街谈巷议和那些愚蠢的流言编造者便添了一个毛病，把每次股价下跌都怪罪到我头上。直到今天，每当市场非常疲软的时候，他们就说我袭击市场。

我用不着多想，一眼看出丹尼尔·威廉森正在给我提供一次卷土重来的机会——很快就能卷土重来的机会。我接过支票，存入银行，在他的公司开了一个账户，马上开始交易。市场行情活跃，行情广度也足够（图 9.3 和图 13.1），这样就用不着局限在一两个板块内操作。正如先前所说，我已经开始担心自己丧失了一击必中的本领。还好，看起来我没有丢掉功夫。在 3 个星期的时间内，我已经凭着丹尼尔·威廉森借给我的 25000 美元挣到了 12000 美元的利润。

道琼斯工业指数日收市价（1910年1月3日至1911年12月30日）

图 13.1 从图 9.3 看，1909 年上半年行情尚坚挺，下半年行情平淡。从本图来看，1910 年上半年行情尚疲软，从 1909 年到 1910 年上半年大体可以说"市场行情活跃，行情广度也足够"。当时利弗莫尔大约 32、33 岁，进入了在华尔街的第三次下降阶段。这一次整个过程漫长而痛苦。1910 年 8 月后，市场开始了 4 年多的窄幅震荡。

我去找丹尼尔，对他说："我找您把 25000 美元还给您。"

"不，不！"他说着，连连摆手，就像我递给他的是掺着蓖麻油摇出来的鸡尾酒，"不，不，我的孩子，不急，等你的账户滚到一笔数字以后再说。现在且不用想这个。你刚刚挣了一点零花钱而已。"

这里正是我犯错误的地方，我对这个错误追悔莫及的程度超过了自己华尔街生涯里的其他所有错误。它给我带来了多年难以休止的沮丧和苦闷。我本该坚持要他收下这些钱的。我已经朝向比我曾经损失的财富更大的财富迈进，而且步子还比较快。在 3 个星期之内，平均获利率达到了 50%。从此以后，我的交易成果将会呈现出稳步增长模式。然而，我没有把自己从讲义气的负担中及时解脱出来，而是任由他的意志左右，没有坚持让他收下那 25000 美元。自然，因为他不肯把他预付给我的 25000 美元拿回去，我的感觉是，也不能毫无负担地取出我的利润。我对他非常感激，但是我天生不喜欢欠人钱财或者欠人人情。我能够用钱来偿还那笔钱，但是其中包含的恩惠和善意却必须同样用善意才能偿还。你很快会发现，知恩图报有时候代价是极其高昂的。

我留着这笔钱分文未动，继续做我的交易，进行得非常顺利。我已经恢复了自信，确信自己用不了太久就能够重新回到 1907 年大踏步前进的状态。一旦进入这样的状态，我的全部祈求不过是市场行情能够稍微维持得久一点，那我就能够挽回自己的损失了。令我感到高兴的是，我已经甩掉了站在错误一边的习惯，那个迷失自我的毛病。这个毛病曾经有好几个月的时间给我带来了极大的混乱，不过，现在我已经从中得到了教训。

大约就在这个时候，我转为看空，开始卖空几种铁路股票。其中包括切萨皮克—大西洋铁路。我记得建了它的一个空头头寸，大约 8000 股的样子。

一天早晨开市之前，当我到达城里的时候，丹尼尔·威廉森把我叫到他的私人办公室，对我说："拉里，在切萨皮克—大西洋铁路上暂时不要有任何动作。你卖空了 8000 股，这笔交易不怎么样。我今天早晨在伦敦替你买进轧平了，而且帮你做了多头。"

我确信切萨皮克—大西洋铁路将要下跌，行情纸带已经相当明白地告诉我这一点，不仅如此，我对整个市场都看空，虽然看空的程度还算不上剧烈或疯狂，但是已经足以让我舒心地持有中等额度的空头头寸了。我对威廉森说："您为什么要这么做呢？我对整个市场都看空，它们统统会下跌的。"

然而，他一个劲地摇头，说："我之所以这么做，是因为关于切萨皮克—大西洋铁路有些事你不可能知道。我建议先不要卖这只股票，等我告诉你安全的时候再做空。"

我能做什么呢？这样的内部消息不算荒谬吧。这是出自其姐夫担任该公司董事会主席的人的建议。丹尼尔不仅是阿尔文·马昆德最亲近的朋友，而且对我友善、出手大方。他已经显示了对我的信心，也显示了对我说的是知心话。我没法不对他感激涕零。于是，感情战胜了理智，我屈服了，把我自己的判断放到第二位，放到他的要求之后，实际上是把我缴械了。感激，是一位体面人不可缺少的感情成分，然而，必须把它克制在一定范围之内，不能把自己的手脚完全捆起来。结果，我意识到的头一件事是，不仅我所有的利润被一扫而光，而且额外倒欠公司 15000 美元的债务。这件事感觉糟透了，但是丹尼尔叫我不要担心。

"我一定把你从窟窿里拉出来，"他信誓旦旦，"说话算话，不过，你得配合我，我才做得到。我要你停手，别自己做了。不能一边我为你操作，一边你自己又做，把我的操作统统抵消掉。你只要暂时离开市场一阵子，给我一个机会替你挣点钱。行不行，拉里？"

现在我再问你：我能做什么？我想着他的好意，不能做出任何可能显得自己不知感激的举动。我已经变得喜欢他了。他非常和气，非常友善。在我的记忆中，从他那里得到的从来都是鼓励。他不断向我保证一切都不会有问题。一天，或许在 6 个月之后，他来找我，满脸愉快的笑容，递给我几张存款单。

"我告诉过你我会把你从那个窟窿里拉上来。"他说，"我做到了。"我发现他不仅填上了所有的负债，另外还留下了一小笔余额。

我觉得自己用不着太费周折就可以把这一小笔本金滚大，因为市场状态不错。没想到，他对我说："我帮你买进了 1 万股南大西洋铁路（Southern Atlantic）。"这是他的姐夫阿尔文·马昆德控制的另一家铁路公司，马昆德也操控着其股票的市场命运。

要是有人像丹尼尔·威廉森对待我那样对待你，除了说"谢谢"之外，你还有什么说得出口呢——不论你对市场是什么看法。或许你觉得自己是正确的，但正如帕特·赫恩那句口头禅："不下注不知输赢！"而丹尼尔·威廉森已经替我下注了——用他自己的钱。

好，南大西洋铁路跌了下来，并维持在低位，我的1万股头寸赔了，我记不得赔了多少，直到最终丹尼尔替我卖掉才完事。我欠他的就更多了。然而，你这辈子都找不到比他更善良的债主了，也找不到比他更能纠缠不休的债主了。他从来没有一声怨言。相反，他总是给你打气，劝你一点儿也不要担心。到头来，他又按照同样慷慨而神秘的方式抹平我累积的亏损。

他从来不对任何事情做详细解释，这些都是和数字有关的事务。丹尼尔·威廉森或许会三言两语地对我说："我们通过另外某某交易的获利来弥补你在南大西洋铁路上的亏损。"他还会告诉我，如何替我卖出了7500股某种股票，从中得到了不错的回报。我如实交代，对这些挂在我名下的交易，我照例是事先一无所知，直到他告诉我亏损已经抹平了。

这样的情形重复了好几次，我开始琢磨，也不得不换一个角度来看待我现在的情形。终于，我恍然大悟。显然，我一直都在被丹尼尔·威廉森利用。想到这一点，我感到愤怒。然而，我更愤怒的是自己没有及早醒悟过来。当我把事情的来龙去脉厘清头绪后，立即去找丹尼尔·威廉森，告诉他，我和他的公司缘分已尽，就此离开了威廉森—布朗的营业厅。我对他无话可说，对他的合伙人也无话可说。即使说点什么，又能有什么意义呢？不过必须承认，我感到痛心疾首——对我自己痛心疾首的程度和对威廉森—布朗公司的不相伯仲。

金钱损失对我来说不是什么大不了的事。无论什么时候在股票市场赔钱，我总是把它理解成自己又学到了新东西，因为在赔钱的同时也增长了经验，赔出去的钱实际上是付出的学费。不经一事，不长一智，而要亲身经历就必须付出代价。但是，我在丹尼尔·威廉森营业厅的这段经历带来的是纯粹的、莫大的伤害，也让我错过了一次很好的市场机会。损失金钱无所谓，因为还能把它挣回来。然而，一旦错过机会，比如我曾经拥有的那么好的机会，却是绝不会随便再来的。

你看，当时的市场状况很适合交易。我的意思是，我当时是正确的，我对市场的解读很准确。那就是赢得百万美元的机会。但是，我让自己的感激之情干扰了自己的操作。我自缚手脚。我不得不按照丹尼尔·威廉森以他的善意包装起来的要求去做。总的来说，这比和亲友做生意还要难以令人满意。糟糕的买卖！

甚至，这还不是这件事最糟糕的地方。最糟糕的地方在于，经过这番折腾之后，实际上我已经没有机会再去挣大钱了。市场进入了平淡阶段。我的境遇雪上加霜。我不仅损失掉所有资金，而且再次负债——比之前的债务还重。1911 年、1912 年、1913 年和 1914 年，这些年头是最艰难的一个漫长时期（图13.1、图 13.2、图 13.3），根本没钱可挣，市场就是没有机会，因此我的境况比以往任何时候都更糟糕。

道琼斯工业指数日收市价（1912年1月2日至1913年12月31日）

图 13.2　1912 年和 1913 年，市场延续了从 1910 年 8 月以来的窄幅震荡行情。道琼斯工业指数以 85 点为中枢，交替在 70～85 的下半边和 85～95 的上半边徘徊。这个阶段利弗莫尔 33、34 岁，漫长而痛苦的人生下降阶段仍然看不到尽头。

亏损也就罢了，只是事前本来已经看出市场前景，那么这样的亏损才真正令人痛彻骨髓。正是这一点令我耿耿于怀，始终挥之不去，这么一来，就更加不能安心。我清楚，容易让投机者失陷的人性弱点几乎数不清。对我来说，从为人处世的道理上说，我在丹尼尔·威廉森营业厅的行为方式是合情合理的，然而我是一名投机者，允许任何人情世故的考虑压倒自己的独立判断，既不恰当也极为不智。感恩图报诚然品行高贵，但是，在股票市场上来不得，因为行情纸带不讲什么义气，更有甚者，它不奖励为人忠诚。当然，我也意识到，即使我当时心里明白，也不会换一种做法。我不会仅仅因为自己想要做股票交易就下得了这分狠心。可惜，生意永远是生意，我的生意是当一名投机者，而投机者应该始终只将自己的个人判断付诸实践。

　　这是一段非常蹊跷的经历。我会告诉你后来我琢磨出了这到底是怎么回事。当丹尼尔·威廉森第一次见到我的时候，他对我说的话是完全真诚的。每次当他的公司买入或卖出几千股什么股票的时候，华尔街便会立即推测阿尔文·马昆德正在买进或者卖出。的确，他是这间营业厅里的大户，而且把所有的生意都给了这家公司。另一方面，他也是华尔街有史以来最棒、最大的交易者之一。所以，丹尼尔要我来是充当烟幕弹，特别是为马昆德的卖出打掩护。

　　不巧，我入市之后不久，阿尔文·马昆德就病倒了。他的病早被诊断为不治之症，而丹尼尔·威廉森自然在马昆德本人知情之前很久就已经知道了。这就是丹尼尔轧平我的切萨皮克—大西洋铁路空头股票的原因。他要出清他姐夫在这只股票和其他股票上的投机性持仓。

　　当然，当马昆德过世的时候，遗产处置者需要出清他的投机性和半投机性的头寸，到那时候已经进入熊市行情了，丹尼尔用那种方式捆住我的手脚，给遗产处置者帮了一个大忙。当我说我是一位很大手笔的交易者的时候，并没有夸大其词，我知道威廉森清楚我在 1907 年熊市行情里成功的操作，要是我可以按照自己的意愿行事，他承受不起这样的风险。为什么呢？因为如果我保持当时的势头，就能够赢得足够多的利润，等到他力图出清阿尔文·马昆德的遗产的时候，我已经能够数十万股数十万股地交易了。作为一位活跃的空头，我可能给马昆德的遗产继承人带来千百万美元的损失，而阿尔文·马昆德留下的遗产总共不过 2.5 亿美元。

　　对他们来说，先让我背上债务、再帮我偿还债务，这样做的成本要比让我到其他某家营业厅活跃地卖空的成本便宜得多了。我本来恰恰是要这么做的，如果不是出于高尚操守所要求的知恩图报，我绝不可能受制于丹尼尔·威廉森。

　　从此，我总是把这段经历视为最耐人寻味的一段，它也是我作为一名股票作手的全部生涯里最倒霉的一段。作为人生一课，它让我付出了昂贵得不成比例的高代价，它把我东山再起的时间拖后了好几年。我还足够年轻，可以耐心等待得而复失的那数百万美元重新回到自己手中。然而，多受穷 5 年，那也是相当难熬的漫长岁月了（图 13.1、图 13.2、图 13.3）。年轻也罢，年长也罢，都不是什么好滋味。没有游艇的日子还可以忍受，然而，市场没有行情，没有机会，那可就太让人煎熬了。我丢失的钱包就在自己眼皮底下，这样一次一生中最大的机会竟然被我错过了，可望而不可即。丹尼尔·威廉森，厉害厉害，他们把他造就得油滑练达、老奸巨猾、城府阴森、无所顾忌。他能琢磨，有想象力，有本事看穿任何人的薄弱环节，进而冷血地算计它、利用它。他算计到我的弱点，很快琢磨出如何对付我，以达到令我缴械，在市场上完全丧失攻击能力的目的。实际上，他这么对付我并不是出于为他本人牟取金钱的目的。相反，他的动机从外表上看来是极端善良的。他爱他的姐姐，马昆德夫人，而且当认为姐姐需要的时候，他对她尽到了责任。

道琼斯工业指数日收市价（1914年1月2日至1915年12月31日）

图 13.3 1914 年上半年股市行情极为平淡。从 1914 年 7 月 31 日到 1914 年 12 月中旬，纽约股票交易所关闭。从 1910 年到 1914 年，利弗莫尔"受穷 5 年"，这是一段相当难熬的漫长岁月。1914 年，利弗莫尔 36 岁，为摆脱一两位苛刻债权人的纠缠，也为自己轻装上阵而宣布破产。这便是前文曾经说过的大教训。1915 年终于迎来了牛市行情，当年最大涨幅接近 100%，37 岁的利弗莫尔的机会终于来了。不过，正因为上述大教训，利弗莫尔这次入市特别谨慎。这是他的第四次上升阶段，当年年底其账户余额达到145000 美元。

14

行情惨淡债务缠身，苦熬五年东山再起

离开威廉森—布朗营业厅之后，我总是忧心忡忡，担心市场最好的时光已经一去不复返了。市场一头陷进了漫长的死气沉沉的阶段，整整 4 个极为平淡的年头（图 13.1、图 13.2、图 13.3）。市场上没有一分钱可挣，正如比利·亨利奎兹（Billy Henriquez）所说："这种市道连臭鼬放屁都弄不出味儿。"

在我看来，我好像开罪了命运之神，再也不受眷顾。或许天意正是要对我进行一番惩戒，然而，我实际上从来没有狂妄自大到这样的程度，当得这样的报应。在赔钱的交易者常犯的罪过中，我没有触犯其中任何一项，因此不该遭受这么严厉的惩罚。我没有出现过典型的肥羊行为。我曾做的，或者换一种说法，曾经回避不做的，实际上值得表扬而不是受责罚——只是必须在华尔街以外的地方。在华尔街，如此行事却是荒唐的、代价巨大的。这件事最糟糕的地方就在于，一旦进入报价机的领地后，你就不得不让自己少受一点人类情感的影响。

我离开了威廉森，试了试其他经纪行的营业厅，每到一家都是赔钱的，这是我应得的惩罚。因为我所做的乃是强市场所难，强迫它给予我挣钱的机会，而市场本无义务给予。在向各家申请信用额度的时候，我没有遇到任何困难，因为那些了解我的人都对我抱有信心。我告诉你，当我最终停止采用信用额度做交易的时候，累计负债已经远超 100 万美元，由这个数字可以大概想象出他们对我有多么强的信心。

问题不在于我是不是丧失了把握市场的能力，而是在这 4 个令人沮丧的年头里，简直不存在挣钱的机会。我为了生活依然拼命工作，力图积攒一笔本金，然而事与愿违，反倒负债越积越重。等到我因为不愿意欠朋友们更多债务而主动停止交易之后，我转而通过帮助他人管理账户来糊口。他们相信我了解这个行当，即使在平淡市道中也能击败市场。我从利润中提成一定百分比作为自己

147

服务的报酬——如果有任何利润。这就是我当时的活法。嗨，我说的是，靠这样强撑下来。

我当然不总是亏损，但是从来没有挣到足够多的钱来实质性地减少所欠的债务。最终，情形越来越糟糕，有生以来，我第一次感到心灰意冷。

诸事不顺遂。虽然从百万家财变得负债累累，从拥有游艇的奢华生活转为清贫度日，但是我并没有四处哀诉自己的不幸遭遇。我对当时的境况并不感到享受，但也没有自哀自怜。我并不打算坐等时来运转，认命地期待老天爷大发慈悲结束我的苦恼。于是，我认真研究自己的问题。显然，唯一的出路还是挣钱。而要挣钱，就意味着必须交易成功。我曾经成功地交易过，必须再次做到。过去不止一次，我曾经把微不足道的本金滚大到数十万、上百万的巨额财富。迟早市场会给我机会的。

我有一点是明确无误的，无论什么地方有错，都是自己错，不是市场错。千错万错，市场不错。那么，现在到底遇到了什么麻烦呢？本着自己历年来在各个成长阶段研究自身交易问题的一贯态度，我对自己提出这个问题。我平静地认真思索，得出的结论是，主要问题出在忧心欠下的债务。我在精神上从来没有从负债的不安中真正得到过解脱。我必须向你解释，问题不仅仅是我总是意识到自己负债。任何一位生意人在其常规的业务过程中总会有负债的时候。我的绝大部分负债实际上就是生意债务，是由于不利的商业环境造成的，比较而言，并不比一位商人在遭遇不寻常的长期反季节性气候的情况下落下的负债更令人痛苦。

当然，随着时间的推移，迟迟不能清偿债务，我达观的感觉开始减少。让我解释一下：我欠下的债务超过 100 万美元——全都是股票市场的亏损，记得吧。绝大部分债权人非常通情达理，并不打搅我。但是，确实也有两位债权人不停地折磨我。他们随时跟在我左右。每当我赢利时，他们两个总是在场，查个一清二楚，而且一定要把他们的账当场结清。其中一位，我欠他 800 美元，威胁要起诉我、查封我的家具，诸如此类（图 13.3）。我想不通为什么他认为我在隐瞒资产，除了我没有表现得可怜兮兮，不像舞台上即将死于赤贫的流浪汉以外。

随着对问题的深入研究，我认识到，这不属于如何阅读行情纸带的情况，而是关系到如何观察、控制我自己。我相当冷静地得出结论，只要我处在焦虑不安的心理状态，就绝不能够完成任何有益的事务；而同样显然的是，只要欠债，我就不可能不担忧。我的意思是，只要哪位债权人有权随意骚扰，或者坚持在我攒够像样的本金之前结清债务，从而妨碍我东山再起的进程，我的所有努力便都会于事无补。这是实情，于是我下定决心——必须申请破产保护。除此之外，我还能做什么才能解脱我的精神负担呢？

这主意听起来合情合理，也容易做到，不是吗？可是我对你说，真要做出来，可不只是一时难堪的问题。我讨厌这么做，我讨厌把自己置于这样容易受人误解或误判的境地。我从来没有对金钱过分在意，我甚至从来没有多想是不是值得为了金钱而撒谎。然而，我知道并不是所有人都是同样的想法。当然，我还知道，如果我能够重新站起来，一定会把每个人的账都还清，因此我的义务还是有效的。不过，除非我能够按照过去的方式交易，否则永远都无力偿还这百万美元的债务。

我鼓起勇气，去见我的债权人。这件事对我来说实在极难以启齿，因为债权人绝大多数都是我的好朋友或者老熟人。

我相当坦诚地向他们解释了自己目前的处境。我说："并非因为不愿意偿付诸位的债务才出此下策，而是既为了诸位也为了我自己，我必须把自己置于能够挣钱的位置上。我对这个解决方案思前想后，已经超过 2 年了，但是我一直没有勇气站出来，坦诚地向大家交代。如果我能够得到这样的条件，那对我们所有人都有无穷的益处。概括起来就是一句话：如果我为这些债务受到骚扰或者忧心忡忡，肯定没法找回我的本色。我现在决定要做的其实早在一年之前就该做了。除了刚才交代的理由之外，我没有其他要说的。"

第一位说话的人实际上在各方面都代表了其他债权人的心声。他代表他的公司发言。

"利文斯顿，"他说，"我们理解，我们完全理解你的立场。我要告诉你我们的打算：我们会给你一个解脱。让你的律师按照你的心意准备一份随便什么形式的文件，我们都会签署。"

实际上，所有的大债权人都是这个意思。这也代表了华尔街务实的一面。并不只是随随便便地出于好心肠或者为了讲求公平交易。这也是极为明智的决定，因为很显然这样做是笔好买卖。我既感激他们的良好用心，也感谢他们的商业气度。

那些愿意豁免我的债务的债权人的金额加在一起超过了 100 万美元。但是还有两位小债权人，不愿意签署豁免文件。其中之一就是那位借我 800 美元的人，我曾经讲过。我还欠一家经纪公司 6000 美元，该公司已经破产了，接管的人对我一无所知，天天对我纠缠不休。虽然受情势所迫他们表示愿意追随最大的债权人立下的榜样，但我不认为法庭真的会让他们豁免债务。不管怎么说，我的破产清单上债务累计只有 10 万美元左右，不过，我说过，我欠的债务总数远超过 100 万美元。

当我从报纸上读到有关报道的时候，心里极不是滋味。以前，我总是百分之百地清偿自己的债务，而这次的新体验对我再屈辱不过。我知道，只要我活着，总有一天会清偿每一位债权人，然而读过这份报道的人到时候却不一定知道。自从在报纸上读到报道后，我出门都感到耻辱。直到现在，这种感觉才能渐渐平复。当我得知自己不必再受那些人的烦扰时——他们不懂得，如果希望在股票投机中成功，你必须把全部身心投入到生意中去。对我来说，那极大的解脱感甚至没法用语言来形容。

不受债务的困扰，我的身心总算解放了，可以全部投入到交易中，因此为我增添了几分交易成功的希望，下一步便是找到一笔新的本金。从 1914 年 7 月 31 日到 1914 年 12 月中旬，纽约股票交易所关闭，华尔街一片荒芜（图 13.3）。在很长的一段时间内无论什么样的生意都做不成。我欠所有朋友的债。不能不知足，因为他们曾经对我如此友善和宽容，再向他们伸手求援，我知道这种时候没有人的处境允许他为别人帮太多忙。

找到一笔合适的本金，是一项极为困难的任务，因为交易所已经关闭，我没法要求任何经纪商给我帮忙。我也到几个地方试了试，毫无用处。

最后，我去见丹尼尔·威廉森，那是在 1915 年 2 月（图 13.3）。我告诉他，我已经摆脱了负债的精神负担，做好准备可以像往常那样交易了。你还记得，当初他叫我回纽约的时候，曾经向我提出无须和他打招呼就可以动用 25000 美元吗？

现在我需要它。他说："如果你看准了有什么合适的，打算买进 500 股的话，那就动手吧，没问题。"

我谢了他，告辞了。他曾经拦住我，让我损失了挣得一大笔钱的机会，而且他的营业厅也从我这里挣到了很多佣金。我承认，想到威廉森—布朗公司没有给我像样的本金，我心中有点不满。我打算在开始的时候保守地交易。如果开始的时候我的头寸能够比500股再多一点，那将使我财务状况恢复的过程更容易些、更快些。无论如何，我认识到，即使只有这些，也是卷土重来的机会。

我离开丹尼尔·威廉森的办公室，仔细研究市场的总体形势，特别是我自己的问题。这是牛市。对我来说这是显而易见的，就像对其他千千万万交易者来说也是显而易见的一样。然而，我的本金只不过是允许我动用500股头寸的一个承诺。也就是说，我没有任何回旋的余地，条件很苛刻。开始的时候，我甚至难以承受轻微的行情回调。我必须在第一笔交易中就为自己积攒本金。初始买入的500股必须为我实现利润。我不得不拿到真正的资金，我知道，除非拥有足够的本金，否则不可能拥有良好的判断力。没有足够的保证金，要对这个行当采取冷静、不带感情的客观态度是不可能的。这样的态度来自有能力承受少数损失轻微的交易，正如我在真正投入大笔头寸之前测试市场的时候经常遇到的那种情况一样。

我觉得，我已经完全清楚地意识到，作为一名投机者，自己正处在职业生涯中最紧要的一刻。如果这一次失败了，那么到哪儿去找下一笔本金，什么时候再做下一次尝试，便成了未知数——假如还能找得到。很显然，我必须准确无误地守候市场关键心理时刻的到来。

我没有踏足威廉森—布朗公司附近。我的意思是，在长长的6个星期内我有意避开他们，独自静静地跟踪行情纸带。我担心，如果走近营业厅，知道自己可以买进500股，我或许受不了诱惑，可能在错误的时机动手，或者选错股票。一位交易者，除了研究基本形势，牢记市场演变的种种先例，始终对公众参与者的心理状态保持高度敏感，以及警惕经纪人的局限性之外，还必须了解自己，为自己的弱点做好充分准备。没有必要对自己身为人类而感到气馁。我已经认识到，掌握跟踪解读自我的技巧和掌握跟踪解读行情纸带的技巧具有同等的必要性。我已经认真分析、研究了自己性格冲动的某些特点，以及自己不可避免地会受到活跃行情的诱惑等。就像研究作物长势或者分析企业赢利前景一样，我采取了同样客观严谨的态度和做法。

因此，虽然我一文不名，渴望重新开始交易，但是我在另一家经纪行营业厅——在那儿1股买卖也不能做——日复一日地坐在报价板前面，全神贯注地研究市场，从不错过纸带上的任何一笔成交，守候着市场敲响全速前进铃声的关键心理时刻的到来。

根据众所周知的基本形势，在 1915 年的那些紧急关头，我最看好的股票是伯利恒钢铁（Bethlehem Steel）。虽然我心里明白它一定会大幅上涨，但是为了在第一笔交易中便确保赢利的把握——因为非如此不可，我决定等待，直到它超越面值①水平才入市。我想我曾经告诉过你，根据我的经验，当一只股票第一次超越 100 、200 或 300 美元的整数大关时，几乎总是会保持上升势头，继续上涨 30 ~ 50 点——而且在突破 300 后，上涨比在 100 或 200 之后来得更快。我有一次意外而成功的案例发生在阿纳康达公司上，当它超越 200 美元的时候我买进，一天之后在 260 美元卖出。在某只股票向上超越面值水平之后立即买进的做法，对我来说可谓由来已久，一直可以追溯到当年我在对赌行的日子。这是一条久经考验的操作要领。

你可以想见，我是多么渴望恢复到以前的交易规模啊。我如此期盼早点开始行动，脑子里已经装不下别的了，然而，我一直克制自己、勒紧缰绳。我看着伯利恒钢铁爬升，日复一日、越来越高，正如我很有把握的预期，但是，依然抑制着自己跑进威廉森—布朗公司营业厅买进 500 股的冲动。我很清楚，第一笔交易自己不得不稳操胜券，有把握的程度必须达到老天恩准人类的最大限度。

该股票每上涨 1 个点，就意味着我错过 500 美元的利润。最初 10 个点的上涨意味着我本可以逐步加码的，那样一来，我现在持有的就不是 500 股，而是或许已经达到 1000 股了；如果这样，那么每上涨 1 个点，我就能挣 1000 美元。然而，我坚忍不动，没有听从希望的大声疾呼或是信念的强烈要求，而是只听从经验的平静劝说以及常识的忠告。一旦我得到合适的本金之后，便能够承担冒险捕捉机会的成本了。可是，在没有本金的条件下，冒险，哪怕只是一点点风险，都是彻头彻尾的奢侈，超出了我力所能及的范围。经过 6 个星期的耐心等待之后，最终还是常识战胜了贪婪和希望！

当该股票上涨到 90 美元的时候，我真的开始动摇了，心中万分焦虑。想一想，我是如此看好市场，但是因为坚持不入市，已经错过了多少利润。好，当它涨到 98 的时候我对自己说："伯利恒即将突破 100 了，一旦涨破这道边界，

---

① 当时发行股票通常以 100 美元为每股面值。

股价显然会一飞而起！"纸带明白无误地这样告诉我。事实上，纸带是用大喇叭对我喊着的。我对你说，当报价机才印出98的时候，我已经从纸带上看见100了。我肯定，这不是我一厢情愿的心声，不是出于自己的欲念而产生的幻视，而是我阅读纸带的直觉。于是，我对自己说："不能一直坐等它突破100，必须现在就买到手，现在的情况与已经涨过面值的情况一样可靠了。"

我冲进威廉森—布朗公司的营业厅，递进买入500股伯利恒钢铁的交易指令。市场价格当时是98美元。我在98～99美元之间买到了500股。就在这之后，它一冲而上，当晚收市价位于114或115美元，我记得。于是，我再次买进500股。

第二天，伯利恒钢铁的价格是145美元，我的本金有着落了。这是我自己辛苦挣得的。那苦苦等待恰当时机的6个星期，是我投入的最艰辛、最煎熬的6个星期。无论如何，我得到了报偿，因为现在我已经拥有足够的资本来交易相当大笔的头寸了。如果始终只有500股额度，那是成不了什么事的。

良好的开端是成功的一半，不论什么行业皆如此。在伯利恒钢铁交易之后，我干得很漂亮，实际上，我干得如此出色，以至于你可能不相信这是同一个人在做交易。事实上，我已经不再是昨日的我了，因为那时候时常受到骚扰，时常站在市场的错误一边，现在的我身心放松，站在市场正确的一边。没有债权人烦我，没有本金短缺的问题困扰我、打搅我倾听经验那诚实可靠的话语，因此，我一直顺利地保持赢利。

转瞬之间，我重新踏上了前程光明的康庄大道。然而，就在这时，我们遭遇了卢西塔尼亚号事件[①]，行情崩跌。每隔一段时间，你就会受到一次意外的打击，就像在软腹上挨一记重拳，或许只有这样才能让你注意到一个可悲的事实，人类之中没有哪一个能够对市场始终一贯地保持正确，能够超越引起亏损的突发事件的影响。我曾经听到人们谈论，说没有哪位职业投机者会因为卢西塔尼亚号被鱼雷击沉就一定会遭到沉重的打击。人们接着解释道，他们在华尔街得知讯息之前早已经知情了。看来我没有这么聪明，没有提前知道这样的事情而及早抽身。我要告诉你的全部实情就是，我在卢西塔尼亚号事件上蒙受了亏损，

---

① 1915年5月7日，第一次世界大战期间，英国客船卢西塔尼亚号在爱尔兰沿岸遭到德国海军的袭击而沉没，1195人死亡，其中部分是美国人。本事件促使美国考虑对德国宣战。

还有其他一两次行情转折，因为我的才智有限，都没有预见到。1915年底，我在经纪商的账户上的余额大约是14万美元（图13.3）。这个数字就是我实际挣到的，虽然当年绝大部分时候我对市场的判断一贯正确。

下一年，我的业绩好得多了（图14.1）。我很幸运。我在疯狂的牛市行情中纵情看多。形势肯定对我有利，因此没有二话可讲，只有忙着挣钱了。说到这里，让我想起了已故的H.H.罗杰斯（H. H. Rogers）的一句名言，他是标准石油公司的人，他的话大意是，时来运转的时候想不要钱都挡不住，就像下雨不打伞非淋成落汤鸡不可一样。市场进入了有史以来轨迹最清晰的牛市行情。每个人都可以明显地看到，协约国在美国大肆采购各种各样的补给品，把美国造就成了世界上最繁荣的国家。我们拥有所有种类的物资，而且只此一家、别无分店，于是我们把世界上所有的现金都赚到手了。我的意思是，全世界的黄金像洪水般倾泻进这个国家。通货膨胀无法遏制，当然，这意味着一切东西都在涨价。

从开头起，这一切就是那么明显，上涨行情根本无须任何外力。这正是和其他牛市行情相比本轮牛市所需要的前期准备少得多的原因。更有甚者，这一次不仅比其他所有时期都更轻易地发展为"战时新娘景气"，而且事实表明，公众更普遍地从这轮景气中受益，比华尔街历史上任何景气时期都来得更广泛。当然，公众没有将他们所有的账面利润都转化为实在的硬通货，或者说没能长期保留他们实际上已经取得了的利润果实，这种现象纯粹属于历史重演。历史重演的现象在华尔街如此经常、如此前后一致地出现，大约世界上没有其他哪个地方可以与之相提并论了。如果阅读关于景气和恐慌的最新报告，有一点一定会给你留下最强烈的印象，那就是，今天的股票投机行为（或者股票投机者）与昨天的股票投机行为（或者股票投机者）相比，几乎找不到任何区别。这个行当从来没有改变过，而人性同样从来没有改变过。

1916年，我一路追随着上涨行情（图14.1）。我同随便哪一位投资者一样看好，但是当然，我同时把双眼瞪得大大的。我知道，其他所有人也都知道，天下没有不散的筵席，因此我警惕着警告信号的出现。对于猜测最终会从哪个角落传来什么内部消息，我从来没有特别的兴趣，因此，也不会死盯着某一点。我不是，而且从来没有，把自己和市场某一边牢牢绑在一起。牛市行情帮我增长了银行账户余额，熊市行情也曾对我特别大方，因此我认为，一旦接到市场发出的离场信号，便没有足够的理由再继续黏在多头一边或者空头一边了。交易者既没有宣誓与多头永结同盟，也没有宣誓与空头永结同盟。他关心的是始终站在正确的一边。

还有一点必须牢记，那就是市场不会用轰轰烈烈的焰火表演来宣告行情已经到达顶峰，也不会突如其来地180度大转弯。市场可以做到，而且的确经常这么做，即在价格真正开始普遍下跌之前很久，市场便已经不再处于牛市状态（图14.1）。我注意到，过去那些充当牛市领头羊的股票一个接一个从其顶部下跌了几个点，这是几个月以来首次出现的现象，之后再也没有涨回去，这正是我长期以来一直小心守候的警告信号。显然，它们的赛程已经跑完了，这明白无误地促使我改变交易策略。

图14.1　经历了1915年的牛市行情之后，1916年前面的大半年市场稳中有降，9月后小幅上涨，直至12月突然回落，实际上这是市场进入熊市的开端。当时利弗莫尔38、39岁，他对市场的把握已臻化境，当市场上涨的时候持续做多，当市场逆转下跌时，转而做空，总共获利300万美元。1917年上半年平稳，下半年明显下跌，总体为熊市。利弗莫尔当时40岁。

道理很简单。在牛市行情下，价格趋势自然是毫不动摇的，必定向上。因此，无论什么时候，如果某只股票的走势和总体趋势相反，你便有理由假定，这个股票一定是什么地方出问题了。对于一位有经验的交易者来说，这足以说明该股票什么地方不对劲。他绝不指望行情纸带充当诲人不倦的导师给他详细解说。他的工作就是谛听市场，听市场说"离场！"，然后不要迟疑，离场！别指望它向你呈报一份法律文件，你签署才算数。

前面说过，我注意到，曾经在气势如虹的涨势中担任领头羊的那些股票停止上涨了[①]。它们回落了 6 ~ 7 个点之后，便待在那里。与此同时，市场上其他股票仍然继续上涨，追随别的那些充当标杆的股票。既然这些公司本身并没有什么问题，那就得另找原因了。那些股票已经追随大潮流一起运行了好几个月。现在它们不再追随潮流，这意味着，虽然牛市的大潮依然强劲地推进着，但是对这些股票来说，牛市行情已经终结了。对市场上的其他股票来说，趋势依然确定无疑地向上。

没有必要感到困惑而束手无策，这种现象其实并不矛盾。此时，我对市场还没有转向看空，因为纸带没有告诉我这么做。牛市行情尚未终结，虽然离终点已经可望又可及了。在等待终点到来的同时，还有牛市的钱可赚。正因为此，我仅仅对那些滞涨的股票开始看空，而其他股票背后依然存在上升的动力，所以我既买进也卖出。

老的领头羊们停步不前，所以卖出它们。这些股票每只卖空 5000 股，然后在新的领头羊上做多。做空的股票没有太大动作，但是做多的股票维持上涨。当最终轮到这些股票停止上涨的时候，也卖出它们做空——每只卖空 5000 股。到了这个时候，我看空的程度已经大于看多的程度了，因为显然，下一笔大钱将会从下跌一边来挣到了。虽然我感觉很确定，在牛市终结之前熊市实际上已经潜入了，但是我知道，现在还不到大肆做空的时候。俗话说，皇帝不急太监急，那是毫无道理的，特别是在时机还不成熟的时候。纸带仅仅说空头大部队派出的巡逻队刚刚冲过去，这才是做准备的时候。

我继续既买进又卖出，直到差不多一个月之后，累积的空头头寸已经达到 6 万股了——每只股票 5000 股，总共 12 只股票。当年年初，这些股票曾经都是大众宠儿，因为它们都属于大牛市的领头羊。这笔头寸仓位还不算太重，不过不要忘记，市场现在也并非确定无疑地看空。

后来有一天，整个市场都变得相当疲软，所有股票都开始下跌。在我做空的 12 只股票上，每只股票都至少有 4 点的账面利润，这么一来我就知道自己

---

① 利弗莫尔的格言是"炒股要炒领头羊"，充当领头羊的股票对行情具有重要的标志性意义。

是正确的。纸带告诉我，现在看空已经安全了，于是我赶紧再增加一倍的空头头寸。

我现在拥有自己的"立场"了。现在，市场显然已经属于熊市，我做空股票，局势的发展用不着我费力推动，市场注定要朝着对我有利的方向演变。明确这一点之后，我就不再等了。在双倍加仓之后，在很长时间内我都没有再做任何交易。在我满仓之后大约过了 7 个星期，我们遇到了著名的"泄密事件"，股市惨烈地崩跌。据说有人事先从华盛顿得到消息，威尔逊总统即将发表声明，可能马上给欧洲送去和平鸽。"战时新娘繁荣"的发端和维持都仰赖本次世界大战，既然如此，和平的消息便构成了看空因素。一位最聪明的场内交易商被指责故意走漏风声而牟取私利，他三言两语地表示，之所以卖出股票，并不是出于任何消息，而是因为他认为牛市行情已经山穷水尽了。我自己早在 7 个星期之前便已经加倍了空头头寸。

这个消息出笼后，市场如断线风筝般跌落，我自然利用这个机会轧平了空头头寸。这是当时唯一可行的选择，如果发生了意外的有利事件，超出当初你计划的范围，那么当仁不让，你应该利用这个天赐良机来果断行动。单说一点，在这样的急跌行情中，市场流动性极佳，你可以轻松转身，这正是把纸面利润转化为真金白银的大好时机。即使是在熊市行情中，你也并不总是能够不动声色地买回 12 万股股票。你必须等待市场条件允许，才可以在不引起价格上升的条件下买进这么多股票，从而避免削减已经形成的账面利润。

这里还想指出，事先我并没有存心指望在这个特定时点、出于这一特定事件、引发这等规模的崩跌行情。然而，正如我在前面所说，根据我 30 年的交易经验，此类突发事件通常符合市场最小阻力路线的方向，而我正是根据市场最小阻力路线来建立头寸的。还需牢记另外一点，绝不要企图卖到最高点，否则是不明智的。等行情回落后，如果市场不能上涨，再卖出。

1916 年，我净赚了大约 300 万美元，先是随着牛市行情的持续尽情做多，然后在熊市行情开始后放手做空（图 14.1）。前面曾说过，交易者没有必要和市场的哪一边山盟海誓、白头偕老。

1916 年冬天我到了南方，来到棕榈滩，这是我通常度假的地方，因为我非常热衷海钓。当时我做空股票和小麦，两边的头寸都带来了漂亮的账面利润。没什么烦心的事，我正在享受一段快乐时光。当然，除非到欧洲去，否则我是不可能真正和股票市场或者商品市场断绝联系的。举例来说，我在自己的阿迪朗达克斯的寓所和我的经纪行连接了专线。

在棕榈滩，我通常定期到经纪商的分支机构去看看。我注意到棉花很坚挺，正在上涨，我当时对它并无兴趣。大约就在这个时候——这是 1917 年，我听到了威尔逊总统正致力于恢复和平的很多说法。消息来自华盛顿，其中既有报纸上的新闻报道，也有同在棕榈滩的朋友私下提供的个人建议。正是出于上述原因，有一天我观察得到的印象是，许多市场的演变都表现出对威尔逊先生的成功很有信心的样子。由于人们认为和平近在咫尺，股票和小麦应该下跌，而棉花应该上涨。我在股票和小麦上已经为下跌做好了准备，但是在棉花上有一阵子什么都没做。

那天下午 2:20，我手上 1 包棉花也没有，但到了 2:25，由于确信和平即将到来，我买进了 15000 包棉花，作为交易的开头。我打算采取自己既有的交易体系，也就是步步为营、逐步累积全部头寸的做法，对此我曾经做过介绍。

就是当天下午，市场收市后，我们得知德国宣布实行无限制战争手段的通牒[①]。没法子可想，只能干等市场第二天开市。我记得，当天晚上美国钢铁行业的巨头之一在格里德利俱乐部（Gridley's）宣称，以低于当日收市价 5 个点的出价卖出不限数量的美国钢铁（United States Steel）股票。当晚在场的有数位匹兹堡百万富翁。但是没人响应这位大人物的出价。他们都知道第二天开市市场肯定会巨幅下挫。

果然，第二天早晨，股票和大宗商品市场乱成了一锅粥，你可以想象出当时的情景（图 14.2）。某些股票开盘就比前一日的收市价低了 8 个点。对我来说，这是天赐良机，正好可以轧平空头头寸，实现利润。正如前面所说，如果在熊市中突然出现了市场全面溃败的情形，买入平仓总是明智的。如果你的头寸比较大，要想既快速又不需付出令人遗憾的冲击成本把账面利润转化为真金白银，这是唯一选择。举例来说，我仅在美国钢铁一只股票上便卖空了 5 万股。当然，我同时还卖空了其他股票，于是，当我观察行情允许买入平仓的时候，便买入平仓了，我的利润总共大约有 150 万美元，这种机会不可以轻易放弃。

---

① 1917 年 2 月 1 日，德国开始实行无限制潜艇战。

道琼斯工业指数日收市价（**1917年2月1日德国通牒实行无限制潜艇战**）

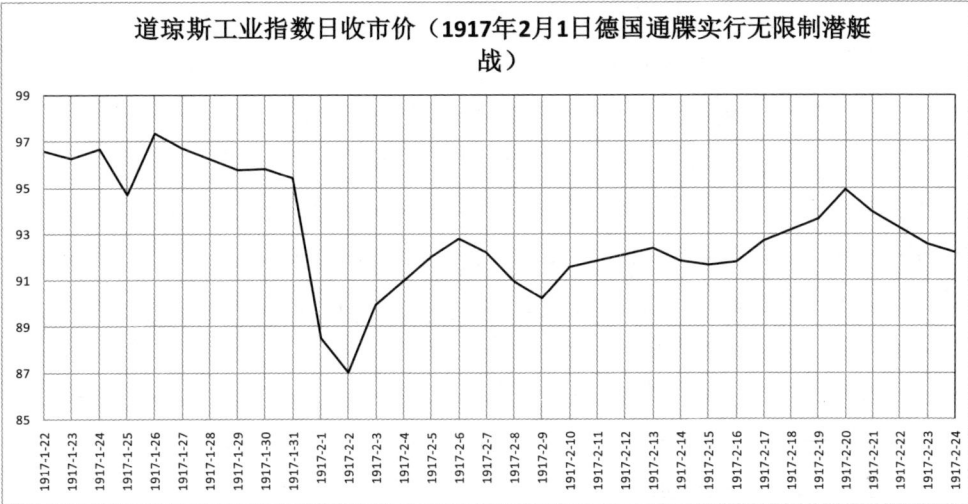

图 14.2　1917 年 2 月 1 日德国发出无限制潜艇战的通牒，消息传来时美国市场已经收市。第二天早晨，股票和大家商品市场乱成了一锅粥，利弗莫尔在股票市场买入平仓，获利 150 万美元，但是在棉花市场上一夜之间损失 37.5 万美元。

棉花我做多了 15000 包，都是前一天下午开市期间最后半个小时内买进的，当天开市的时候棉花下跌了 500 点①。惊人的跌幅！这意味着一夜之间我损失了 37.5 万美元。虽然在股票和小麦市场上毫无疑问唯一明智的做法就是利用崩跌的机会买入平仓，但是在棉花市场上应当怎么做，我就不那么吃得准了。需要同时考虑几个方面，一方面，如果我确信自己做错了，我总是在第一时间立即认赔止损；另一方面，当天早晨我并不愿意就此认赔止损。后来我又想，我到南方来是为了享受垂钓的快乐时光的，而不是要让自己陷在棉花市场的行情泥潭里。更何况我已经在小麦和股票上获得了如此巨额的利润，我决定在棉花上止损认赔算了。我的算盘是，就当我的利润只有 100 万出头，而不是 150 万。反正都是会计账目上的事情，就像销售人员嫌你问得太啰唆打马虎眼敷衍你那样。

要是我前一天收市前不曾买进那堆棉花，就能省下这 37.5 万美元了。这件事足以表明，即使头寸并不太大，也有可能在很短时间内遭受大的损失。我主

---

① 文中股票上涨或下跌 1 点为 1 美元。大宗商品上涨或下跌 1 点为 1 美分，但是大宗商品合约的单位和报价单位不一致，例如，棉花合约单位约为 100 包，每包 500 磅，报价单位则为美分 / 磅。

要的头寸绝对正确，又从这起意外事件中受益匪浅，而这起事件的性质与当初促使我在股票和小麦上建立头寸的考虑是全然相反的。请注意，这里再次证明市场的最小阻力路线对交易者来说具有无上价值（图14.1）。尽管由于德国通牒事件引入了出人意料的市场因素，价格却依然按照我当初预期的方向运动。如果事情按照我预计的那样发展，那么我在所有三个市场上都会百分之百地正确，因为随着和平的到来，股票和小麦将下跌，而棉花则会明显上涨。这样我就会在三个市场平仓了结。无论是和平还是战争，我在股票市场和小麦市场的头寸都是正确的，这正是意外事件带来意外之喜的缘故。在棉花上，我的交易依据建立在市场之外可能发生的某一事件上，也就是说，我赌的是威尔逊先生在和平谈判中取得成功，是德国军方导致了我在棉花赌博上的损失。

当我在1917年初回到纽约的时候，我偿还了曾经欠下的所有债务，总额超过100万美元。清偿了债务，那真是浑身轻松。我或许可以早几个月便偿还了，但是出于几点考虑，我没有这么做。当时我正活跃地交易，交易也很成功，我需要当时所有的资本金。我认为，无论是对我自己来说，还是对我认为是我的债主的那些人来说，我都有责任在1915年和1916年的精彩行情中充分施展、捕捉每一个机会。这笔钱他们从来没指望拿回去，我知道自己会挣到很多很多钱，我也从未因为要让他们多等几个月而担心过。我不愿意一滴一答地偿付债务，或者一次偿付一个人，而是打算一下子全部付清所有人。于是，只要市场条件继续对我多多关照，我便继续按照手上资源允许的最大规模来交易。

我打算支付利息，但是所有曾经签字放弃债权的人无论如何都不肯收下。最后一个得到偿付的人就是我只欠了800美元的那位，他曾经给我的生活添加了烦扰，闹得我鸡犬不宁，以致没法交易。我让他等着，直到他看着我已经付完了其他所有人，最后他拿到了他的钱。我想开导开导他，让他下次稍微体谅一点，假如某人只欠他几百块钱的话。

就这样，我东山再起。

所有债务清偿完毕后，我把另外相当大一笔钱投入到年金中。我下定决心，再也不能被捆住手脚，再也不能生活无着，再也不能短缺本金。当然，自从我结婚之后，我为我的妻子把一些钱投入了信托。在儿子出生后，我也为他把一些钱投入了信托。

之所以这么安排，不光因为我担心股票市场或许有一天会从我手中再把钱夺回去，也因为我知道，人有可能把他可以沾手的钱统统花光。通过上述安排，我的妻儿就能得到安全保障，不受我的影响。

在我认识的人当中，不止一位曾经采取了同样措施，但是后来当需要钱的时候，他花言巧语引诱妻子签字放弃，最终连这笔钱也赔掉了。然而，我补上了这个漏洞，不论我想要干什么，也不论我的妻子想要干什么，信托都是独立有效的。无论我们之中哪一位采取什么手段，不论我在市场上需要什么，甚至即使深爱我的妻子要为我主动放弃，它都是绝对安全的。我不冒任何风险！

15

政府干预拉偏架，投资意外添新样

在投机事业遭遇的各种绊脚石中，意料之外的事件，甚至根本不可预料的事件，要排在前头。虽然如此，有充分的理由认为，对于特定的若干风险，即使最审慎的人也应主动承担——如果他不甘心充当一名没骨头的商业软体动物，那么本应该承担这样的风险。一般的商业风险并不比普通人出门上街或者坐火车旅行遇到的风险更大。当因为没人能够事先预料到的原因而发生亏损的时候，我从不耿耿于怀，就像对天有不测风云带来的种种不便不太在意那样。从摇篮到坟墓，生活本身就是一场赌博。对于因上苍没有赐给我通天法眼而遭遇的一切，我都可以默默承受，淡然处之。遗憾的是，在我作为投机者的职业生涯中，曾经有过几次遭遇，当时我既选择了市场正确的一边，操作方法也诚实公平，但是，有些对手采取了一些拿不上台面的卑鄙手段，做掉了我的利润。

思维敏捷或有远见的生意人会随时提防骗子、懦夫、群氓的卑劣行径，因此能够自我保护。除了在对赌行的时候偶尔有一两次之外，我从来没有遇到过赤裸裸的欺诈行径，因为即使在对赌行，诚实也是最佳的经营策略。挣大钱的机会来自公平诚实，靠骗术挣不了大钱。如果在某个地方必须时刻警惕生意对手，一不留神他就很可能使诈，那么，我从来认为，这样的地方绝不是做生意的好地方，不论做什么生意。然而，对付用貌似可怜和哀怨包装起来的骗子，体面人士就无能为力了。公平交易就是公平交易。我可以告诉你一箩筐亲身经历，因为把自己的承诺看得太神圣，或者坚持"君子一言驷马难追"的信条，我沦为了自己做人原则的牺牲品。我本不该这么做，因为这么做并没有多大的实际作用。

小说家、传教士和妇女们喜欢把股票交易所暗示成江湖骗子相互斗法的场所，把华尔街日常的生意看成丛林法则。这么说虽然具有吸引人的戏剧色彩，但纯属误导。我不认为我的生意是无休止的冲突或竞赛。我从没有和哪个人起过冲突，或者和某个投资者群体有过争执。我只是和他们在观念上有所不同，也就是说，我对基本形势的看法与人相异。剧作家笔下的生意场之战并不是人和人之间的争斗。它们纯粹属于各人不同的商业前瞻性之间的相互较量。我力图紧跟事实，而且只跟随事实，让事实统领我的行动。这正是伯纳德·M.巴鲁克（Bernard M. Baruch）赢得财富的成功秘诀。有时候，我没有把事实——全部的事实——都看得足够清楚，或者及早地看清楚，或者从另一方面来说，我没有按照逻辑来推论。不论什么时候，只要出现了这种情况，我就赔钱，承认自己错了。错了，总要破费钱财。

没有哪个通情达理的人反对为自己的错误付账。在犯错误的事情上，不存在对你额外开恩的债主，不存在例外，也没有讨价还价的余地。然而，当我正确的时候，我拒绝赔钱。我并不是指由于某些交易所朝令夕改地突然改变交易规则而导致我发生损失的那些交易。对投机事业带来危害的若干特定因素，我始终戒慎恐惧。它们时常提醒你，除非已经把利润存入银行账户了，否则都不算数。

自从欧洲爆发第一次世界大战以来，大宗商品价格开始逐步抬升，这是意料之中的事。这一点很容易预见，如同往常预见战争引起的通货膨胀一样。自然，随着战争拖延日久，大宗商品市场的普遍上涨也会持续。你可能还记得，1915年我正忙于"东山再起"。股票市场的繁荣摆在面前，我有责任充分利用这个机会。当时最保险、最容易而且最快速的挣钱之地在股票市场，而且我运气不错，你知道。

到了1917年7月，我已经不仅有能力清偿所有的欠债，而且颇有一点小积蓄了。这意味着我现在有时间、有资金，也有意愿同时兼顾大宗商品和股票。我已经养成了多年的习惯，同时跟踪研究所有的市场。大宗商品价格的上涨已经超越了战前的水平，涨幅达到了100% ~ 400%。其中只有一个例外，那便是咖啡。当然，这种现象背后是有原因的。战争爆发意味着欧洲市场关闭，巨量的船货源源不绝运往美国，这里是唯一的咖啡大市场。这导致咖啡原料的极大过剩，这么一来必然压低市场价格。当我第一次捉摸咖啡投机行情前景的时候，它的价格实际上低于战前的水平。如果导致这一反常现象的原因显而易见，那么德国和奥匈帝国的潜艇越来越活跃、效率越来越高的事实恐怕同样显而易见，这必然意味着可供商用的货船数量已经减少了很大的幅度。最终，这必然导致咖啡进口的数量萎缩。消费数量不变，随着进口数量的减少，原先的超额库存必然被逐步消化，到了这个时候，咖啡价格必然追随其他所有商品，那便是大幅上涨。

用不着夏洛克·福尔摩斯的水平，这一点也能够被估量出来。为什么大家都不买咖啡，我说不上来。当我决定买进时，我并不认为这是投机。这在更大程度上属于一次投资。我知道需要一段较长的时间才能真正兑现收益，然而，我更清楚它必定能够带来丰厚的利润。这使得它成为一桩保守的投资操作——更像银行家的操作，而不是赌徒的投注。

我在 1917 年冬天开始实施买进行动。不过，当时市场乏善可陈，维持在平淡状态，而行情也不像我预期的那样有所上涨。结果是，我毫无成效地一直持有自己的头寸，时间达 9 个月之久（图 15.1）。这时我的合约到期了，我卖出了所有的期权。这笔交易让我蒙受了巨大的损失，然而我仍然确信自己的观点是正确的。从择时方面来说，显然是错误的，但是我有信心，咖啡必定与其他所有大宗商品一样上涨，于是当我卖出所有头寸之后立即重新开始买进。这次买进的数量是我在那令人失望的 9 个月里徒劳无功持有数量的 3 倍。当然，这次我买进的是延期期权——能够拿到的最长期限。

图 15.1 利弗莫尔 1917 年冬季开始在咖啡期权市场做多，从道琼斯工业指数走势可以看到，从 1917 年 11 月至 1919 年 1 月，在长达 15 个月的时间里，市场前半段大致在 70～80 点之间，后半段大致在 80～90 点之间，市场波澜不惊，根本没有机会。这两年他 41、42 岁。

这次我错得不那么离谱了。我刚刚吃进3倍的头寸，市场便开始上涨。突然之间，所有地方的人似乎都意识到咖啡市场注定要发生什么了。从苗头来看，好像我的投资将会给我回报非常好的利润率。

我持有的合约卖方是那些咖啡烘焙者，大多是德裔字号和他们的附属企业，他们在巴西买进了咖啡，并且很有信心地预计会把它们运抵美国。然而，事到临头，找不到货船来运送货物，现在他们发现自己的处境非常尴尬，那边咖啡源源不断地流入他们的仓库，这边对我大量地做空。

请记住，当我刚刚开始对咖啡看多的时候，其价格实际上仍处于战前水平，不要忘记我买进之后一直持有了大半年的时间，最终还蒙受了巨大损失。对犯错误的惩罚就是赔钱，而对行动正确的奖赏就是挣钱。显然我是正确的，又持有一笔大头寸，于情于理我都有理由指望挣得一大笔利润。行情不用涨太多，就能够让我挣得满意的利润，因为我持有数十万包咖啡。我不太愿意谈论操作中的具体数额，因为有时候这些数字听起来相当惊人，人们或许以为我在吹牛。事实上，我在交易中量力而为，总是留有余地，额外保留巨大的储备保证金。在这个例子中，我是足够保守的。之所以如此放手购买期权，是因为我看不出有什么道理会发生亏损。形势对我有利。我曾经被迫苦等一年，但是现在将会得到补偿，既为我的耐心等待，也为我的行动正确。我可以预见利润的到来，而且来得会很快。这用不着任何机巧，明明白白的，只要眼睛不瞎。

看来利润既有把握又来得快，几百万美元利润！然而，我就是无缘拿到这笔利润。不，不是因为形势突然变化而出了岔子。市场没有突然反转。也没有咖啡倾泻到美国市场。究竟出了什么事呢？闻所未闻！这样的事任何人都没有经历过，因此当时我没有任何理由对这种情况有所提防。从此以后，我在投机事业绊脚石那长长的名单上添上了这个新名目，这份名单必须始终放在眼前。事情很简单，那些卖给我咖啡的家伙，空头们，清楚等着他们的是什么样的命运，为了尽力摆脱当初自己卖空的那些头寸，他们谋划出一种新的欺诈手段，他们跑到华盛顿乞怜求援，并如愿以偿。

或许你还记得，当时政府制订了各种方案防止生活必需品出现囤积居奇、牟取暴利的现象。你知道此类计划大多数是如何运作的。好，那些"仁慈博爱"的咖啡空头们出现在战时工业委员会价格管制小组面前——我想这是官方指定的——发表了一通爱国请愿，请求保护美国人享用早餐的权益。他们坚称，职业投机客——劳伦斯·利文斯顿便是其中之一，已经垄断了或者快要垄断咖啡市场。如果他的投机计划得逞，他将充分利用战争带来的有利条件，美国民众将被迫为他们每天饮用的咖啡支付天价。这群爱国人士当初向我卖空了他们找不到货船装运的成千上万包的货物，现在他们声称，让1亿左右的美国人为不讲良心的投机客进贡简直不可思议。他们代表咖啡行业，而不是咖啡赌徒，他们愿意帮助政府来打击任何或明或暗的牟取暴利行为。

现在我陷入了一群哀怨诉苦者制造的泥潭之中。我无意暗示价格管制小组没有最大限度地忠诚于限制暴利行为和制止浪费的职守。然而，这并不妨碍我如实表达自己的观点，该小组没有深入了解咖啡市场的具体情况。他们为咖啡豆设定了最高限价，同时为所有现存的合约设定了最后了结期限。当然，这一决定意味着咖啡交易所将无生意可做。对我来说，只有一个选择——照办，那便是卖出所有的合约。同以往那些赢利的交易一样正常预计必将到手的数百万美元利润就此化为泡影。我和其他任何人一样真心诚意地反对在生活必需品市场牟取暴利，然而，就在价格管制小组发布他们的咖啡命令时，所有其他大宗商品的成交价格都比战前水平上涨了250%～400%，而咖啡豆的价格实际上低于战前几年的平均成交价格。我看不出由谁来持有咖啡会造成任何实质性的区别。其价格注定要上涨，原因并不在于不讲良心的投机客，而是在于供给的缩减，进口数量大为减少是主要原因。再进一步地，后者的原因又完全在于德国潜艇攻击导致世界上货船数量的极大减少。价格管制小组甚至没有等到咖啡市场开始上涨，就一脚猛踩下了刹车。

作为一项政策和权宜之计，刚好在那种时候强迫咖啡交易所关张是一个错误。如果当初价格管制小组不理会咖啡，其价格毫无疑问会因为我在前面讲述的理由而上涨，这和任何被指控的垄断者都没有干系。但是，上涨之后的高价格——不一定就是天价，将成为把供给吸引到这个市场里的推动力。我曾经听到伯纳德·M.巴鲁克先生说起，战时工业委员会在管制价格的时候曾经对这项因素有所考虑，即如何确保供给，正是由于这一原因，对某些商品限价太高的怨言并无道理。后来，当咖啡交易所再度开业的时候，咖啡成交价为23美分每磅。因为供给跟不上，美国民众不得不支付这样的高价，而供给少的原因正是当初政府偏听那一小撮"仁慈心肠"的空头的建议，对咖啡限价过低，现在只有这样的高价才可能支付高昂的海运费用，以此保证咖啡持续进口。

我始终认为上述咖啡交易是我在大宗商品上所有交易中最合理的一笔。我觉得与其说这是一次投机，不如说在更大程度上属于投资。这次交易持续的过程超过了一年。如果说这里面有任何赌博成分，那么赌博的恰恰正是那些德裔字号的自称爱国的咖啡烘焙者。他们在巴西有咖啡，于是在纽约把它们卖给我。价格管制小组给这个唯一没有上涨的商品限定了价格。他们在所谓牟取暴利的行为开始之前便已经采取了行动，唯独没有防备后来无可避免的高价。不仅如此，当时一方面绿色咖啡豆始终在 9 美分每磅的水平徘徊，而另一方面烘烤后的咖啡则毫不客气地和其他所有大宗商品一道上涨。恰恰只有咖啡烘焙者从中得益。如果绿色咖啡豆的价格上涨 2 ~ 3 美分每磅，则对我意味着好几百万美元的利润。果真如此，公众后来也不至于为咖啡这样大的涨幅花费这么多的金钱。

在投机事业上吃后悔药纯属浪费时间，什么意义都没有。然而，这桩交易却具备独特意义。交易本身和我以前做成的一样漂亮。我对行情上涨如此有把握，如此符合逻辑，以至于简直没法不挣回几百万美元。但是，我没有。

我也曾经遇到过两次事先没有任何警告、交易所理事会突然宣布更改交易规则的情况，两次均遭受损失。但是在那两例中，虽然我的头寸在技术上是正确的，在商业逻辑上却不如我的咖啡交易这般完备。在投机操作中，对任何事你都不能绝对肯定。正是刚刚对你说的这次经历促使我把"不可预料的无妄之灾"添加到了我的绊脚石清单上。

在这次咖啡插曲告终后，我在其他大宗商品上的交易非常成功，同时在股票市场从做空的一边操作，渐而至于遭到荒诞不经的流言的困扰（图 15.2）。华尔街的职业人员与报纸写手养成了遇事归咎于我的习惯，当价格无可避免地快速下跌的时候，他们总是指责我打压市场。有时候，只要卖出就被说成不爱国——不管我是不是真的在卖空。我想，他们之所以对我的操作规模和后果夸大其词，是因为他们需要满足公众对每一次价格波动都要追问原因的渴求，而这种渴求永远不可能真正满足。

道琼斯工业指数日收市价（1920年1月2日至1921年12月31日）

图 15.2 咖啡插曲结束后，时间大致已经到了 1919 年底，道琼斯工业指数经过 1919 年上半年的小幅上涨后，在 1919 年 11 月初见顶，在 1920 年初至 1921 年中进入熊市，最大跌幅接近 50%，因此利弗莫尔说他在股市做空，并且渐渐受到流言中伤的困扰。这两年他大致 43、44 岁。

　　我已经说过一千遍了，没有任何操纵者能够把股票价格打下去并把它们总摁在那儿。这里毫无神秘之处，原因很简单，如果愿意动脑子，每个人只需半分钟就能想明白。假设某位股票作手袭击某只股票，也就是说把股票价格压低到低于其真实价值的水平，那么必定发生什么事情呢？嗨，袭击者立即会遭到内部人购买的狙击，这是最好的一种内部人买进行为。当某只股票卖出价偏低而有便宜可赚的时候，了解该股票真正价值的人总是会买进的。如果内部人无力买进，那是因为总体形势对他们构成了压力，导致他们不能随意支配他们的资源，而这样的总体形势显然不属于看涨的性质。当人们谈论有人打压市场的时候，隐含的意思是打压市场是没有道理的，几乎是犯罪。但是，把一只股票卖到价格远远低于它的真实价值，可是一桩极度危险的买卖。最好牢记一点，如果某只受打压的股票未能上涨，就说明没有多少内部人的买进行为；另一方面，倘若果真存在所谓人为打压，也就是说，不合理的卖空行为，那么，这通常会为内部人买进创造机会，如此一来，其价格就不可能停留在低位。我可以说，所谓人为打压的情形，100 例中有 99 例实际上都属于合理的下跌，只不过是市场在下跌过程中不时加速而已。下跌主要并不是由职业交易者的操作引起的，不论他能够动用多么大的头寸。

　　把大多数突然下跌，特别是剧烈的下挫，说成是某个赌徒操作的结果，可能是一个很好的托词，这样的借口可以信手拈来，很容易用来满足投机客们追问行情缘由的需要。这些投机客才是一群盲目的赌徒，宁愿相信别人告诉他们的任何东西，也懒得稍稍动脑子思考一下。倒霉的投机者发生亏损后，常常从经纪商那里或者从金融媒体的闲言碎语中得到"人为打压"的心理安慰，实质上这属于某种奇怪的反间计式的"贴士"。正常的贴士和反间计贴士的区别是这样的：看空的贴士具体、明确地建议你卖空；而这种反间计贴士则试图对下跌行情做解释，虽然其解释本身并不成立，却足以麻醉你，让你不去选择明智地卖空。当某股票突然明显下挫时，自然的倾向应该是卖出它。行情变化必有缘由——虽然暂且不知道是什么缘由，但是理由一定足够充分，因此你卖出它。反之，从道理上说，如果该股票的突然下挫只不过是某位作手打压的结果，那么你卖出就不明智了，因为一旦他停手不再卖空，股价必然向上反弹！这便是反间计贴士！

16

心机费尽传贴士，行情作准拒上当

贴士！人们对贴士多么着迷呀！他们不但对贴士孜孜以求，而且同样不遗余力地到处馈赠。其中既有贪婪的成分，也有虚荣的成分。看着那些聪明人费尽心机打探内幕消息，有时候实在令人觉得好笑。派发贴士的人对贴士有几分可信度不必费心劳神，因为打探贴士的人从不真正追求质量，是贴士就行。如果贴士的结果不错，好极了！如果不灵，那么下次肯定灵。此刻我的脑海里浮现出一般经纪行里常见的普通客户。起初总有一位始作俑者，他是贴士的倡导者，甚至是操纵者，他本人对贴士顶礼膜拜，从不犹豫。他认为，保持经常性的贴士流通在某种意义上简直是一桩高尚的传播事业，这是世上最好的商业推广方式，因为贴士的授受双方从来都是到处散发，所以贴士的流传成了没有尽头的瓜蔓式广告链条。贴士的倡导者有一种错觉，他相信，只要贴士传递得法，普天下没人能抗拒其诱惑，于是他不辞辛劳，苦练传播贴士的高超技艺。

每一天，我都从各色人等那里得着成百上千的贴士，比如下面我要给你讲的这则关于婆罗洲锡业（Borneo Tin）的故事。

你还记得这只股票是什么时候发行的吧？那正是股市繁荣的高潮时期。股票发行人小集团听从了一位非常聪明的投资银行家的建议，决定在公开市场上发售并立即开始交易，而不是让承销团慢慢销售然后再上市交易。这是个好主意。唯一的错误源自发行人小集团缺乏经验。他们不了解，当股票市场处在疯狂的繁荣阶段时能够形成何等极端的表现，同时，他们也不是智慧的自由派人士。他们一致认为有必要提高股票发行价格来更好地推销股票，但是他们制定的价格太高了，导致买进了股票的交易者和原本勇于尝鲜的投机客们疑虑重重。

照理说，在这种情况下发行人活该卖不掉股票。然而，在狂暴的牛市中，虽然他们的贪婪毫无节制，但是，从最终结果看，竟然可以把这帮人列入稳健保守的行列。只要相关的贴士足够多，公众愿意买进任何东西。投资常识已经被抛到九霄云外，人们只图钱来得快、来得容易，要的是板上钉钉的赌博彩头。交战国在这里大肆采购战争物资，黄金不断倾泻到这个国度。他们告诉我，婆罗洲锡业的发行人在股票上市交易首日，"为了公众的利益"曾经三度上调股票的开盘价格，最后才正式形成第一笔官方交易记录。

有人曾经找我加入发行人小集团，我做了一番功课，没有接受他们的邀请，因为如果有任何市场运作机会，我宁愿单干。我根据自己的信息交易，遵循自己的交易方法。当婆罗洲锡业上市的时候，我了解这个小集团掌握着什么样的资源，了解他们的进一步计划，也清楚在这种情况下公众能够干出什么花样，因此在上市首日的第一个小时我买进了1万股。至少到这个时候为止，该股票的出场秀是成功的。事实上，发行人发现需求竟然如此热络，以至于断定，如果太快脱手太多股票，将会追悔莫及。他们觉察到我拿到1万股的时候，差不多就是他们看出如果把股票价格再提高25或30点很可能也可以卖得一张不剩的时候。因此，他们得出结论，眼看未来那成百上千万的利润已经差不多等于他们的银行存款了，将来我那1万股获得的利润从他们手中分得太多了。于是，他们实际上停止了对股票上涨行情的策动，试图借震仓把我甩掉。然而，我坚持不动。后来他们还是放弃了，自认倒霉，因为他们不希望市场脱离掌控，于是重新开始拉高价格，这回他们很是忍耐，也就没有损失更多股票。

他们看着其他股票上涨到了疯狂的高度，得一望二，开始向往数十亿的进账了。好，当婆罗洲锡业到达120美元的时候，我让他们拿到了我那1万股。这一卖打断了股票的上涨，小集团的管理人暂时放缓了催动股票上涨的力道。在接下来的一轮普遍上涨行情中，他们再次努力为其股票打造一个活跃市场，卖出了一小批股票，然而，事实证明这批货过于昂贵。最后，他们把股价推升到150美元。但是牛市行情的鼎盛时期已经一去不返，于是这个小集团只好在市场下跌途中能卖多少就卖多少，卖给那些乐于抢反弹的人。后者喜欢在市场大幅回落之后买进，他们持有一种错误的见解，以为既然某只股票曾经达到150美元的高点，那么当它回落到130美元时必定是便宜的，到120美元时甚至是了不得的折让了。在这个过程中，小集团首先把贴士散播给场内交易者，这些人常常能够推动一波短暂的行情，然后再扩散到各家经纪行。每次都没有太大作用，他们可以说使尽了招数。麻烦在于做多股票的大好时光已成明日黄花，肥羊们已经吞下其他诱饵和鱼钩了。婆罗洲锡业的小集团原来不曾看到这一点，现在又不甘心承认这一点。

当时我正携妻子在棕榈滩度假。一天，我在格里德利俱乐部小赢了一点，回家的时候，从中拿出一张 500 美元的票子交给了利文斯顿夫人。说来真是有趣的巧合，同一天晚上，她在晚宴上遇到了婆罗洲锡业公司的董事长——维森斯坦先生，他是这个股票小集团的管理人。直到过了一段时间之后我们才得知，原来这位维森斯坦先生为了在晚宴上和利文斯顿夫人邻座，事先很费了一番心机。

他对她着意展现了一副特别友善的面貌，谈得轻松愉快到极点。临了，他十分机密地告诉她："利文斯顿太太，我打算做一件以前从没做过的事情。我很乐意这么做，因为你很清楚它意味着什么。"说到这儿，他停下来，双眼热切地看着利文斯顿太太，以便确认她既够聪明又够谨慎。她从他的表情看出了他的意思，那简直就像白纸黑字印出来的。但是，她只是简单地答道："是呀。"

"是的，利文斯顿太太。遇到贤伉俪实在太愉快了，我希望用行动证明自己说这句话的一片诚心，因为我希望以后能够经常见到您两位。我确信用不着向您强调我下面要告诉您的话是多么难得的秘密！"然后，他咬着耳朵嘀咕道，"如果您买进婆罗洲锡业，将会挣一大笔钱。"

"您真的有把握吗？"她问道。

"就在我离开宾馆来这里之前，"他说，"收到了几封电报，其中的内容公众至少要等好几天之后才会知晓。我要尽力搜购这只股票，能买多少就买多少。如果明天开市的时候您能够买到，那么您就和我同时在同价位买进了。我向您保证，婆罗洲锡业肯定会涨。您是我唯一告诉的人，绝对只有您。"

她向他致谢，然后告诉他，她对投机股票的行当一无所知。但是，他叫她放心，她用不着知道其他任何东西，除了他已经告诉她的之外。为了确保她没有听岔他的意思，他再次给她重复了他的建议："您只要全力买进婆罗洲锡业就行了，愿意买多少就买多少。我可以向您担保，只要您买进，绝对不会赔一分钱。就这方面来说，我这辈子从来没有向哪位女士或先生建议买进过任何东西。不过，这次我对这只股票太有把握了，肯定不会停在 200 这一边的，我很乐意您也从中赚些钱。我自己不可能买光所有的股票，您知道，如果除了我之外还有人能从这次上涨行情得益，那我宁愿是您，而不是其他某位陌生人。荣幸之至！之所以悄悄告诉您，是因为我知道您不会告诉任何人。相信我的话，利文斯顿太太，买进婆罗洲锡业！"

他说这番话的时候很诚恳，果然打动了她，于是她开始想着可以为那天下午我给她的500美元找到一个绝妙的去处。这些钱没有花费我任何成本，也是她的零用钱之外的额外所得。换句话说，如果运气不好，赔了这笔钱也没什么大不了。何况他告诉她肯定能赚钱。如果她能在自己账上挣钱那当然太好了——这些都是后来她才告诉我的。

好，先生，就在次日早晨开市之前，她赶到哈丁兄弟公司的营业部，对经理说："黑利先生，我想买一只股票，但是不想用平时的账户来买，因为在我最终挣钱之前不想让我丈夫知道任何情况。你能帮我办到吗？"

黑利（那位经理）说："噢，好的。我们可以给您安排一个特别账户，您打算买什么股票，买多少股呢？"

她递给他那500美元，告诉他："请听好，我不希望亏损的钱超过这个数字。要是出现了那种情况，我可不想欠你任何东西。还要记住，我不希望利文斯顿先生知道这件事，一点风声都不行。就用这笔钱按开市价能买多少就买多少婆罗洲锡业。"

黑利接过那张票子，说他绝不对任何人提半个字，并在开市的时候替她买进了100股。我想她买进的价位在108美元。当天该股票非常活跃，收市的时候上涨了3个点。利文斯顿太太对她的冒险感到非常得意，好不容易才忍住没把事情对我和盘托出。

碰巧那时我已经对大市越来越看空了，婆罗洲锡业不同寻常的活跃吸引了我的注意。我认为无论对于哪只股票，当时都不是上涨的时机，更不用说按照这样的方式上涨了。就在这一天我决定开始卖空，从卖空1万股婆罗洲起手。如果这样的判断不成立，那么在我看来婆罗洲锡业本应已经上涨了5～6个点，而不是只上涨3个点而已。

就在下一天，开市时我又卖空了2000股，临收市的时候又卖空了2000股，该股票下挫到102美元。

第三天早晨，黑利——哈丁兄弟公司棕榈滩营业部的经理，正等着利文斯顿太太到访。她通常在11点左右顺道拐进来看看情况如何，看我有没有什么动静。

黑利把她拉到一旁，说："利文斯顿太太，如果您要我继续为您持有那

100 股婆罗洲锡业，就得给我更多的保证金。"

"但是我没有其他余钱。"她告诉他。

"我可以把股票转移到您的常规账户。"他说。

"不，"她反对道，"如果那样，L.L.（拉里·利文斯顿姓名首字母）就知道了。"

"但是账户里已经形成的亏损有……"他开始劝说。

"可是我当初曾经明确告诉你不希望亏损超过 500 美元。我甚至连这个数也不想亏损。"她说。

"我知道，利文斯顿太太，但是没有咨询您的意见之前我不想卖掉，现在除非您授权我继续持有，否则我会马上卖出的。"

"但是我买进的那一天表现不是好好的吗？"她说，"真没想到这么快就跌成这个样子，你想到过吗？"

"没有，"黑利回道，"我也没想到。"经纪商营业部的人必须学会一点外交手腕。

"这股票到底出什么事了，黑利先生？"

黑利知情，但是他要告诉她就得把我卖出来，然而为客户保守秘密是他的神圣职责。于是他回道："我没有听说这股票在任何方面有什么不寻常的事儿。你看，它还在跌！这波行情的新低！"他手指着报价板。

利文斯顿太太紧盯着报价板上不断下跌的股票价格，哀叫起来："哦，黑利先生！我不要亏掉我的 500 美元！我该怎么办呢？"

"我不知道，利文斯顿太太，不过，如果我是您，会问问利文斯顿先生。"

"噢，不！他不希望我炒股票。他叫我不要自己做。如果我要做股票，他会替我买卖的，我以前的交易每一笔他都是一清二楚的，我不敢告诉他。"

"没关系的，"黑利语气和缓地说，"他是一位了不起的交易家，他知道现在该怎么办。"看到她猛摇着头，他又恶狠狠地添了一句，"不然的话，您就追加1000 或 2000 美元来关照您的婆罗洲锡业。"

这项选择终于使她下定了决心。她在营业部里又耽搁了一阵子，但是市场越走越弱，她只好走到我坐着观看报价板的地方，要和我说句话。我们走进私人办公室，她把事情经过告诉了我。于是，我只对她说一句："你这个傻女孩，这交易你可别再沾手了。"

她保证不再掺和，我给了她 500 美元，她拿着高高兴兴地走了。这时这股票正处在 100 美元的面值上。

我明白到底是怎么回事。维森斯坦这人很精明，他估计利文斯顿太太一定会把他说的话告诉我，我则会研究这只股票。他知道市场活动总会吸引我的注意，而我又以大手笔交易著称。我猜他以为我会买进 1 万 ~ 2 万股。

在我曾经听到过的贴士中，这一个是经过精心策划、费尽心机送上门来的。然而，这个贴士出了岔子。没法不出岔子，首先，这位女士就在那一天收到了意外的 500 美元，因此处在远比平常更愿意冒险的情绪下。她希望靠自己挣一些钱，再加上这个婆婆妈妈式的戏剧化诱惑简直难以抗拒。她了解我对外行从事股票投机的看法，不敢对我提起这件事。维森斯坦对她的心理没有把好脉。其次，他把我看成那种交易者，简直是驴唇不对马嘴。我从不接纳贴士，何况我对整个市场都看空。他以为一定会成功地诱导我买入婆罗洲锡业的策略——也就是那 3 个点上升的市场活动，在我决定对整个市场卖空之后，恰恰促使我选择从婆罗洲锡业开始动手。

当我听说了利文斯顿太太讲述的故事后，卖空婆罗洲锡业的心情更加热切了。每天早晨开市的时候，每天下午收市的前一刻，都要照例卖给他们一些股票，直到我看准机会把所有空头头寸平仓，取得了漂亮的利润。

在我眼中，听凭贴士交易从来都是愚蠢至极的行为。我估计自己同听信贴士的那些人不是用同一块材料做成的。有时我寻思，追捧贴士的人和酗酒的人差不多。有些人无法抗拒诱惑，总是盼望进入醉醺醺的状态。他们认为自己的幸福就藏在酒壶里。竖起耳朵让贴士钻进来，那简直太容易了。听信别人教他们每一步做什么，自己只需要简单地依葫芦画瓢，这样才觉得快活，简直是仅次于成仙的最佳选择，这么一来，他们从起点就误入了歧途，何谈真正实现心中的愿望呢？与其说急于求富的贪心蒙蔽了自己的双眼，不如说懒得动脑筋的惰性引发了一厢情愿的幻想。

你会发现，并不是只有圈外的公众才是贴士的瘾君子。纽约股票交易所场内的职业交易商其实半斤八两。我确定无疑地知道，他们之所以死抱着对我的错误成见不放，正是因为我从来不给任何人发贴士。如果我对哪位普通人说："为你自己卖出 5000 股美国钢铁！"他会立马照办。但是，如果我告诉他我对整体市场相当悲观，详细讲解我之所以这么看的理由，他就会听得不耐烦，等我说完，他可能瞪着我，眼睛里满是责备，怪我浪费他的宝贵时间来啰唆我对总体形势的看法，而不是干脆告诉他如何买卖，比华尔街上满大街"心怀仁爱"的贴士提供者们差得太远。那些人乐善好施，宁愿把千百万美元塞进朋友、熟人甚至完全陌生的人的口袋。

所有人都怀有一种难以割舍的信念，期盼奇迹发生，其实这是毫无节制地沉醉在一厢情愿之中。有些人每隔一阵爆发一次一厢情愿的狂热，并且我们都知道，长期沉醉于"希望"之中的醉汉被当作乐观主义的楷模，推广为我们学习的榜样。贴士的受众统统属于货真价实的"希望的醉汉"。

我有一位熟人，是纽约股票交易所的会员，他是把我视为"自私、冷血的猪"的那伙人中的一员，因为我从不给人贴士，也从不劝朋友做任何交易。这是好几年以前的事了。有一天，他正在和一位报业人员聊天，后者不经意地提起他从一位可靠的消息来源者那里得知 G.O.H. 将要上涨。我那位经纪人朋友赶紧买入了 1000 股，却看到价格下跌得如此之快，以至于到他卖出止损的时候已经亏损了 3500 美元。一两天之后他再次遇到那位报业人员，这时他还在舔自己的伤口。

"你究竟给我的什么鬼贴士？"他抱怨道。

"什么贴士？"那位记者问道，根本没印象。

"关于 G.O.H. 的，你说你是从可靠的消息来源得到的信息。"

"的确是的，那位是 G.O.H. 公司的一位董事，他也是公司财务委员会的成员，告诉我的。"

"到底是哪一位呢？"那位经纪商刨根究底。

"要是你非问不可的话，"记者回答道，"正是你老丈人，韦斯特莱克先生（Westlake）。"

"天哪，怎么不早说是他！"经纪商惊叫道，"你让我破财 3500 美元！"他不相信来自家庭成员的贴士。消息来源越远，贴士纯净度越高。

老韦斯特莱克是位成功而富有的银行家，还是一位贴士吹鼓手。一天，他碰到了约翰·W.盖茨。盖茨向他打听有没有什么信息。"如果你真的照办，我就告诉你一个贴士。要是你随便听听，我就省点儿唾沫吧。"老韦斯特莱克直戳戳地回道。

"当然，我真的照办。"盖茨开心地保证说。

"卖空雷丁！肯定能有 25 个点的空间，可能更多。无论如何，25 个点是绝对跑不了的。"韦斯特莱克郑重其事地说。

"我太感谢你了。"浑身透着"和你赌 100 万"的豪阔劲头的盖茨热情地与他握手道别，朝向自己的经纪商营业厅方向走去。

韦斯特莱克专长于雷丁公司。他对这家公司一清二楚，又同那些内部人打得火热，因此这只股票的行市对他来说简直一目了然，大家都知道他有这个本事。现在，他建议那位西部赌客卖空这只股票。

好，雷丁再也没有停止过上涨的步伐。在几个星期之内，它上涨了大约 100 点的样子。一天，老韦斯特莱克在大街上迎面碰上了约翰·W.盖茨，但是他假装没有看到他，继续向前走过去。约翰·W.盖茨从后面追上他，满脸堆着笑容伸出手，老韦斯特莱克一头雾水地和他握手。

"我要谢谢你，感谢那天你给我的关于雷丁的贴士。"盖茨说。

"我可不曾给你什么贴士。"韦斯特莱克皱着眉说。

"你肯定给过。而且是一个棒极了的贴士呢。我挣了 6 万美元。"

"挣了 6 万美元？"

"没错！还记得吗？你叫我卖空雷丁，因此我买进它！我和你的贴士反着做总是挣钱，韦斯特莱克，"约翰·W.盖茨愉快地说，"总是挣钱！"

老韦斯特莱克瞪着这位爽直的西部人，过了一会儿才羡慕地回答："盖茨，要是我有你的脑子，那该发多大的财呀！"

有一天我遇到 W.A.罗杰斯（W. A. Rogers）先生，他是一位著名的漫画家，他绘制的华尔街人物漫画极受经纪商们的追捧。多年来，他在纽约《先驱报》上每日刊登的漫画给千千万万读者带来了快乐。他曾给我讲过一件轶事。事情发生在美国和西班牙发生战争①的前夕。有一天晚上，他和一位经纪商朋友一道消磨时光。当他离开时，从衣帽架上拿起他的圆顶礼帽，至少当时觉得那是自己的礼帽，因为它与他的礼帽的外形一样，而且戴在头上正合适。

那一阵华尔街上人们想的、谈的全是美国和西班牙的战争。到底会不会真打起来？如果真打起来，那么市场将下跌，主要不是我们自己卖出，而是欧洲持有我们证券的人的卖出压力会很大。如果打不起来，那么显而易见应该买股

---

① 美国与西班牙的战争发生在 1898 年。

票，因为随着那些耸人听闻的小报大量的煽情鼓噪，市场已经下跌了相当幅度。罗杰斯先生对我讲的故事大致是这样的：

"我那位朋友是位经纪商，前一天晚上我曾经去他的营业厅。第二天他站在交易所里，脑子里焦虑地斗争着，拿不定主意到底做市场哪一边。他把所有有利的和不利的因素都过了一遍，然而实在没法分辨哪些是谣言，哪些是事实。没有可靠的新闻做根据。他一会儿觉得战争不可避免，一会儿差不多百分之百地说服自己战争完全不可能发生。他的困惑肯定让他觉得脑袋热得慌，所以他摘下礼帽擦擦前额的汗水。他弄不清到底该买还是该卖。

"这时，他碰巧低头看了一眼礼帽里头。里面金灿灿的字母恰好拼成了WAR[1]。这下子他觉得灵光闪现了。这不正是老天借我的帽子传给他的贴士吗？于是他卖空了许多股票，果然如期宣战了。他在市场下挫时平回，大挣了一票。"说到这儿，W.A. 罗杰斯最后添了一句："我那顶帽子再也要不回来了！"

然而，在我听过的贴士故事中最发人深省的一则，与最著名的纽约股票交易所会员之一 J.T. 胡德（J. T. Hood）有关。有一天，另一位场内交易商伯特·沃克（Bert Walker）告诉他，自己给南大西洋铁路公司的一位显赫的董事帮了个大忙。那位心怀感激的内部人为了报答他，叫他全仓买进南大西洋铁路。董事会即将采取某种行动，这一行动至少会把股票价格推高 25 个点。虽然不是所有董事都参与这个行动，但是他对董事会以多数票通过决议有把握，表决结果会如其所愿的。

伯特·沃克推断他们将要提高红利率。他把这个消息告诉了自己的朋友胡德，两个人分别买进了几千股南大西洋铁路。该股票非常疲软，在他们买入之前和买入之后都如此。但是胡德解释说，这样做的意图显然是为了让对伯特感恩戴德的朋友及以其为首的那伙内部人更容易搜集筹码。

再下一个星期四收市之后，南大西洋铁路公司董事会举行会议，通过了分红方案。星期五早晨开始交易后，6 分钟之内该股票下跌了 6 个点。

伯特·沃克又气又恼。他登门找到那位感恩戴德的董事，后者痛悔不已，一再忏悔。他解释说忘掉了曾经叫沃克买进这回事。因为不慎忘掉了，才没把董事会里占上风的一派已经改变了初衷的事及时通知沃克。那位追悔莫及的董

---

① WAR 意为"战争"，正是漫画家姓名的三个词的首字母拼起来的，是其姓名的缩写。

事急切地想要补救，于是他又给了伯特另一个贴士。他善意地解释道，他的一些同事想买得更便宜，不顾他的劝阻，做法比较下作，他不得不让步以换取他们的选票。不过现在他们都已经拿到了满仓的筹码，再也没有什么因素阻碍股票上涨了。现在买进南大西洋铁路，简直是双倍的保险，双倍的轻而易举。

伯特不仅原谅了他，还和这位身居高位的金融家热情握别。自然，他连忙找到难兄难弟胡德，和他分享这个好消息。他们就要大赚一票了。之前的贴士说该股票要上涨，所以他们买进了。然而，到现在为止该股票又跌了 15 个点。这么一来，现在买起来更便宜了。于是他们在两人共有的账户上买进了 5000 股。

好像他俩刚巧敲响了下课铃似的，该股票之后剧烈下挫，并且相当明显，这是内部人卖出造成的。两位场内做市商屁滚尿流地查实了他们的怀疑。胡德卖掉了他们俩的 5000 股，当他卖完后，伯特·沃克对他说："要是那个该死的白痴不是前天就死到佛罗里达去了，我非剥了他的皮不可。对，我一定要采取行动，你跟我来。"

"去哪儿？"胡德问道。

"电报局。我要给这个下流胚发一封电报，叫他一辈子忘不了。走！"

胡德跟着，伯特领路，两人径直赶到电报局。这次伯特真是气急败坏——他们在这 5000 股上吃了大亏——他在电报局里痛快淋漓地撰写了一篇大师级的声讨檄文。他对胡德朗读了自己的杰作，最后说："这下差不多可以让他清楚他在我心目中是个什么东西了。"

就在他打算把电报稿递给正在一旁等候的电报员的时候，胡德拦住了："且住，伯特！"

"怎么了？"

"我不愿意发这封电报。"胡德恳切地劝阻道。

"为什么不？"伯特抢白。

"这封电报会叫他恼羞成怒的。"

"要的就是这效果，难道不对吗？"伯特一头雾水，看着胡德说。

但是胡德摇了摇头，语气严肃地说："要是你把这封电报发给他，就再也别指望从他那儿得到任何贴士了！"

一位职业交易商竟然说出这种话来，那么，还有什么理由去责备肥羊投资者接受贴士呢？人们之所以接受贴士，并不见得是因为他们太愚蠢，而是因为我前面曾经说过的，他们患有一厢情愿综合征。老大亨罗斯柴尔德（Rothschild）赢取财富的诀窍尤其适用于投机事业。有人曾经向他请教：在股票市场上挣钱是不是特别艰难？他回答说正相反，他认为很容易。

"您这么说是因为您太富有了。"请教的人反对道。

"根本不是。我已经发现了一条容易的道路，于是一直坚持这条道路。实际上，我没办法不挣钱。要是你想听，我打算告诉你我的秘密。是这样的：我从不在底部买进，而且我总是过早卖出。"

相比之下，投资者属于另一个物种。他们之中大多数极为看重库存、销售收入的数字，以及其他各种数字资料，好像这些数字代表了企业的实情和确定性。通常，人的因素都被降低到了最低程度。很少有人愿意因为某个决定性的人物而做多一家公司。然而，在我一生中结识的投资者中间，最有智慧的是一位出身于宾夕法尼亚州的德裔人士，他后来一路发展到华尔街，与罗塞尔·塞奇（Russell Sage）过从甚密。

他是一位了不起的投资者，也是一位百折不挠的怀疑主义者。他坚信必须提出自己的问题，通过自己的双眼来观察。他从不借用别人的眼镜来观察。这是多年前的事了。他好像持有不少艾奇逊—托皮卡—圣菲铁路公司（Atchison,Topeka & Santa Fe Railroad）的股票。当时，他开始耳闻关于这家公司及其管理方面的一些令人不安的消息。有人告诉他，该公司总裁莱因哈特（Reinhart）先生名不副实，并非表面上人人夸赞的奇才，实际上是铺张浪费之徒。他的鲁莽行径将会很快把公司推入一团混乱之中，迟早终有结账的一天，到时候所有的欠债都要付清。

对于这位宾夕法尼亚州德裔来说，这类消息正是最生死攸关的。他连忙赶到波士顿去拜访莱因哈特先生，向他咨询若干问题。他的问题正是他听到的消息中提出的质疑，他询问艾奇逊—托皮卡—圣菲铁路公司的董事长，这些说法是不是真的。

莱因哈特先生不仅强硬地否认了所有的质疑，而且进一步强调：他将要用数字来证明所有那些质疑都是无耻的谣言中伤。这位宾夕法尼亚州德裔人士查问了确切的信息，那位董事长把信息和盘托出，表明该公司运营良好，财务状况非常可靠。

　　这位宾夕法尼亚德裔谢过董事长，返回纽约，马上统统抛出了手上的艾奇逊—托皮卡—圣菲铁路。一两个星期之后，他用这些闲置的资金买入了大量特拉华—拉克万纳—西部铁路（Delaware,Lackawanna & Western）的股票。

　　多年以后，我们提起了换手换运气的话题，他谈到了自己这段往事。他解释了是什么原因驱使他赶紧卖出艾奇逊-托皮卡-圣菲铁路的。

　　"你看，"他说，"我注意到，当莱因哈特董事长给我写数字的时候，他从桃花芯红木制老板台的文件架上拿出一沓信纸，是重克数的精细亚麻纸，上面雕印着精美的双色公司抬头。这些纸不仅非常昂贵，更糟糕的是这昂贵的纸用得很不是地方。他在每张纸上写下的不过是几个数字，说明公司各个部门赢利的情况，或者说明如何削减开支、压缩运营成本的情况，写完就把那昂贵的信纸揉成一团扔进废纸篓。他打算向我展示他们为了提高经营效益而采取的各种措施。很快，他又伸手再拿出一张雕印着公司抬头的精美信纸，几行字，然后，啪嗒，进了废纸篓！眼睛不眨，又浪费一笔钱。这让我寻思，如果董事长是这样一号人物，恐怕不太可能坚持推行或者真正褒奖厉行节约的措施。于是，我决定相信人们告诉我的消息，管理层确实铺张浪费，而不是听信董事长嘴上说的那一套，所以我卖出了手上的他们公司的股票。

　　"几天之后，碰巧我有机会拜访特拉华—拉克万纳—西部铁路公司的办公室。老萨姆·斯隆（Sam Sloan）任董事长。他的办公室距离办公楼入口处最近，办公室的门大开着。他的办公室门总是开着的。那时候，只要有人走进 D.L. & W.（特拉华—拉克万纳—西部铁路公司名称的缩写）总部办公室，总能看见公司董事长坐在他的办公桌后面。任何人都可以走进去，立即和他商谈业务——如果有任何业务可谈。金融报刊的记者总是对我说，他们从来用不着和老萨姆·斯隆兜圈子旁敲侧击，可以直接提出自己的疑问，也会从他口中得到直接的是或否的回答，不管其他董事在股票市场上是不是急切需要关照策应。

　　"当我走进去的时候，那位老人正忙着。起初我以为他正在拆阅信件，但是走近他的办公桌时，我才看到他在干什么。后来我了解到，这是他的日常习惯。信件分类、拆阅后，他不把空信封随手扔掉，而是积攒起来拿进他的办公室。在空闲的时候，他把空信封沿四周裁开。这样一个空信封得到两张纸，每一张都有一面是干净、空白的。他把这些纸头积攒起来，分给大家用来替代便笺纸，用在类似于莱因哈特给我讲解时在雕印公司抬头的信纸上信手书写数字的场合。

既不浪费空信封，也不浪费董事长的空闲时间，每一点资源都充分利用了。

"这让我想到，如果 D. L. & W. 有这么一位董事长，那么该公司各个部门的管理必然都会力求经济效益。这位董事长会关注这一点的！当然，我清楚这家公司一直定期派发红利，资产质量也不错。我尽我所能买入 D. L. & W. 的股票。从那时起，该公司股票市值已经翻倍、再翻倍了。我每年获得分红的总数已经和当初投入的本金一样多了。我还持有我的 D. L. & W.，艾奇逊 – 托皮卡 – 圣菲铁路公司则落入了一位收购者的手中，就在我看到董事长一张接一张把雕印着双色公司抬头的亚麻信纸扔进废纸篓的几个月之后，当时他用这些纸写了若干数据向我证明他并非铺张浪费之徒。"

这个故事的绝妙之处在于，首先它是真实的；其次，事实证明，倘若这位宾夕法尼亚州德裔买入任何其他股票，都不可能达到投资 D. L. & W. 这样好的业绩。

17

长期训练成本能，专业素养助获利

我的一个最亲密的朋友非常喜欢逢人讲述我的一些故事，把它们归结到我的直觉。他总是给我添加一些不可思议的能力。他宣称，利文斯顿只要盲目地遵循一定的神秘冲动，便可以精确地选择退出股票市场的时机。在早餐桌边，他最喜欢讲的一则轶事和一只黑猫有关。他说这只黑猫叫我卖掉手上的股票，我在收到这只小猫咪的信息后变得喋喋不休、心神不宁，直到卖光我做多的每一只股票之后才算万事大吉。我实际上卖到了那一波行情顶部的价格，这么一来，自然进一步加强了我那位头脑顽固的朋友关于我的所谓直觉理论。

我当时已经前往华盛顿，试图说服几位国会议员，对我们往死里加重课税并没有什么智慧可言①，不过，当时我对股票市场并不十分关注。卖出所有持仓的决定的确来得很突然，这是我朋友时常讲述这则奇闻轶事的起因。

我承认，有时候我确实会产生无法抗拒的冲动，必须在市场上采取行动。和我当时到底是在做多还是在做空皆无关，就是必须离场。除非彻底离场，否则心神不宁。对此，我自己的看法是，当时的情况实际上是因为我看到了许多警告信号。或许没有哪一个单独的信号清晰到或者强烈到足以向我提供确定无疑的原因，驱使我突然觉得必须那样采取行动，可能是所有信号综合起来形成了他们所谓的"盘感"。据老一辈交易者说，詹姆斯·R.基恩就养成了强烈的盘感，在他之前也有其他作手具备这样的才能。坦白说，这类警告信号通常都从后来的结果中得到了有力的证明，并且其时机精确到了分钟级别。不过，上面这个事例其实和直觉并没有关系，那只黑猫和整件事毫无关联。他对每个人

---

① 美国第一次征收股票交易税大致可以追溯到早期建国时期，在南北战争和美西战争期间又再度出现。1914年，国会为备战再次开征股票交易税，不过这一次该税持续了50年有余。1914年的税收法规定，每100美元面额的股票交易或过户征收2美分交易税。该税种的主要目的是筹集收入，而不是管制市场，但其拥护者预言这项税收也能减少投机。

说那天早晨我突然变得牢骚满腹，我觉得是可以解释的，如果我当时真的牢骚满腹，那是出于我的失望。我知道我没能说服见到的那些国会议员。该委员会在向华尔街征税的问题上看法和我相左。我并不是企图阻止或者逃避股票交易的税赋，而是向他们建议采取适当的课税水平——作为一位有经验的股票交易者觉得既不失公平又不失远见的课税水平。我不愿意看到山姆大叔杀鸡取卵，因为如果得到公平的对待，股市将来可以生出很多金蛋。未能说服他们，或许不仅令我烦躁不安，也驱使我对这个遭受不公平课税的行业的前途变得悲观了。不过，请听我一五一十慢慢道来。

在牛市行情刚开始的时候，我曾经同时看好钢铁和铜市场，因此对这两个板块的股票看多。于是，我开始搜集其中某些股票的筹码。我最初买入了5000股犹他铜业（Utah Copper），但是就此停手了，因为它的表现不对头。也就是说，它没有表现出应有的状态，不足以说服我继续买进。我记得它的价格大约在114美元，在差不多同样价位上，我还买进了美国钢铁。第一天我便买进了2万股之多，因为它的表现是对头的。我遵循了前面曾经介绍的建仓方法。

美国钢铁继续表现对路，因此我继续买进，直到持有的总数达到了72000股。但是我持有的犹他铜业只是最初买进的那些，从来没有超过5000股，它的表现并没有鼓励我继续买进。

后来的情形众所周知。市场形成了一轮巨大的牛市行情。我知道市场即将上涨。总体形势是有利的。甚至当股票价格已经上涨了很大幅度之后，我的账面利润已经不可小觑，行情纸带仍然不停地大喊："没完！没完！"当我到达华盛顿的时候，纸带仍然向我发出同样的信息。当然，已经这么晚了，我也没有进一步增加持仓的意愿，尽管我仍然对市场看多。与此同时，市场显然正朝着对我有利的方向前进，没有必要整天坐在报价板前面，从逐小时的市场变化中寻求退出市场的信号。在撤退的号角吹响之前——当然，不考虑完全出乎意料的灾祸——市场应当首先出现犹豫徘徊的迹象，或者以其他形式表明形势已经逆转，提示我做好准备。正是出于这个原因我才得以心无挂碍地和这班国会议员厮混。

与此同时，价格不停地上涨，这意味着牛市行情的终结越来越近了。我并没有预期牛市在哪个具体的日子终结，这超出了我的能力。然而，用不着对你强调，我当然随时会警惕逆转信号的出现。无论如何，我从来都是保持警惕的。

这已经成为我在交易上的日常惯例。

我不能肯定一定是这样，不过相当怀疑是这样的：就在我卖出的前一天，当我看到市场的高价位之后，想到了自己账面利润之大，还有我的头寸规模之大，再加上后来我力图劝导立法者们公平、明智地处理华尔街的事务而又徒劳无功。可能就这样、在这个时候，我心里播下了种子。我的潜意识在这个问题上盘算了一整夜。第二天早晨在考虑市场的时候，我对当天的走势开始疑惑。当我走到办公室的时候，我看到并没有太多股票继续创出更高价位，而我自己的账面利润已经相当满意，同时眼前确实是个大市场，有巨大的流动性来吸纳筹码。在这样的市场上可以卖出任何数量的股票，并且理所当然地，如果你已经满仓持股，就应该随时关注市场，寻机把账面利润转化为实在的现金。在转化过程中，应该尽可能避免损失账面利润。我的经验教导我："你总是能够发现机会来实现账面利润，而这个机会通常出现在行情的尾声。"这可不是纸带阅读技巧或者一时的灵感。

当然，那天早晨当我发现市场流动性极大，可以卖出所有股票而不会有任何麻烦时，我就这样办了。当你决意卖出时，卖出50股还是5万股在英明程度或者勇敢程度上并不见得有差别。当然，你可以在最平淡的市场上卖出50股，价格也不会有什么风吹草动，但是要在单一股票上一下子卖出5万股，那完全是另一回事了。我持有72000股美国钢铁。或许这样的头寸算不上庞大，但是你不可能总有机会既卖出这么多股票又能避免损失账面利润。当初你在盘算账面利润的时候看起来挺不错，然而真正卖出时变现的损失实在令人心痛，因为当初的账面利润看起来似乎已经如同银行存款那样毫无悬念了。

我的账面利润总额大约有150万美元，我乘着大好的变现机会把它拿到了手。不过，这并不是我认为当时卖出所有持股是正确选择的主要原因，而是市场本身向我证实了行动的正确性，这才是真正令我满意之处。市场是这样演变的：我成功地卖出了所有的72000股，平均成交价只比当天最高点，也是当前行情的最高点，低1个点。这证明，至少到目前为止我是正确的。不过，就在同一天的同一个小时内，当我卖出5000股犹他铜业股份的时候，其价格下挫了5个点。请回忆，当初开始买进的时候两只股票是同时进行的，后来我把美国钢铁从2万股增加到72000股，这很明智，而在犹他铜业方面则维持最初购买的5000股不变，这也同样明智。之所以之前没有卖出犹他铜业，是因为我对铜的交易看好，而且股市正处在牛市状态，我认为犹他铜业不可能对我造成太大损失，即使不能从中取得一大笔利润。然而，这同所谓的第六感觉其实毫不相干。

训练一名股票交易者和训练一名医生差不多。学医者必须花费多年来学习解剖学、生理学、药物学以及其他附属的十几门科目。先学习理论，再终生都奉献给实践。他必须认真观察并把各种病理现象条分缕析。他要学会诊断。如果他的诊断是正确的（这取决于他的观察结果的准确性），那么，他的治疗措施就应有相当不错的效果。当然，我们必须始终牢记，人类总是会犯错误的，那些完全不可预测的因素使我们不可能百分之百命中靶心。日复一日，一个人会积累经验、增长智慧，不仅要学会采取正确的措施，而且必须当即实施，因此许多外行人会以为他是按直觉行事的。其实这些并不是无意识的行为。首先，他已经根据自己多年来对类似病例的观察经验对当前的病例进行了诊断。在他诊断之后，自然只能按照经验教导他的恰当方式来实施治疗。一个人可以转移知识，也就是说，那些已经写在索引卡片上的具体事实，但是他转移不了自己的经验。某人或许知道该怎么做，但结果仍然会赔钱——假如他没有做得足够快。

观察、经验、记忆和数学，这些方面都是成功的交易者必须仰仗的。他不仅必须精细地观察，还要在所有场合始终牢记观察到的内容。他不可以在非理性的或者不可预期的因素上赌博，无论他对人们非理性的程度持有多么强烈的个人信念，或者对不可预期的事情发生的频繁程度怀有多么肯定的感觉。他必须始终按照可能性来下注，也就是说，尽力预期事态发生的可能性。从事本行的多年经验、持续不懈的研究学习、始终牢记历史案例，使得交易者既能够在事先预料的事情如期经过时当即行动，也能够在一旦发生未曾预料的事情时当即行动。

虽然某人同时拥有强大的数学能力和非凡的精细观察能力，但是仍然可能在投机事业中失败，除非他还拥有足够的经验和记忆力。再进一步地，正如医生随时跟随科学的进步一样，明智的交易者从不停止研究总体形势，以跟踪各个地方发生的可能牵连或影响市场的各种新动向。在从事本行多年之后，这已成为他的日常惯例，可以让他及时掌握最新动态。此时，他几乎是下意识地采取行动的。他已经形成了非常宝贵的职业态度，这使他有能力赢得这场比赛——间或地！职业交易者与业余交易者或偶尔为之的交易者之间的这种差别，怎么强调都不过分。比如说，我已经发现，记忆力和数学功底对我的帮助非常大。华尔街凭的是数学功底来挣钱。我的意思是，它是通过处理事实和数据来挣钱的。

我之所以说起交易者必须跟进每分钟的最新动态，还必须对所有市场的所有动态持有纯粹职业化的态度，目的是再次强调，一时的灵感和神秘的所谓盘感，与交易成功之间并没有太大关系。当然，常常可能出现这样的情况，一位有经验的交易者行动如此迅捷，以至于来不及事先说清楚所有理由，但是，无论如何，这些理由都是确凿而充分的，因为它们都建筑在事实的基础之上，对这些事实的认知能力是他在多年的工作和思考过程中积累起来的，是他以职业的角度来观察现实情况所得到的。对他来说，凡是送到他家磨坊的都是谷子。下面请允许我具体解释职业态度的意思。

我始终跟踪大宗商品市场的走势，这是多年的习惯。你知道，刚发布的官方报告表明冬小麦的收成大致与1921年持平，春小麦的收成比1921年更好。形势好得很，小麦可能比往常更早地迎来一场大丰收。在获得这些收成数据后，我估算出了小麦产量大致有多少——靠数学，也同时考虑到煤矿工人的罢工、铁路员工的罢工。我不由自主地思考这一切，因为我的头脑总是同时考虑可能对市场产生影响的所有事态。这让我立即意识到，罢工已经影响到全国各地的货物运输，必定对小麦价格产生不利影响。我是这样琢磨的：冬小麦运抵市场的时间必定会被推迟相当长的一段，因为罢工导致运输设施瘫痪；等到罢工事件有了转机的时候，收割完的春小麦想必也已经可以运送了。这意味着一旦铁路可以大量运送小麦，可能同时运送两季小麦收成——被推迟的冬小麦，加上提前收获的春小麦，而这意味着将要一下子向市场倾倒巨量的小麦。假如事态果真如此发展——这显然属于大概率事件，那么，交易者们在一段时间之内就不会看好小麦，他们和我一样掌握情况并且会做出同样的推论。除非小麦价格下跌到一定水平使得买进小麦成为好的投资选择，否则他们是不愿意买进的。既然市场上不存在买进力量，价格就应该下跌。有了这样的想法之后，我就必须进一步核实自己的想法到底是正确的还是错误的。正如老帕特·赫恩过去常说的，"不下注不知输赢"。从看空到动手卖出，这之间没有必要浪费时间。

我的经验教会了我，市场的行为方式对一名作手来说是再好不过的指引。

这就像测量一位患者的体温和脉搏，或者查看患者眼球的颜色和舌苔的颜色一样。

平常你可以在 1/4 美分的价格范围内完成买进或卖出 100 万蒲式耳小麦的交易。这一天，当我卖出 25 万蒲式耳小麦以测试市场是不是到了卖出时机的时候，价格下跌了 1/4 美分。既然这个市场反应不足以明确地向我揭示我所需要的信息，我便再卖出另一笔 25 万蒲式耳的小麦。我注意到市场一点一点地吃进这笔单子，也就是说买入的单笔数量都在 1 万、1.5 万蒲式耳，而不是像常规情形下那样二三笔交易便完全吃进卖单。除了零打碎敲的买进方式之外，在我卖出时价格同时下跌了 1-1/4 美分。现在，我已经不需浪费时间来解释市场是按照何种方式来承接我卖出的小麦了，当我卖出时，市场不成比例地下跌已经告诉我"市场上没有买进的力量"。既然如此，唯一的选择是什么呢？当然是继续卖出大量小麦。听凭经验的指示来行事，时不时可能会遭到愚弄；然而，如果你不听从，那么无一例外，每次都会让你变成蠢驴。于是，我卖出了 200 万蒲式耳小麦，价格继续下跌了一些。过了几天，市场的表现实际上相当于强迫我再卖出 200 万蒲式耳，于是，价格进一步下跌。再过了几天，小麦开始急剧下挫，下跌了 6 美分每蒲式耳。不仅如此，市场并没有就此停步。它一直处在下跌状态，偶尔间杂着为时不长的向上调整。

这一回，我并不是根据灵感行事的，也没人给我什么内幕消息。完全是我对待大宗商品期货市场的专业习惯或者说职业化的态度给我带来了这笔利润，而这种态度来自多年从事本行业的积累。之所以不停地研究，是因为交易就是我的事业。就在行情纸带告诉我说我正走在正确轨道上的那一刻，我在生意上的专业责任便是继续增加头寸。我的确是这样做的。这就是其中的全部秘密。

我已经发现，在这个行当里人们可以把经验转化为稳定的收益源泉，并且对市场的观察能带给你全世界最好的内幕消息。时不时地，特定个股的表现便是你所需要的全部线索。你观察它，然后经验会向你揭示，如何根据通常的情形，也就是说从大概率的角度，来交易获利。举例来说，我们知道所有的股票并不会整齐划一地按照同一个方向运动，但是在牛市行情下，同一个股票群体之内的股票都会上涨；而在熊市行情下，同一个股票群体之内的股票都会下跌。这在投机行业属于老生常谈。实际上，这是最常见的市场自我揭示的"内幕消息"，佣金经纪行对它再熟悉不过了。他们把这样的消息传递给每一位客户，要是客户自己没有想到的话。我指的是，他们总是建议客户交易同一个股票群体内那些落后于其他成员的股票。因此，如果美国钢铁上涨了，合乎逻辑的推论是，只是时间问题，迟早熔炉冶炼公司（Crucible）、共和钢铁（Republic）或伯利恒钢铁会亦步亦趋。对同一个群体内的所有股票而言，行情状态和未来前景应当如出一辙，所有成员都应当从经济繁荣中雨露均沾。从理论上说，同时也有大量的经验表明，风水轮流转，如果甲钢铁公司和乙钢铁公司都已经上涨了，那么因为丙钢铁公司还没有上涨，公众便会买入丙公司。

如果某只股票的表现不符合当时行情状态下应有的常态，那么即使在牛市行情中，我也不会买入这只股票。有时候，市场已经毫无疑问处在牛市行情中，我买进了某只股票，后来发现同一个股票群体内的其他股票并没有表现出看涨的态势，于是我便会卖出手中的股票。为什么？经验告诉我，与被我称为股票群体的抱团倾向对着干并不明智。我不能指望只在确有把握的条件下交易，必须追随大概率，并预期大概率的变化。有一位老经纪人曾经对我说："沿着铁轨走路时，如果你看见一列火车正以100千米的时速迎面疾驰而来，你还继续在铁轨上走吗？伙计，我会马上闪到一边。这再自然不过了，难道还值得为这拍拍自己的后脑勺，自诩多么明智、多么审慎吗？"

1922年，当广泛的牛市行情已经发展到如火如荼的程度时，我注意到在某股票群体中有一只股票没有跟随整个群体上涨，而除了这个唯一的特例，整个群体正与市场上的其他股票一道上涨（图17.1）。当时我做多了相当大数额的布莱克伍德汽车（Blackwood Motors）。每个人都知道该公司的生意做得很大。其股票价格每天上升1～3个点，公众越来越多地涌入。这自然使得该股票群体成为关注的焦点，其他所有的汽车类股票都开始上涨。然而，其中唯有一家顽固地不为所动，那便是切斯特汽车（Chester）。它落在其他股票之后，过不了多久大家便开始对它议论纷纷。切斯特汽车的低价位和无动于衷的表现与布莱克伍德汽车以及其他汽车类股票的坚挺和活跃程度形成了鲜明的对比。顺理成章，公众纷纷向消息灵通的捎客、贴士客和万事通们打听，以为它必定会追随整个板块上涨，因此开始买进切斯特汽车。

虽有一定程度的公众追捧，切斯特非但没有上涨，实际上反而下跌了。在这样的牛市行情之下，考虑到同一个股票群体内的布莱克伍德汽车已经成为市场普涨行情的领头羊而备受瞩目，要推高它的股价简直易如反掌。我们满耳听到的都是对所有种类汽车的需求都在明显改善、汽车产量创纪录等消息。

道琼斯工业指数日收市价（1922年1月3日至1923年12月31日）

图17.1　牛市行情从 1921 年 10 月底开始，持续到 1922 年 10 月初，最大涨幅接近
50%。利弗莫尔大约在 1922 年—1923 年接受埃德温·勒菲弗的采访。这两年他 45、
46 岁。

　　显而易见，切斯特汽车圈内的那伙人没有按照内部人在牛市中的通常行事
方式来行动。他们之所以做不出通常应当做出的事情，可能有两个原因。一个
原因是，或许内部人打算在推升行情之前搜集到更多的筹码。但是，分析一下
切斯特当前的成交量和行情特点，这一假定是站不住脚的。另一个原因可能是，
如果要推高行情，就必须接下股票，他们担心接下股票。

　　这些内部人在本该吃进股票的时候却不愿意接它，为什么我要买进呢？我
估摸，无论其他汽车公司可能享有多好的荣景，卖空切斯特都是显而易见的明
智选择。经验教导我，买入一个拒绝追随群体领头羊的股票，务必慎之又慎。

　　我们很容易就可确认如下事实，内部人士不仅未买进，实际上还在卖出。
此外，还有其他征兆警告我不要买进切斯特汽车，虽然其市场行为不能自圆其
说对我来说已经是足够充分的证据了。正是行情纸带再次给我发出信息，这便
是我卖空切斯特汽车的原因。不久之后，有一天该股票大幅崩跌。后来我们得
知了官方的正式消息，内部人士的确是在卖出，他们完全清楚该公司状况不容
乐观。与通常的情况一样，这个原因也是在市场崩跌之后才披露的。然而，警

告信号先于市场下挫便已经发出。我寻求的并不是行情崩跌，我寻求的是警告信号。我既不知道切斯特汽车有什么麻烦，也不是根据什么直觉或灵感行事的。我只知道肯定有什么地方不对。

就在一天之前，我们从报纸上读到圭亚那黄金公司（Guiana Gold）轰动一时的行情异动。该股曾经在场外市场①按照50美元或接近这个水平的价格交易，后来在股票交易所挂牌交易。在交易所上市后，起初交易价格在35美元上下，不久便开始下跌，最终跌破了20美元。

好，我从来不会把这段大幅下挫行情称为"轰动一时"，因为它完全是可以预期的。如果咨询一下，便可以了解到该公司的历史。许多人都了解它。人们是这样告诉我的：六七位声名显赫的大资本家以及一家著名的银行共同组成了一个辛迪加。其中一位是贝尔岛勘探公司（Belle Isle Exploration Company）的头头，他向圭亚那黄金公司先投入了超过1000万美元，从该公司得到若干债券和25万股股票。圭亚那黄金采矿公司总股本100万股。该股票以分红为号召，广告做得很好。贝尔岛勘探公司的人觉得最好卖出变现，于是他们为卖出这25万股的事拜访了那些银行家。银行家们计划在市场上发售这批股票，再加上他们自己持有的一些股票。起初，他们打算把发售股票的事务委托给一位职业作手。职业作手的收费是这25万股从36美元算起的卖出利润的三分之一。据我了解，他们已经起草了协议，正准备签署，但在最后一刻，银行家们决定还是由自己来承担销售业务，省下那笔费用。于是，他们组成了一个内部人小集团。银行家们得到的贝尔岛勘探公司25万股的出价是36美元。他们按照41美元的价格为小集团吃进。也就是说，在刚开头的时候内部人小集团便要为他们自己的银行家同伴付出5个点的代价。我不知道这些内部人是不是清楚其中的机关。

这些银行家认为，简直一眼就可以看出，卖出股票的运作过程易如反掌。当时正巧碰上了牛市行情，而圭亚那黄金所属的股票群体恰恰正是领涨市场的板块之一。该公司正在获得巨额利润，并且正常派发红利。有了这些有利条件，

① 美国最初的股票交易流通都是通过柜台交易（OTC）实现的，因此OTC市场是资本市场中最古老、历史最悠久的证券市场，可以说现今的各种股票市场都是由OTC市场发展而来的。美国的OTC市场已有200多年的历史，即使在资本市场极其发达的现在，美国的OTC市场仍然生机勃勃。美国的粉红单市场（又叫粉单市场）是OTC市场中的初级股票市场。

再加上该公司的出资人都是一班头面人物，公众几乎把圭亚那黄金当成投资型的股票了。有人告诉我，他们大约向公众卖出了 40 万股，与此同时，行情一路上涨到 47 美元。

黄金类股票群体非常强劲，但是，圭亚那黄金开始显出疲态，它下跌了 10 个点。如果内部人小集团正在抛售股票，那么这是可以理解的。然而，很快华尔街便开始传闻有些情况并不如意，该公司的资产质量其实不支持其推销股票时的高调收益预期。当然，这时该股票下跌的原因就很明显了。不过，在人们得知这一原因之前，我已经得到了市场的警告信号，并且着手测试圭亚那黄金的市场。该股票的表现与切斯特汽车的表现非常相似。于是，我卖空圭亚那黄金。随后，其价格下降，我卖出更多，行情又进一步走低。该股票正在重蹈切斯特汽车以及其他十来只股票的覆辙。我清楚地记得这些股票的"临床病史"。纸带明白地告诉我，有什么地方不对，就是这些地方导致内部人不愿意买进，而内部人完全清楚，即使在牛市行情下也不应该买进自己的股票。另一方面，局外人对此懵然无知，现在还在买进，因为该股票的成交价曾经超过 45 美元，当它回落到 35 美元以下的时候看上去比较便宜。股票的红利还在继续派发，看起来这股票真是超值。

这时新闻出来了。我在公众之前先得到消息，噢，我经常抢先一步得到重要的市场新闻。事与愿违，分析报告确认该公司钻探到的是贫瘠的岩石，而不是富含黄金的矿石。这只不过给我提供了当初内部人卖出的原因，我并没有根据这个消息来卖出，早在很久之前，我就已经根据该股票的市场表现卖出了。我和它的关系一点也不复杂。我是一位交易者，因此只寻求一种迹象——内部人买进的情况。无迹可寻。我没有必要一定要知道为什么内部人没有利用市场下跌的机会来买进自己的股票。显然，当初他们制定发售计划的时候并没有进一步策动行情上涨的打算，这一点就足够了。这一点使得卖空该股票成为必然的选择。公众已经买入了差不多 50 万股，唯一可能发生的股票换手是，当初懵懂无知而买进的局外人现在希望卖出止损，而新的一群懵懂无知的局外人抱着挣钱的希望而打算买进。

我之所以对你讲述这些，并不是想就公众买入圭亚那黄金而蒙受损失的事情来说教一番，或者就我自己的卖空获利来炫耀一番，而是为了强调研究市场中的群体行为何等重要；为了强调那些准备不足的交易者无论资金多少，从来不肯吸取教训。此外，不仅在股票市场上行情纸带会警告你，在大宗商品市场上它吹起哨子来也差不多同样响亮。

我在棉花交易上曾经有过一段有趣的经历。当时我看空股市，已经建立了规模适中的空头头寸。与此同时，我也卖空了棉花，共5万包。我的股票交易证明是赢利的，我把棉花抛到了脑后。后来我知道的第一件事是，我的5万包棉花亏损了25万美元。正如前文所说，我的股票交易很有意思，自己也干得很不赖，以至于甚至不愿意把心思从这上面转开。每当想起棉花的时候我便自我安慰地说："还是等等看，下次市场回落的时候就平仓。"棉花价格有时的确稍有回落，但是就在我下决心认赔平仓之前，价格又涨起来了，而且涨得比以前还要高。于是，我便再次决定等等看，然后回到股票交易中去，把自己的注意力全部集中在股票上。最终我了结了股票头寸，获得了非常不俗的利润，然后便前往温泉城休假。

这是我第一次真正有机会把心思解放出来全神贯注地处理棉花头寸亏损的问题。这笔交易对我不利。曾经有几次机会，事情看起来似乎有转机，有可能带着赢利平仓。我注意到，只要有人重仓卖出，市场便会明显回落。然而，之后价格几乎立即开始上涨，并再创当前这一轮行情的新高。

最终，大概在我到达温泉城的几天之后，我的账面亏损已经达到100万美元，这还未把市场继续上涨的倾向考虑在内。我把已经做过的和该做没做的交易决策仔细过了一遍筛，告诉自己："肯定做错了！"对我来说，意识到自己做错了和决定平仓出市实际上就是一回事。所以我买入平仓了，损失大约100万美元。

次日早晨，我专心专意打高尔夫，心里什么也不想。我已经做过了棉花交易，并且做错了。我已经为自己的错误付出了代价，付款收据就在我口袋里。我在棉花市场已经再没牵挂了，就像此刻一样。当我回酒店吃午饭的时候，顺道在经纪商的营业部逗留了一下，看了一眼报价板。我看到棉花下跌了50点。这不算什么。然而，我还注意到，这一次它没有在导致其价格下跌的卖出压力缓解之后随即上涨，不像它在过去数星期内的惯常表现。这种习惯性表现曾经表明市场最小阻力路线的方向向上，因为对这一点视而不见，我付出了100万美元的代价。

无论如何，一天前促使我接受巨额亏损平仓出市的理由现在不再成立了，因为市场没有照例出现立即并且力度强劲的上涨。于是，我卖出了 1 万包棉花，想看看情况。很快，市场又下跌了 50 点。我稍稍等候片刻，这次还是没有上涨。这时候我已经相当饥渴了，所以走进餐厅，点好了午餐。服务员还没有来得及上菜，我便跳起来，直奔经纪商的营业部，我看到还是没有任何上涨的迹象，于是再卖出 1 万包棉花。又等了一会，愉快地看到价格继续下跌了 40 点。这向我表明，我的交易是正确的，因此我返回餐厅，享用我的午餐，之后再回到经纪商营业部。那天棉花市场没有任何上涨迹象。就在当晚，我离开了温泉城。

打高尔夫当然是很好的享受，但是当初我曾经错误地卖出棉花，又错误地买入平仓。所以不得不重新开始工作，回到最方便交易的场所。市场吃进我第一笔 1 万包的情形促使我再卖出第二笔 1 万包，而市场吃进第二笔 1 万包的情形使我确信行情转折已经到来。这正是由于市场行为方式的不同所决定的。

好，我抵达华盛顿，走进我的经纪商在那里的营业部，这里归我的老朋友塔克掌管。在我逗留期间，市场继续下跌了一些。"今是而昨非"，现在我是正确的，比当初做错的时候更有信心。于是，我再卖出 4 万包棉花，市场应声下跌了 75 点。这表明市场上根本没有任何支撑力量。那天晚上，市场的收市价还要更低些。早先那股买进的力量显然已经荡然无存。我没法知道当市场到达什么价位的时候会再度积聚起那样的买进力量，不过，我觉得自己的头寸合情合理，很有信心。次日早晨，我离开华盛顿，开车回纽约，没必要匆匆忙忙的。

到达费城的时候，我顺道把汽车开到一家经纪行的营业部，看到棉花市场开始算总账了。价格急剧下挫，正在上演一出小规模的恐慌行情。我没有等回到纽约再说，而是马上给经纪商打了长途电话，轧平了空头头寸。一拿到成交回报，我发现，这次的赢利实际上已经扳回了上次的亏损，于是我继续驾车回纽约，一路上再也没有绕弯路停车查看行情。

有些和我一道在温泉城度假的朋友到现在还在谈论当天我从午餐桌边跳起来赶到营业部卖出第二笔 1 万包棉花的故事。不过，这一次同样清楚，也不是靠什么灵感。这次突如其来的念头其实扎根于我确信卖出棉花的时机终于到来的判断，不管之前我所犯的错误有多么严重。我必须利用它。这是我的机会。我的潜意识或许始终在思索着，并为我得出了结论。在华盛顿卖出棉花的决定则是我根据观察得出的结论。多年的交易经验告诉我，市场最小阻力路线已经从上升改变为下降了。

之前棉花市场从我手中夺走了100万美元，我并不耿耿于怀。我当初不曾因为自己犯下这么大的错误而自怨自艾，后来也不因为自己在费城轧平所有头寸弥补了巨大的亏损而沾沾自喜。我的头脑专注于交易问题，之所以能够弥补前面的亏损，是因为我拥有相称的经验和记忆，我觉得这样自我评价并不为过。

18

市场历史重演，交易照方抓药

在华尔街上，历史始终不断地重演。你还记得之前告诉你的一个故事吗？说的是在斯特拉顿已经操纵玉米市场的情况下我买入轧平空头头寸的事。好，另外还有一次，我在股票市场上差不多如法炮制，这次交易的股票是热带贸易公司（Tropical Trading）。我既做过空，也做过多，都有获利。它属于活跃股，是那些喜欢冒险的交易者的心头好。该公司那伙内部人时常被报纸批评，说他们更关心股票价格波动，而不是鼓励长期投资。前几天，我熟识的一位水平顶呱呱的经纪商断言，就鱼肉股市的手段来说，即便是丹尼尔·德鲁（Daniel Drew）在伊利湖公司（Erie）上，或者是 H.O. 哈夫迈耶在糖业公司上，也赶不上马利根（Mulligan）董事长以及他的朋友们在热带贸易公司上翻云覆雨的地步。有很多次，他们先是明里暗里诱使空头们卖空热带贸易公司，然后逐步施展逼空手段，有效地压榨他们。他们在操纵过程中表现出深仇大恨般的决绝、令人作呕般的残忍，简直如液压机一般无坚不摧、毫不留情。

当然，市场上也有人谈论热带贸易公司的行情"有人玩鬼花样"。不过我敢说，说这些话的人都是逼空圈套的受害者。既然场内交易者如此经常地遭受内部人的侵害，他们又明知骰子里灌了铅，为什么还要继续参与这场游戏呢？嗨，不说别的，他们都太好动，从热带贸易这里肯定能够得到满足。这只股票从没有长时间地沉闷过。既用不着追究原因，也用不着向人解释原因，不浪费时间。如果听消息做交易，那么交易者在消息兑现之前，免不了要紧张地耐心等待行情发动。但在热带贸易公司的股票上可用不着焦虑等待，而且市场上总有足够多的股票在流通，除非做空的头寸足够大了，值得他们人为制造流动性紧张来逼空。总之，什么时候都有受骗上当的人。

事情发生在一段时间之前，当时我正在佛罗里达如常享受冬季的避寒度假。我忙着钓鱼，心无旁骛地享受渔趣，脑子里从来不想市场，除了偶尔收到一沓报纸的时候之外。一天早晨，半个星期一次的邮件来了，我浏览了一下股票行情版面，看到热带贸易公司的成交价为 155 美元。我记得上次看报纸的时候，大约是 140 美元。我的看法是，我们正在进入一轮熊市，我正在等待时机卖空股票。不过，没什么可着急的。正因为此，我才出来钓鱼，远离报价机。我知道，当市场真正召唤我的时候，我会赶回去的。在这期间，无论我做什么，或是不做什么，都不可能影响市场进程。

从这天早晨的报纸来看，热带贸易公司的表现脱离大势，十分出格，很适合拿它开刀，把我对整个市场看空的想法转化为具体行动。我觉得，那伙内部人在总体市场普遍低迷的背景下强行拉抬热带贸易公司，太肆无忌惮了。有时候，即使是鱼肉市场的事情，该罢手也不得不罢手。在交易者估量形势的时候，异常因素很少带有积极意义。在我看来，这个时候推升该股价格简直是天大的错误。没人犯这么大的错误还可能不受惩罚，在股票市场上更不可能。

看完报纸后，我继续去钓鱼，但是脑子里总是想起热带贸易公司那伙内部人正在干着的勾当。他们注定要失败，就像某人不带降落伞从 20 层楼上跳下来非摔成肉饼不可一样。除此之外，我的脑子想不了别的，最后我干脆不钓鱼了，给我的经纪人发电报，按市价卖出 2000 股热带贸易公司。发出指令后，我才能重新钓鱼。钓鱼大有收获。

那天下午我收到了特快专递送来的回电。我的经纪人报告说，他们替我卖出的那 2000 股热带贸易公司在 153 美元成交。到目前为止一切顺利，我是在下跌的势道下卖空的，照理应该这么做。然而，钓鱼再也进行不下去了。我离报价板太远了，之所以感觉到这一点，是因为我从头思索了全部理由，认为热带贸易公司应当与市场上其他所有股票一道下跌，而不是听任内部人摆布而自顾自上涨。于是，我离开了垂钓营地，返回棕榈滩，或者更准确地说，是恢复和纽约的专线电报联系。

在抵达棕榈滩的那一刻，我看到那伙执迷不悟的内部人仍然不肯罢手，便再卖给他们第二笔 2000 股热带贸易公司。成交回报来了之后，我又卖出第三笔 2000 股。市场的表现精彩至极。换句话说，我一卖，它就跌。各方面都挺满意，我便出去兜了兜风。但是，我并不开心。我想得越多越不开心，我觉得本该卖得更多才对。于是，我返回经纪商营业部，再卖出另外 2000 股。

唯有卖出那只股票的时候，我才感到开心。现在，我的空头头寸总共有

8000 股。之后，我决定返回纽约。现在有生意要打理了，钓鱼可以另找时间。

抵达纽约后，我特别留意了一下该公司的业务情况，包括现有状况和未来前景。我了解到的情况进一步加强了我的信念，那伙内部人在这样一个时候拉抬股价，既得不到普遍大势的支持，也得不到公司自身盈利的支持，不只是胆大妄为，而且是搬起石头砸自己的脚。

该股的强行抬升，虽然既不合逻辑，时机也不对，但毕竟吸引了某些公众跟风，这无疑反过来鼓励了那帮内部人继续实施他们不理智的策略。因此，我卖出更多股票。内部人停止了他们的愚蠢行径。就这样，我根据自己的交易方法一次又一次地试探市场，最终总共累积了 3 万股热带贸易公司的空头头寸。到这时候，该股价格位于 133 美元。

有人警告我，说热带贸易公司的内部人确切地知道他们的每一张股票在华尔街的下落，知道每一位空头的准确身份和做空规模，以及其他具有战术意义的对手细节。他们是一伙能干的家伙，也是精明的交易者。总之，他们同时具有两方面优势，和这样的人作对恐怕没有好果子吃。然而，事实就是事实，交易者最强大的同盟军是市场大势。

当然，在从 153 美元下跌到 133 美元的过程中，空头的数额有所增长，公众则在市场回落时买进，他们又起了老念头：这只股票在 153 美元以上曾经被视为值得买进，现在还低了 20 点，岂不是好上加好的买进机会？同一只股票，同样的红利率，同一批管理者，同样的业务——天大的便宜！

公众跟风买进减少了市面上的浮动筹码，那伙内部人清楚，许多场内交易者已经做空，以为现在是有利于压榨空头的时机。果然，行情一溜小跑地涨到 150 美元。我敢说当时许多空头买入平仓，但是我不为所动。为什么着慌？内部人或许知道外面还有一位 3 万股的空头没有平仓，但是他们知道就能吓倒我吗？当初驱使我在 153 美元开始卖空并且在市场一路下跌到 133 美元的时候保持不动的那些理由，不仅依然存在，而且比以往来得更加强烈了。内部人或许打算强迫我平仓，然而，他们拿不出任何站得住脚的理由。市场的基本条件正在为我而战。既不必恐惧，也要有耐心，这不难做到。投机者必须对自己有信心，对自己的判断有信心。已故的迪克森·G.沃茨，纽约棉花交易所前任理事长，名著《投机，一门艺术》（*Speculation as a Fine Art*）的作者，曾经说过，投机者的勇气便是自信到足以把头脑中的决定付诸行动。对我来说，我从不害怕自己是错误的，因为除非市场证明我是错误的，否则我绝不会认为自己是错误的。事实上，不把自己的经历转化为获利的本钱，我便寝食难安。当前的市场轨迹不足以证明我是错误的。正是市场上涨时或者下跌时所表现出的特征，决定了我的头寸到底是正确的还是错误的。我的成长之路只能凭知识铺就。如果摔跟头，根子必定在于自己犯了错误。

市场从 133 美元上涨到 150 美元，没有表现出任何足以令我害怕而平仓出局的特征。目前该股票已经重新开始下降，正如预期的那样。内部人小团伙来不及提供支撑，它就跌破了 140 美元。就在他们买进的时候，市面上同时涌出一大批看好该股的传言："听说该公司正在创造令人难以置信的巨大利润，因此可以合理预期定期的分红将会提高""空头头寸的数额据说也很巨大，有人即将策动一场'世纪大逼空'来收拾看空的一方，特别是某位空头，他的空头头寸膨胀得太过分了。"我难以一一细说听到的各种说法，在这个过程中他们把价格抬升了 10 个点。

在我看来，他们对市场的操纵对我并没有什么大不了的威胁，但是当价格触及 149 美元的时候，我下定决心，不能听任华尔街把四处流传的看好谣言都当成事实照单接受，那并不明智。当然，不论是我还是任何其他哪位圈外人士都没什么可说的，无论说什么也不可能对那些被吓坏了的空头们产生多大的说服力，或者对那些根据道听途说交易的轻信的经纪行客户们产生多大的说服力。最有效也最彬彬有礼的反驳，是行情纸带上打出的数据。人们宁可相信纸带，也不会相信哪位活人信誓旦旦的保证，更不用说这话出自一位自己做空了 3 万股的家伙。因此，我采取了对付斯特拉顿操纵玉米时的同一个策略，当时我靠卖出燕麦来引导交易者们对玉米看空，这次还是靠经验和记忆。

那伙内部人拉抬热带贸易公司股价意在恐吓空头们，我并没有力图通过卖出股票来阻止价格上涨。我已经做空了 3 万股股票，在流通股数中已经占了较大比例，我认为明智地做空不应超过这个比例。我并不想把自己的脑袋伸进他们显然为我量身定做的绞索套中——第二次上涨实在算得上急切的邀请了。当热带贸易公司触及 149 美元的时候，我的对策是卖出 1 万股赤道贸易公司（Equatorial Commercial Corporation），这家公司持有一大批热带贸易公司的股票。

赤道贸易公司不像热带贸易公司，它不是一只活跃股，在我卖出时，其股价大幅下挫，正如我所预见的那样。如此一来，我的目的也就达到了。那些交易者还有经纪行的客户们都已经听说了看好热带贸易公司的种种粉饰之辞，这些说法本身倒是能够自圆其说。然而，现在他们看到在热带贸易公司上涨的同时，赤道贸易公司遭到重仓抛售，且价格急剧下跌，自然便会得出结论：热带贸易公司股价的坚挺纯属烟幕弹，显然是一场人为策动的上涨行情，用来掩护内部人在赤道贸易公司上卖出变现。赤道贸易公司是热带贸易公司最大的股票持有者。这肯定是那些内部人做多了赤道贸易公司，现在正卖出平仓，因为此时此刻热带贸易公司涨势如此强劲，圈外人做梦也不会想到会有人卖空这么多的赤道贸易公司。于是，他们卖出热带贸易公司，阻止了该股的上涨。那伙内部人倒是识相，不愿意接下人们正急于卖出的所有股票。从内部人停止支撑热带贸易公司股价的那一刻起，其股价便开始下跌。交易者和主要经纪行现在也开始卖出一些赤道贸易公司股票，我借机买入该股平仓，稍有获利。我卖出这只股票的本意并不是要从中获利，而是为了阻止热带贸易公司的上涨。

一次又一次，热带贸易公司的内部人，还有他们雇用的勤奋的公关人员，向华尔街倾泻各种各样的利好消息，力图拉升价格。每次当他们鼓噪上攻时，我便卖空赤道贸易公司；热带贸易公司回落，带动赤道贸易公司下跌，我便买入赤道贸易公司平仓。这么一来，操纵者的嚣张气焰逐渐瓦解。最终，热带贸易公司的股价下降到了 125 美元。空头的规模真是扩张得太大了，因此内部人能够驱动行情上涨 20 ～ 25 点。这一次，由于空头规模过度扩张，策动行情向上有足够的合理性。虽然我已经预见到这波上涨，但是并没有买入平仓，因为我不愿意丧失自己的立场。在赤道贸易公司还没来得及追随热带贸易公司的上涨脚步前，我便卖空了大量赤道贸易公司，并且取得了跟前几次一样的结果。这下子戳穿了关于热带贸易公司重重利好的西洋镜。随着其股价轰动一时的上涨，这类说法近来甚嚣尘上。

这一回，总体市场已经变得相当疲软。之前我曾经说过，当初在佛罗里达的钓鱼营地，正是由于确信市场正处熊市行情下，我才受触动卖空热带贸易公司。我同时卖空了其他一些股票，但是热带贸易公司是我的心头好。最终，基本条件方面的压力实在太大，内部人团伙无力抗拒，于是热带贸易公司的股价坐上雪橇滑了下去。它跌到了 120 美元以下，这是数年之内头一次，然后又跌过了 110 美元，接着跌破 100 美元的面值。我依然没有轧平头寸。一天，总体市场极度疲弱，热带贸易公司跌破了 90 美元，利用市场土崩瓦解的机会我买入平仓。依然是老一套理由——市场流动性好，行情疲软，卖出的人数超过买进的人数。即使冒着被人误会成只是夸耀自己多么聪明的风险，我还是要告诉你，实际上我是在这轮行情的最低价买入 3 万股热带贸易公司的。然而，我并不曾追求在底部平仓，我的意图只是把账面利润尽可能完好无损地转化为现金。

在整个过程中我始终坚持不动，因为我知道自己的立场是脚踏实地的。我没有对抗市场趋势，也没有违背市场基本条件。事实正相反，正是这一点让我确信无疑，那伙过度自信的内部人注定要失败。他们企图达到的目标，之前已经有人尝试过，并且总是以失败而告终。即使中途经常出现上涨，也不能吓倒我。我和别人一样清楚它们会出现的走势。一动不如一静，我知道，始终坚持不动，最终结果会比忙乱地先平仓再找更高价位卖空的对策优越得多。通过咬定我相信正确的空头头寸不放，最终获利超过 100 万美元。我既没有依靠直觉，也没有凭借阅读纸带的技巧，更不是凭借顽固坚持的鲁莽。我对自己的判断坚信不疑，既不是靠我的聪明，也不是因为我自负，而是坚信不疑给我带来了回报。知识就是力量，凭这力量无须害怕谎言——即使是行情纸带印出来的谎言。随后，市场的回升很快就来了。

一年之后，热带贸易公司的股价再度抬升到 150 美元，并在这里徘徊了好几个星期。总体市场形成明显回落的条件已经成熟，因为大势之前经历了一段毫无阻碍的上涨过程，目前已经不再走牛。我之所以知道，是因为已经测试过市场。现在，热带贸易公司所属的股票群体正处在非常糟糕的经营环境下，即便总体市场继续上涨，也看不出来有什么因素能够以任何方式支撑那些股票，何况大市并不乐观。因此，我开始卖出热带贸易公司，我打算卖出的总数为 1 万股。随着我的卖出，价格下跌了。我看不出市场对该股票有任何支撑。然而，突然之间，市场的走势特征发生了改变！

我向你保证，在支撑力量进入市场的那一刻我能够立即辨别出来。我说这话，并不是为了把自己打扮成一位市场魔法师。这立即引起我深思，这只股票的内部人从来不觉得他们有任何道德义务来维持股票价格，在当前总体市场正走低的形势下如果他们买进该股票，其中必有原因。他们既不是无知的蠢驴，也不是慈善家，更不是为了在场外市场卖出更多股票而维持股价的投资银行家。尽管我和其他人都在卖出，但是股票价格仍保持上涨。我在 153 美元轧平了自己的 1 万股空头，在 156 美元我入市做多，因为到了这个时候，行情纸带告诉我最小阻力路线是向上的。我对总体市场是看空的，这并没有受到一般意义上的投机理论的挑战，但是，在这只特定股票上，必须应对其独特交易状况带来的挑战。该股价格绝尘而去，超过了 200 美元。这是当年的一桩奇闻。人们在街谈巷议中、在报纸上纷纷评说，我这次被榨出了 800 万 ~ 900 万美元，我感到备受抬举。事实上，我非但没有做空，而且在热带贸易公司一路上涨的过程中始终做多。实际上，我持有多头的时间稍微长了一点，以至于放跑了一部分账面利润。你想知道为什么会出这个岔子吗？因为我以为热带贸易公司的内部人自然会按照如果我处在他们的位置将会采取的做法来行事。实际上，当时我没有想明白，其实他们和我无关，我的正业是交易，也就是说，应该始终追随摆在我面前的事实，而不是根据自己料想其他人会怎么做来行动。

19

市场操纵故事多，卖空逼空大斗法

我不知道什么人从何时开始，把"操纵"这个词和在股票交易所大批量卖出证券的行为联系起来了，实际上这只是一种常见的推销商品的"操作"过程。设法压低股票价格以便低价买进、搜集筹码，也被称为"操纵"。但前者的"操作"和后者的"操纵"是不同的①。交易者不用自甘堕落地采取非法手段，也可以实现操作目标，不过要完全避免可能在某些人看来不合法的一些做法是非常困难的。在牛市行情下，如果你打算买入一大笔股票，怎样才能避免由于你的买进而把价格推高呢？这是一个大问题。如何解决这个问题呢？答案和许多方面都有关，无法给出一个普遍适用的解决方案，除非你说：或许可以通过非常机敏的操作来实现。可以举个例子吗？这取决于各种条件，所以我不可能给出更具体的答案了。

我对我的生意的各个方面都抱有深切的兴趣。当然，我既借鉴别人的经验，也从亲身经历中学习。不过，如今要从经纪行营业部下午收市后大家聊起的趣闻逸事中学会如何操作股票，恐怕是缘木求鱼。过去的绝大多数诀窍、手段和应急方法要么已经过时、无效了，要么是非法的、不可行的。股票交易所的规则和条件都已经改变，诸如丹尼尔·德鲁、雅各布·利特尔（Jacob Little）或杰伊·古尔德（Jay Gould）50年前或75年前的那些传奇故事，即便说得准确而详尽，也很少有听取的价值了。今天的市场操作者不再有必要考虑他们曾经做过什么、怎么做的了，就像西点军校学员不再有必要通过研究古人的射箭术来学习实用弹道学知识，以提高操作大炮的技能。

---

① 证券市场大额交易和常规交易显然有很大的不同，这对常规交易的连贯性有显著影响。典型的大额交易既包括证券的初始发行卖出，也包括证券持有人出于投资、并购、分拆等目的的大额买卖。本书主人公"我"习惯于大手笔交易，有深厚的大额交易市场经验。原著"操纵"和"操作"用的都是同一个英语单词"manipulation"，译者根据文意和自己的理解用这两个中文词语来区分。

　　另一方面，研究人性的因素可以给予我们有利的启示，比如说，人类求安畏难，宁愿相信那些让他们感到安逸的东西；人们允许自己——岂止允许，简直是强迫自己——深受贪婪和恐惧的摆布，一般人往往由于草率随意的习性而在投资中所费不赀。恐惧和期盼是永恒的人性，因此对投机者心理的研究一如既往地具有价值。虽然武器改变了，但是，计谋还是那些计谋，不论是在纽约股票交易所内还是在真刀真枪的战场上。我认为，对整个交易行业最精辟的总结出自托马斯·F.伍德洛克（Thomas F. Woodlock），他写道："指导股票投机成功的原则建立在以下假定之上：未来，人们将继续重复过去曾经犯下的错误。"

　　在景气的时候，公众参与市场的热情达到了最高潮。这种时候根本不讲究任何细节，因此浪费时间讨论到底是操纵市场还是正常投机是没有意义的。如果一定要这么做，那么无异于在下雨天力图找出同时落在大街对面屋顶上的两点雨滴有什么不同。肥羊们总是指望天上掉馅饼，坦白地说，所有的景气时期总是对肥羊们产生吸引力，人性的贪婪和无处不在的繁荣刺激了人们赌博的天性。企求轻松赚钱的人们最终不可避免地要为追求这种特权而付出代价。无数事实决定性地证明，这种特权在喧嚣的红尘中根本不可能找到。当我听人说起旧时代的交易经历和种种骗局伎俩时，起初总以为19世纪60年代和70年代的人们比20世纪初的人们更容易上当受骗。然而，每一天或者至多隔一天，笃定可以从报纸上读到最近发生的庞氏骗局（Ponzi scheme）、某家对赌经纪行遭到突击查封等报道，肥羊们的千百万资金一夜消失。虽然这些损失轰轰烈烈、突如其来，但是同样汇聚到了财富损失的大潮流之中——由于遭受通货膨胀的侵蚀，储蓄存款的价值悄无声息地、日复一日地被消损亏蚀。

　　当我刚刚来到纽约的时候，人们对"洗筹"和"对倒"议论纷纷，因为这类行为是股票交易所禁止的。有时候，洗筹的行为实在太过粗野，难以掩人耳目。不论何时，只要有人力图拉抬某只股票的价格，或者发动我前面曾经不止一次说到的"对赌行偷袭"，经纪行便毫不犹豫地祭起"庄家频繁洗筹"的套话来搪塞客户。所谓对赌行偷袭，指某只股票的卖出价突然在短时间内下降2~3个点，目的只是在行情纸带上留下价格下跌的记录，这样对赌行就可以把无数做多该股票的小额交易者洗劫一空。至于对倒，这类手法用起来总是令人提心吊胆，原因在于在不同的经纪商之间难以协调、难以同步操作，并且这类活动违反股票交易所的规则。几年前，一位著名作手在对倒指令中取消了卖出指令，却忘了取消买入指令，结果不知就里的经纪商在完成买入指令的过程中，几分钟之内就把价格推高了 25 点，然而，买入指令一完成，市场便同样快速地跌回起点。对倒的本来意图是人为制造交易活跃的表象。但是，其实现手段如此不可靠，显然不是什么好主意。你看，甚至没法对最好的经纪商抱有任何信心——如果你还希望他们保住纽约股票交易所会员资格。不仅如此，如今的税法已经大大提高了所有包含虚假交易的手法的成本，比过去同样的做法高得多。

辞典上对"操纵"的定义还包括逼空行为[①]（即囤积垄断）。现在，囤积垄断现象的产生既可能是操纵市场的结果，也可能是竞争性买入的结果。举例来说，1901 年 5 月 9 日发生在北太平洋铁路股票上的囤积垄断事件肯定不属于操纵行为。在斯图兹汽车（Stutz）的囤积垄断事件中，有关各方都付出了高昂的代价——无论在财务上还是在声誉上。就这一点来说，它显然不属于蓄意谋划的逼空事件。

从事实来看，始作俑者极少能够从大规模囤积垄断事件中真正获利。范德比特准将（Commodore Vanderbilt）两次囤积垄断哈勒姆铁路（Harlem）股票都大有所获，但是这数百万美元是这老家伙应得的，是从许许多多赌徒、不诚实的国会议员、企图欺骗他的市议员手中得来的。另一方面，杰伊·古尔德在囤积垄断西北铁路股票时大败亏输。S.V. 怀特执事囤积垄断拉克万纳铁路股票获利 100 万美元，但是詹姆斯·基恩在囤积垄断汉尼拔－圣乔铁路（Hannible & St. Joe）股票中亏损 100 万美元。逼空者能否在财务上取得成功，当然取决于他能否以高于成本价的水平卖出积累起来的巨大持仓，而且空头的规模必须达到一定水平后才能使他如愿以偿。

我常常感到疑惑，为什么半个世纪以前逼空的手法在大作手中间如此流行。他们都是精明强干、经验丰富的一时俊杰，头脑清醒，不会傻里傻气地幻想同行的交易者怀着一副慈悲心肠。然而，他们常常上当受骗，其频繁程度令人惊讶。一位充满智慧的老经纪商曾经对我说，19 世纪 60 年代和 70 年代的所有大作手都有一个野心，就是要做成一桩逼空。在许多情况下，这都是自负的产物；

[①] 卖空者是借入证券来卖出的，最终必须买入证券平仓归还。逼空者大举买入市面上的浮筹，囤积起来暂不流通，让卖空者不能顺利买到筹码，由此会引发恐慌性抢购。交易所为了保护市场秩序，通常对卖空和做多的持仓比例有限制。

而在其他情况下，则出于复仇的欲望。无论如何，被人指名道姓地说某某成功逼空了这只股票或那只股票，实际上相当于赞许此人的头脑、勇气和狡诈。这可以给那位逼空者带来睥睨同行、目无余子的特权。他心安理得地接受同行们的喝彩，感觉完全是实至名归。驱动逼空的幕后推手们拼命努力的，并不只是未来获得钱财的利益前景，还有包括这些冷血的作手患有自负综合征，是自负综合征在发挥作用。

在那个年代，人与人之间的倾轧简直无所不用其极，并且乐在其中、视若等闲。我想前面对你讲过，我不止一次想尽法子才躲过了被人逼空压榨的命运。这不是因为我拥有什么神秘的盘口感觉，而是因为当买进某只股票之后，市场出现了不再适宜做空的新特点的时刻，我一般都能够立即辨别出来。我是通过常识性的测试交易来做到这一点的，在过去的时代也一定有人是这么尝试的。老丹尼尔·德鲁时常挤压那些小伙子们。他们做空，把伊利湖公司的股票卖给德鲁。他便通过逼空迫使他们支付较高的价格回补。德鲁本人在伊利湖公司上遭到范德比特准将的逼空，当老德鲁乞求准将高抬贵手的时候，准将阴沉着脸引述了老德鲁这位大空头自己的传世格言：

"卖掉不属于自己东西的人，

要么买回来，要么蹲大牢。"

华尔街已经很少有人记得曾经在华尔街纵横驰骋一代人之久的一位作手，他可是一代巨头。能够让他称得上不朽的似乎主要便是这个术语——"稀释股票"。

1863年春，阿迪森·G. 杰罗姆（Addison G. Jerome）是人们公认的市场之王。他们告诉我，杰罗姆说的市场贴士简直是金口玉言，被视为和银行存款一样可靠。从各方面的介绍来看，他是一位伟大的交易者，赢利数百万美元。他出手阔绰到了挥霍的程度，在华尔街上拥有众多的追随者——直到以绰号"沉默者威廉"著称的亨利·基普在老南方铁路上逼空，把他所有的几百万美元压榨一空。顺便说一句，基普是罗斯韦尔·P. 弗劳尔州长（Rosewell P. Flower）的姻亲兄弟。

在老式逼空案例中，绝大多数操纵市场的过程主要是不让由于受到各种诱惑而卖空的对手察觉你正在囤积垄断。因此，这种做法主要瞄准的是作为同行的职业交易者，而普通大众是不会"好心地"站到做空的行列里去的。诱使那些精明的职业交易者在这类股票上开立空头头寸的原因与今天诱使他们卖空的原因在很大程度上如出一辙。撇开范德比特准将的哈勒姆铁路逼空事件不谈，在这个例子中卖空的都是那些不守信义的政客。根据我搜集到的关于其他案例的报道，那些职业交易者之所以卖空那只股票，是因为它的价格太高了。而他们认为它的价格太高的理由是，它之前从没有达到这么高的价位。这么一来，它的价格就高得不能再买进了。既然它的价格高得不能再买进，那么卖空它正合适。这套路子听起来相当摩登，不是吗？他们关心的是它的价格，而准将关心的是它的价值！事过多年之后，老辈们告诉我，那时候只要有人一贫如洗、境况凄惨，人们便常常指着说："是他做空哈勒姆的！"

多年之前，我碰巧有机会和杰伊·古尔德的经纪商之一聊天。他诚恳地向我保证，古尔德先生不仅是一位举世无双的人物——正是他，让老丹尼尔·德鲁浑身战栗着说"他的手沾谁，谁就得死"，而且其成就远远超越了过去的和现在的所有市场操纵案例。他必定是一位金融魔法师，不然做不到他所取得的成就，这一点确定无疑。甚至过了这么多年之后，我还能栩栩如生地回想起他以令人惊异的才华迅速适应新局面。而作为一位交易者，这一点最为难能可贵。他进攻和防守的方法随机应变、灵活多样，因为他更关心的是资产运作，而不是股票投机。他之所以操纵，谋求的是投资价值，而不是市场反转。他早已看出拥有铁路才能够挣大钱，而不是在交易所场内操纵铁路公司的证券。当然，他需要利用股票市场。但是，我怀疑这只是因为从股票市场赚快钱、赚容易钱是最迅捷、最轻松的筹资方式，而他需要千百万美元才能大展宏图，就像老科利斯·P.亨廷顿（Collis P. Huntington）总是缺钱一样，因为除了银行愿意借给他的数目之外，他总觉得还短2000万~3000万美元。有远见，没资金，只好干着急；如果再有资金，那就意味着成就；成就意味着权力；权力意味着金钱；金钱意味着更多的成就。如此循环，没有尽头。

当然，那个时代操纵市场的并不仅限于大人物，还有众多规模小一些的市场操纵者。我记得一位老经纪商给我讲过一个故事，是关于19世纪60年代早期市场风气的。他说："我对华尔街最早的记忆是我第一次踏足金融街区时所看到的光景。我父亲需要到那儿办理一些事务，因为这样那样的原因，他带着我随行。我们沿着百老汇大街向前走，我记得在华尔街那儿拐弯走进去。我们在华尔街上走着，快要到达布罗德街或者拿骚街的时候，就在拐角的地方——现在那儿建了银行家信托公司的大楼——我看到一大群人跟着两个人。第一个人朝东走，尽力摆出一副满不在乎的样子。他身后跟着另一个人，这人脸通红，一手抓着帽子狂乱地挥舞着，一手紧握拳头在头顶上晃动。他声嘶力竭地高喊："夏洛克①！夏洛克！昧心钱是什么价？夏洛克！夏洛克！"我看见从街道两边的窗户里探出许多脑袋。那个时候还没有摩天大楼，不过，我确信从二层和三层楼的窗户里伸长脖子的看客几乎要翻跌下来了。我父亲向人打听怎么回事，别人对他讲了些什么，我没听见。我死命拽着父亲的手，满心害怕挤来搡去的人群把我们冲散。人群越来越稠密，大街上的人也越来越多，我很不安。面色不善的人们从北面的拿骚街走来，从南面的布罗德街走来，从东面的华尔街走来，从西面的华尔街走来。我们好不容易挤出人群，父亲对我解释叫喊'夏洛克'的那个人是某某某。我忘了那个名字，不过，他是城里的派系里控制股票的最大作手，据说他在华尔街曾经赚到手的和赔出去的钱数比任何人都多，除了雅各布·利特尔之外。我记得雅各布·利特尔的名字，因为我感觉一个大男人叫这个名字有点儿滑稽②。另一位，被称为'夏洛克'的，是臭名昭著的锁定资金者。他的名字我也记不起来了。但是，我记得他是高个子，瘦瘦的，脸色苍白。在那个时代，华尔街的派系惯于通过提前借入资金等方式占住资金，卡住股票交易所内资金借入方的资金来源。他们办好借入资金的手续，拿到一张保付支票，然后并不实际提取资金来使用。这当然属于不正当的垄断，我认为这是某种形式的市场操纵。"

我赞同老先生的看法。那一段市场操纵的历史时期，如今已经成了过眼烟云。

---

① 夏洛克，意指狠毒无情的放高利贷者。原为莎士比亚剧作《威尼斯商人》中反面角色的名字，是一位放高利贷者。

② 叙说者之所以认为雅各布·利特尔的名字有点滑稽，是因为利特尔的英文是"Little"，本意为"小不点"的意思。

20

批量分销需操作，股票交易遵同理

我本人从来没有和华尔街仍然在谈论的那些股票市场的大作手有过直接接触。我指的不是那些大老板，而是市场操作者。他们都是比我这代更早期的人物，虽然当我刚来到纽约的时候，詹姆斯·R.基恩，他们之中最了不起的一位，正如日中天。但是，我那时只是一个小后生，一心想的是在一家信誉良好的经纪商营业厅完全再现自己在家乡对赌行里曾经享有的成功交易方式。那个时候基恩正忙着操作美国钢铁股票——他的市场操作案例中的杰作，而我当时对市场操作没有任何经验，实际上一无所知，既不知道它是什么意思，也不知道它有什么用处。而且我也不怎么需要这样的知识。如果我曾经对它有过什么想法，估计一定把它看成了包装得更加冠冕堂皇的高级骗术。我在对赌行里曾经遭遇的那些骗局与其本质一致，只是更赤裸裸、更低级。此后我听到的这类话题在很大程度上是由臆断、疑惑组成的，与其说是理性分析，毋宁说是猜测。

在熟悉基恩的人当中，不止一位曾经对我说，他是华尔街有史以来最大胆、最卓越的作手。这已经很说明问题了，因为华尔街曾经出现过一些了不起的交易者。他们的名字差不多已经被遗忘了，但是不管怎么说，他们在自己的时代无不风云一时——至少曾经有一天成为市场的王者！行情纸带把他们从籍籍无名中抬举出来，让他们在金融舞台的聚光灯下争得了一席之地。不过，小小行情纸带的作用看来并不持久，不足以让他们的声望长久维持，在金融史上留名。无论如何，基恩毫无疑问是他那个时代最棒的市场操作者——那真是漫长而激动人心的日子。

他充分利用自己对市场的了解、作手的经验以及天赋来获利，当时他正为哈夫迈耶兄弟打工，他们要他为糖业股份的股票打开市场。当时他处在破产状态，不然必定继续为自己交易。他是一位了不起的豪赌客！他在糖业股份上的操作很成功，使得该股票成为热门的交易股票，很容易卖出去。在这之后，不停地有人请求他主持集合资产池的管理。据说他在管理这些集合资产池时，从不要求或者接受任何管理费，而是和集合资产池的其他成员一样，按照自己的份额获得报酬。当然，集合资产池的市场运作完全由他说了算。时常传出有人背信弃义的议论——既有说他的，也有说他的合作方的。他和惠特尼-瑞安派系（Whitney-Ryan clique）之间的恩怨便由这类风声而起。操作者很容易被他的合作者误解，因为后者不能像他那样看出有些事不得不为。根据自己的经验，我对这一点深有体会。

很遗憾，基恩没有把他最出色的英勇事迹留下准确的记录——1901年春对美国钢铁公司股份的成功操作。照我理解，基恩从来没有和 J.P. 摩根面谈过此事。摩根的公司由塔尔博特·J. 泰勒公司（Talbot J. Taylor & Co.）担任经纪商，或者直接与之交易，而基恩正是以这家公司的营业厅作为自己的大本营的。塔尔博特·J. 泰勒是基恩的女婿。有人言之凿凿地告诉我，基恩从其工作中获得的回报既有金钱，更有在工作过程中体验到的乐趣。那年春天他为行情上涨助了一臂之力，自己也获利数百万美元，这事众所周知。他曾经对我的一位朋友说，在几个星期之内，他通过公开市场为股票承销团卖出了超过75万股股票。考虑到以下两项因素，这个业绩实在不简单：第一，该公司的股票初次发行，未经市场考验，并且其总市值比当时美国政府的全部债务总额还要大；第二，在基恩助力造成的市场行情上，D.G. 里德、W.B. 利兹、穆尔兄弟、亨利·菲普斯、H.C. 弗里克以及其他钢铁巨头利用同一个市场、于同一时间也向公众发售了数十万、上百万股的股票。

当然，总体形势对他有利。当时不仅有良好的商业形势，还有普遍的乐观预期以及不受限制的强大资金作后盾，这为他的成功铺平了道路。当时，不仅存在巨大的牛市行情，还有高涨的商业景气以及人们亢奋的精神状态，这些以后不大可能再遇到了。市场对这批证券消化不良，后来引发了大恐慌。对美国钢铁的普通股，基恩在1901年标价为55美元，1903年该股股价跌到10美元，1904年再下跌到8-7/8美元。

我们无从分析基恩手法巧妙的销售活动，找不到他的著作，也不存在足够翔实的文件记录。不然，如果有机会研究一下他在联合铜业（Amalgamated Copper）上的处理手法，会很有意思。H.H. 罗杰斯和威廉·洛克菲勒曾经试图在市场上把他们多余的股票销售出去，但是失败了。最终他们请求基恩来销售他们的库存，他答应了。要知道，H.H. 罗杰斯在他的时代曾经是华尔街最精明强干的生意人之一，而威廉·洛克菲勒在整个标准石油公司的小集团内当属最为大胆进取的投机客。他们拥有几乎无尽的资源、显赫的声望，并且也亲自在股票市场的游戏中浸淫多年。然而，他们依然不得不求助于基恩。我之所以指出这一点，是为了向你说明，有些事务非交给行家里手不可。这只股票上市前广泛地鼓吹策动，其控股股东又是美国最了不起的资本家，但是就是不好出手，看来势必折让一大笔价钱、再牺牲一些声誉才能卖出。罗杰斯和洛克菲勒的确明智，他们决定寻求基恩的帮助。

基恩立即着手工作。市场正处在牛市行情，他展开工作，共在面值附近卖出了 22 万股联合铜业。当他把内部人的持仓减持完毕后，公众继续保持买进的势头，股价继续上涨了 10 点。当内部人看到公众接盘如此踊跃的时候，虽然他们自己刚刚卖完股票，却对自己的股票转而看多。有一个故事说，罗杰斯当真建议基恩做多联合铜业。这不大可能是罗杰斯意图把股票转嫁给基恩。他太精明了，不可能不清楚基恩可不是温顺的羔羊。基恩的操作手法一如既往——也就是说，在市场经过大幅上涨后的下跌途中完成大额卖出。当然，他的战术取决于具体需要，以及日复一日的市场短线变化的具体情况。股票市场如战场，最好时刻在意战略和战术的区别。

基恩的铁杆亲信之一——也是我认识的最出色的飞线钓手——就在前几天亲口告诉我，在运作联合铜业期间，有一次基恩发现自己手上几乎一股都没有了。也就是说，在推高价格的过程中，他不得不吃进一些股票，现在这些股票全卖光了。卖光之后的第二天，他可能买回几千股。第三天，再卖出，达到总体平衡。然后，他便放手不管市场，看看市场是不是能够自己照顾自己，同时也引导市场逐步适应独立交易。到了他真正动手销售那笔头寸的时候，采取的就是刚才我说的做法：在市场下跌途中卖出。公众交易者总是习惯于抢反弹，此外，做空的人此时也在买入平仓。

那位基恩的亲信对我说，在基恩完成罗杰斯－洛克菲勒持仓的销售任务之后，卖得了 2000 万～2500 万美元的现金，罗杰斯派人送来一张 20 万美元的支票。这个故事很容易令人联想起另一则故事，一位百万富翁的夫人在大都会歌剧院遗失了一条价值 10 万美元的珍珠项链，剧院清扫女工拾得项链并完璧归赵，结果这位夫人只打赏了 50 美分。基恩退回了那张支票，彬彬有礼地附了一张便条，写着，他不是股票经纪商，不过很高兴给他们提供服务。他们留下支票，寄来一封信，说他们会很乐意再次跟他合作。之后不久，H.H. 罗杰斯好心地给了基恩一个贴士，叫他在 130 美元买进联合铜业！

詹姆斯·R. 基恩，多么卓越的作手！他的私人秘书对我说，当市场演变方向对基恩先生有利的时候，他性情暴躁。了解他的人都说，他发脾气时喜欢发表嘲讽式的警句，这些警句往往在听者的脑海中萦绕多日。然而，当处在亏损状态时，他反而是心情最好的状态，举止文质彬彬，态度平易近人，言谈机智风趣。

世界各地的成功投机者都具备一种共同的思维素质，基恩属于其中最高级别的。显而易见，他从不和行情纸带争辩。他完全不受恐慌情绪的影响，但并不是不计后果地轻率鲁莽行动。他能够并且的确做到了，一旦发现自己做错，便在刹那之间掉转方向。

自从他那个时代以来，股票交易所的规则已经发生了太多的改变，对交易规则的推行也比过去严厉得多，股票卖出和交易赢利都被征收了花样繁多的新税种，不一而足，以至于交易这个行当似乎和过去全然不同。基恩运用自如并有利可图的那些技巧已经过时了。与此同时，我们还得到许诺，说华尔街的商业道德已经上升到了一个新台阶。虽然如此，公允地说，无论在我们金融史的哪个阶段，基恩都能够成为一位伟大的市场操作者，因为他是一位伟大的股票作手，彻底精通投机的行当。他之所以能够取得那些成就，是因为当时的市场形势允许他这么做。假使他是在 1922 年承担的那些重大任务，那么不一定能够取得和 1901 年或者 1876 年同样的成功。他在 1876 年从加利福尼亚初次来到纽约，在 2 年的时间内赢利 900 万美元。有些人的步伐远远快于熙攘众生。他们注定成为领先者，不论熙熙攘攘的尘世发生了多大的变迁。

实际上，世道变化并不像我们想象的那么激进。回报不再有过去那么大，因为工作也不再如过去那样具有开创性，所以当然不可能得到开创阶段的高回报。无论如何，从具体情况来说，在某些方面，市场操作比过去更容易，而在其他方面，则比基恩的时代难得多了。

毫无疑问，广告推销是一门艺术，而市场操作则是以行情纸带为媒介的广告推销艺术。应当让行情纸带讲述操作者希望读者看到的故事。故事越真实，则必定越有说服力；说服力越强，则广告推销的效果越好。举例来说，今天的操作者不仅要让股票行情看起来坚挺，还要让它果真坚挺。因此，操作者必须以扎实的交易原则为依归。正是凭着这一点，基恩才能成为如此杰出的操作者，他首先是一位完美的交易者。

"操纵"这个词现在已经带有恶名声了，因此需要一个代称。如果市场操作的目的是批量销售股票，并且在操作过程中没有不实的陈述，那么我不认为其过程带有任何神秘的色彩，或者其过程本身带有任何欺诈的意味。毫无疑问，市场操作者必须在投机者中间寻求买主。他的诉求对象是那些期望为其资本谋求大回报的人们，因此，这些人愿意承担比常规业务更高的风险。如果有人明知这一点，但是在未能如愿赚到来得容易、来得快的钱时便归咎于他人，对这样的人我没有多少同情心。你看，当他获利的时候，觉得自己多么英明啊。然而，当他亏钱的时候，他要找替罪羊，替罪羊便成了骗子、成了操纵者！到了这种时候，从这种人嘴里说出来的往往是"有人搞鬼"。但实情并非如此。

通常，市场操作的目的是形成证券的销售市场，也就是在任何时间都能够在某个价位发行相当大数额的证券。当然，在市场的总体形势发生不利逆转的情况下，集合资产池的管理者可能会发现，除非在价格上做出大到难以愉快地接受的折让，否则难以将手中的证券卖出变现。这时，他们也许决定聘用一位职业作手，相信借助他的技巧和经验能够引导他们有序地撤退，而不至于发生一场丢盔卸甲的大溃败。

你会注意到，我讲的并不是意图通过操纵市场来以尽可能低廉的价格搜集股票筹码的做法，比如通过大批买进达到控制盘面的目的，因为这类行为如今已经不再经常发生了。

当杰伊·古尔德打算确保自己对西联汇款公司（Western Union）股票的控制时，他决定买入一大批该公司的股票。华盛顿·E.康纳（Washington E. Connor）已经有多年没在股票交易所场内露过面了，这次他突然亲自跑到西联汇款公司的交易席位上，开始叫买西联汇款。场内交易者对他大笑，嘲笑他如此愚蠢，竟然以为他们会简单、天真得上钩，他们开心地把他叫买的所有股票都抛给他。这样的把戏太浅陋了，他以为只要装出古尔德先生打算买进西联汇款的样子，就能够把该股的价格推高。这算操纵市场吗？我想我只能这样回答："既不是，也是！"

前面已经说过，在大多数情况下市场操作的目的是尽可能以最好的价格把股票卖给公众。这不仅仅是一个卖出的问题，而且还是一个派发的问题。如果某只股票的持有人达到 1000 人，那么无论从哪个角度来看，显然都优于只有1 个持有人的情况——对该股票的市场更有利。因此，操作者必须考虑不仅要卖出一个好的价格，还要让股票具备良好的持有分布特性。

如果不能引导公众从你手中接过股票，那么即便把股票价格提得再高也没有意义。但凡哪位经验不足的操作者企图在顶部出货而遭遇败绩，老经验们便显出一副明察秋毫的架势，对他说："你可以把牛牵到水边，但是牛不喝水强按头也不成。"狡猾的老狐狸！事实上，你最好牢记一条市场操作规则，基恩和他之前那些精明的先行者们对这条规则烂熟于心。规则如下：通过操作把股票价格尽可能推升到高位，然后在市场下跌的过程中把股票卖给公众。

请让我从头说起。假定有人，某个承销团、集合资产池或者个人，持有大量的股票，希望尽可能按照最好的价格卖出。这是一个计划在纽约股票交易所正式上市的股票。卖出该股的最佳选择应该是在公开市场上销售，而最佳的买入者应当是公众投资者。卖方有人负责谈判发行事宜，他本人或者他委托的某位代理人已经尝试在纽约股票交易所卖出股票，但是未能成功。他有可能原来便熟悉股票市场运作，或者很快就意识到，发行工作所需的市场操作技能超过了自己的资质水平。他本人认识或者听说过有几位作手曾经在处置类似的交易案例中取得了成功的经验，于是他决定借助他们的职业技能。他寻求那几位股票作手之中的某位来帮助自己，正如当他生病时需要寻求医生的帮助或者当他需要专业技术支持时寻求工程师的帮助一样。

假定他听说我了解这个行当。好，我认为他会尽量查访关于我的一切情况。然后安排一场面谈，在约定的时间访问我的办公室。

当然，很可能我熟悉那只股票，知道有关的背景。干我这一行的就该知道这些，我是凭这个来谋生的。我的来访者告诉我他和他的合作者们的意图，并请求我来承担这笔交易的操作工作。

接下来轮到我说话。我会向他查问我认为必要的所有信息，让我清楚地理解到底对方要求我做什么。我判断股票的价值，评估市场接受该股票的可能性。这些情况加上我对当前市场总体形势的研读，有助于我评估提议中的项目操作成功的把握有多大。

如果综合考虑上述情况之后，我倾向于得出有利的结论，我便会接受提议，而且当场提出我的服务所需的条款。如果他接受我的条款，包括酬金和条件，我便立即着手工作。

我一般要求得到一笔较大数额股票的买入期权。我坚持逐步设置买入期权的执行价格，这对所有参与方都再公平不过。买入期权的执行价从稍稍低于当前市场价格的位置开始，然后逐步上升。举例来说，我总共得到了 10 万股的买入期权，该股票当前价格为 40 美元。我从 35 美元开始得到几千股的买入期权，下一笔的价格在 37 美元，接下来是 40 美元、45 美元、50 美元，以此类推，直至 75 美元或 80 美元。

如果我的专业工作——我的操作——起了作用，股价上升，并且在达到最高价格时，市场对该股需求旺盛，我就能够卖出标的股票中的相当数额，自然会行使买入权。于是，我挣到了钱，我的客户也挣到了钱，这是天经地义的。如果我的市场操作技巧值得上他们支付的价码，他们就应该得到回报。当然，也有时候某个集合资产池的运作结果是亏损的，不过这种时候只占极少数，因为当初除非我已经清楚地看到获利的前景，否则是不会承接项目的。今年（1922 年）有一两笔交易我不太走运，没有获利。事出有因，但那是另一个故事了，以后或许可以讲一讲。

要推动某只股票形成上涨行情，第一个步骤是大做广告，让大家都知道该股票即将形成上涨行情。听起来挺笨，不是吗？好，停下来想一想。这并不像听上去那么笨，是吧？事实上，要让大家知道你的诚实意图，做广告的最有效的办法是促进该股票交易活跃和行情坚挺。说一千道一万，世上最了不起的公共关系代理人乃是行情报价机，最有效的广告媒介乃是行情纸带。我用不着为我的客户发布任何文字资料。我不必通知各家报纸该股价值多少，也不必说动财经评论人员对该公司的前景发表研究报告。我也不需要他人跟风买进。我达到上述最终目的的唯一手段是，促进该股成交活跃。只要股票交易活跃，则必定会引起人们对其中缘由的追问。这当然意味着市场将自动发布必要的理由，根本无须我做任何努力。

交易活跃是场内交易者唯一的要求。不论什么股票，只要存在流动性良好的市场，他们便愿意在任何水平买入或卖出。无论何时，只要看到交易活跃，他们便会成千上万股地交易，他们的买卖能力加总起来相当可观。他们必然是操作者争取到的第一批买主。他们将在股价上升的过程中一路追随你，因此他们在操作过程中的所有阶段都发挥着巨大的协助作用。据我所知，詹姆斯·R.基恩习惯于雇用场内最活跃的交易者，既为了以此掩盖市场操作的源头，也因为他深知他们是最佳的业务推广者和贴士散布者。他经常向他们口头授予股票买入期权，执行价在当前市场价格之上，因此他们或许会先帮着做一些有益的工作，然后把期权变现。他迫使他们自己挣得自己的利润，为了获得职业交易者的跟随，我自己的做法从来没有超出促使标的股票交易活跃的范围。交易者并无更多的要求。当然，我们最好记住，交易所场内的这些职业交易者之所以买入股票，是因为他们希望在卖出时获得利润。倒不一定必须是大利润，但是一定必须是尽快了结的利润。

我促使股票成交活跃的另一个目的是把投机者的注意力吸引过来，原因我已经交代过了。我买入它、卖出它，交易者们会依葫芦画瓢。如果你像我一样，坚持要求通过买入期权的方式将如此之多的投机性持股控制起来，那么卖出压力就不会趋于增强。因此，买进的力量超越了卖出的力量。公众则更多地追随场内交易者，而不是追随操作者。他们作为买方入市，这是我最希望引来的需求，我满足他们，也就是说，我会为了保持平衡而卖出股票。如果市场需求达到应有的水平，那么他们吸纳的数量将超过我在操作初期不得不吃进的筹码数量。果真如此，我会进一步做空——从技术上来说。换句话说就是，我卖出的股票超过我实际持有的股票。对我来说，这样做完全是有保障的，因为我其实是凭着自己的买入期权来卖出的。当然，当公众对股票的需求降低后，该股会停止上涨。此时，我开始等待。

比如说，这时该股票停止了上涨的进程，这一天形成了一个疲软的交易日。总体市场或许正在酝酿回落的倾向，或者某位眼尖的交易者可能注意到我的股票几乎谈不上有任何买进指令，于是他卖出该股票，他的伙伴也追随他卖出。无论是什么可能的原因，总之我的股票开始下跌。好，我开始买进它。我给予该股票应有的支持，如果它还受他的引领人钟爱，现在就应该出现这样的支撑。不仅如此，我有能力在不增加持仓的条件下支撑它，也就是说，不会增加我后来应当卖出的股票数量。请注意，这样做就不会导致我的财务资源的减少。当然，其实我所做的不过是买入轧平之前在较高位置卖出做空的头寸，当时是为了满足公众的需求或者交易者的需求或者两方共同的需求而卖空的。当该股票下跌的时候，市场对它有需求，让交易者还有公众清楚地看到这一点总是有益

的。这既有助于防止鲁莽的职业交易者做空，也有助于防止股票持有人被吓坏
而出货变现，当一只股票变得越来越疲软的时候，你通常可以观察到这类卖出
行为，而当一只股票得不到应有的支撑时，就会形成上述恶性循环。通过我买
入平仓的支撑动作，形成了我所称的稳定工序。

随着市场的拓展，我当然会在行情上涨的过程中卖出股票，但是卖出的数
量绝不会达到阻止上涨的程度。这一点与我的稳定计划是严格一致的。显然，
我在合理而有序的上涨过程中卖出的股票越多，便越能鼓励那些保守的投机者，
他们的人数远远超过草率的场内交易员。不仅如此，在随后不可避免地出现回
落的日子里，我就能够为该股票提供更多的支撑。通过总是做空的方式，我便
随时做好准备支撑股票价格，而又不冒增加头寸的风险。通常，我总是在成交
价格足以带来利润的时候开始卖出。但是我也经常在没有利润的条件下卖出，
目的只在于造就或者进一步增强我所称的无风险买进能力。我的操作不只是要
推高股票价格，或是替我的客户卖出一大批股票，还要为我自己挣钱。正因为
此，我不要求任何客户为我的操作提供资金融通。我的项目收入取决于我成功
的程度。

当然，上面描述的做法并非一成不变。我从来没有一个固定的套路，也从
不机械刻板地遵循什么套路。我根据环境条件相机修订自己的条款和条件。

如果有人打算分销某只股票，就应该操作其市场到达尽可能高的点位，然
后再卖出。之所以要重申这一点，既因为这是一项基本规则，也因为公众显然
相信股票派发统统发生在市场顶部。有时候，某只股票在某种程度上像被水沤
烂了，就是涨不起来。这便是卖出的时候。在你卖出的时候，股价自然会下降，
并且下降的幅度超过你的意愿，不过一般都可以慢慢调理让它涨回来。只要我
操作的股票在我买进的时候能够上涨，我便知道一切顺利，如果需要，我会满
怀信心地动用自己的资金买进而无须担忧——在任何其他股票上如果出现同样
的表现，我都会买进的，这便是最小阻力路线。你还记得我关于最小阻力路线
的交易理论吧？好，当最小阻力路线确立后，我追随它，不是因为我在此时此
刻正在操作特定股票，而是因为无论何时我都是一名股票交易者。

我买进的时候如果不能推动股价上升，我便会停手不再买进，反手把股票
价格卖下来。如果同一只股票出现了这样的表现，即使我不是碰巧操作这只股
票，也会按照完全相同的方式来应对。你知道，股票分销的主要工作发生在股

价下跌过程中。市场在下跌过程中，让你能够脱手的股票数量那么大，这令人惊诧不已。

　　请允许我重复，在操作过程中绝无片刻我会忘记自己是一名股票交易者。无论如何，市场操作者所面临的问题与交易者所面临的问题是一致的。如果操作者不能使得某只股票按照他所谋划的方式来表现，那么一切操作方案都将化为泡影。如果你正在操作的股票没有按照它应有的方式变化，那就放弃。不要与行情纸带争辩。不要企图把利润引诱回来。须放手时便放手，这时放手的成本也更低。

21

帝国钢铁大成功，石油产品不如意

我很清楚，这样泛泛地介绍，听起来不会给人留下深刻印象。泛泛的说法很少令人印象深刻。讲一个具体事例，或许可以收到更好的效果。让我讲述一下，我曾经怎样把一只股票的价格推高了30点以上，而在这过程中手上只积累了7000股，由此开发出来的市场有能力吸纳几乎任何数量的股票。

该股票是帝国钢铁公司（Imperial Steel）。发行股票的是一群信誉良好的人，市场推广做得也好，大家都知道它是有价值的投资。总股本中大约有30%通过华尔街的几家承销商面向普通公众发行，但是自从上市以来，它的二级市场行情始终不温不火。偶尔，也有人打听这只股票，这位或那位内部人士——最初承购股本的小群体成员——便出面表示该公司营业收入好过预期，公司前景令人鼓舞。他们说的都是实话，发挥的效果也还可以，但是不足以引起市场的兴奋。该股票缺乏对投机者的吸引力，另一方面从投资者的角度来看，该股票价格的稳定性与分红的持续性还有待证明。这只股票从来没有出现过令人激动的表现。它的表现太有绅士风度了，每次内部人士大张旗鼓地如实发布公司报告，随后股票价格并没有呼应性的上涨；另一方面，股票价格也不下跌。

帝国钢铁就这样保持在不受重视、未被认可和懒得动弹的状态，无所事事。有些股票不下跌，是因为没人卖它；之所以没人卖它，是因为没有人愿意卖空一只分销效果不好的股票。内部人小集团重仓持股，卖空这样的股票，卖空者只能听任他们的摆布。与此相似，市场上也没有诱因来买进这样的股票。帝国钢铁是其中一例。对于投资者来说，帝国钢铁属于投机类股票。而对于投机者来说，这只股票死水一潭——从你买进的那一刻开始，该股票便进入某种昏睡状态，这就违背了你的初衷，使你成为被动的投资者。这就像某人不肯放下过去置办的瓶瓶罐罐，走到哪儿带到哪儿，结果搬运成本已经超过了瓶瓶罐罐本身的价钱。更糟糕的是，当迎来真正的好机会时，他却被绑在旧的瓶瓶罐罐上难以脱身。

一天，帝国钢铁公司大股东中最主要的一位，代表他本人和他的合作者们来访问我。他们希望为该股票打开市场，目前他们控制着尚未分销的70%余股。他们要求我帮助他们以更好的价格减持他们的股票，成交价要比他们在公开市场上直接销售的价格更好。他们希望了解我承接这个项目的条件。

我告诉他，几天之内给他答复。于是，我着手研究该资产。我请一些专业人员实地调研该公司的各个部门——生产部门、商业部门和财务部门。他们向我提交了独立的调研报告。我的意图并不是找出公司的优点或缺点，而是掌握事实，是怎样就怎样。

报告显示这是一份很有价值的资产。公司前景表明按照该股票当前的市价买入是有利的——如果投资者愿意耐心等待一小段时间。在目前的市场环境下，如果该股票价格上涨，那么相对于其他所有股票的上涨，实际上再普通不过、再合理不过了。也就是说，这只是对未来价值贴现的过程。因此，我看不出任何理由不能凭良心而且自信地承接帝国钢铁上涨行情的操作项目。

我把意图交代给我的助手，他在我的办公室打电话和对方洽谈项目的全部细节。我告诉他我有哪些条件。我的服务并不要求对方支付现金，而是买入10万股帝国钢铁股票的期权。买入期权的执行价从70美元逐步上升到100美元。在某些人眼中，这看起来似乎是很大的一笔费用。然而，这些人应当考虑到，内部人士可以肯定他们自己不可能按照70美元的价格卖出10万股，甚至5万股。这只股票没有市场。所有关于公司高水平盈利和美好前景的言论并没有招来股票的买主，至少没有明显的进展。此外，我只有首先让我的客户挣得千百万美元，然后才可能将自己的收费变现。我所要求的并不是贵得离谱的卖出佣金，而是公平合理地视情况而定的分成。

弄清了该股票真正拥有价值，并且总体市场形势看好，有利于所有好股票的上涨行情，因此我估计自己应当干得相当好。我的客户们听取了我对他们的陈述并受到鼓舞，当即同意了我的条件，整个项目在愉快的气氛中启动。

我立即着手尽可能彻底地保护自己。内部人小群体拥有或者控制着大约70%的流通本。我让他们把他们70%的股份存放在一份信托协议的名下。我无意沦为大股东倾倒股份的垃圾场。这么一来，大部分持股便被牢牢地捆扎起来，还剩下30%的分散持股需要考虑，但是这是我必须承担的风险。有经验的投机者从不指望从事全无风险的项目。事实上，剩下未加入信托的股份并不太可能一下子同时倾倒在市场上，正如人寿保险公司的投保人不可能都在同年同月同日一同去世。股票市场有一份不成文的寿命统计表，就像人类寿命表一样。

现在我已经对这类股票市场交易中可防备的风险做好了准备，下面便可以推进项目了。其目标是使得我的买入期权产生价值。为了达到这一目标，我必须推高股价，开发市场，并且市场容量要足以吸纳 10 万股——这是我持有的买入期权的标的股数。

我做的第一件事是查明在行情上升过程中有多少股票可能涌出来进入市场。这件事通过我的经纪商很容易做到，费不了多大劲就可以确定有多少股票打算按照市价或者稍高于市价卖出。我不清楚交易所场内专家会不会把自己掌握的交易指令册上的情况告诉经纪商。当前名义的市场价格为 70 美元，可是在这个价格卖出 1000 股都不可能。没有迹象表明在这个价位存在哪怕只是少量的买入需求。我不得不从我的经纪商查明的情况出发。不过，这已经足以向我表明有多少股票需要卖出，同时只有多么小的潜在需求。

当我在这些点位积攒一定股数之后，便立即悄悄接下所有在 70 美元或稍高价位卖出的股票。当我说"我"的时候，你要理解，我指的是我的经纪商。这些卖出的股票都来自一部分小股东，因为我的客户自然已经取消了在信托计划锁定之前发出的卖出指令。

我用不着吃下很多股票。更进一步地，我知道如果股价上涨方式得宜，还会带来其他买入指令，当然，也会带来新的卖出指令。

我没有向任何人通报帝国钢铁股票看涨的贴士。没有必要。我的职责是通过可能是最佳的传播途径，谋求对市场人气发挥直接影响。我不是说什么时候都不应当举办宣传利好信息的活动，为新股票的投资价值大做广告的确既合理也有必要，正如为新款毛纺品、鞋子或汽车的价值大做广告一样。公众应当得到准确而可靠的信息。不过，我的意思是说，行情纸带已经实现了我需要的所有目的。前面曾说过，值得尊敬的各家报纸总是力图为市场变化找出理由。这是新闻。它们的读者不仅需要了解股票市场上发生了什么，而且还需要了解为什么会发生。因此，操作者无须动一动小指头，金融媒体的写手就会印出所有弄得到手的资讯和传言，同时对公司盈利、商业形势和企业前景分析一番。简而言之，无论什么内容，只要可以解释上涨行情就行。无论何时，只要媒体记

　　者或者某位熟人向我打听关于某只股票的意见，如果我确实有看法，就会知无不言、言无不尽。但是，我不会主动提供建议，更从不给人贴士。不过在我的操作过程中，保守秘密并无好处。我认识到，最佳的贴士散布者，在所有推销方法当中，最有说服力的还是行情纸带。

　　当我吸纳了所有意图在 70 或稍高于 70 美元卖出的股票之后，解除了这里的市场压力，这么一来，便清楚地揭示了帝国钢铁最小阻力路线的方向——方向明显向上。在善于观察的场内交易者察觉这一事实的那一刻，他们自然推论该股票已经为上涨行情做好了准备，虽然涨幅还不可知，但是已经足以让他们明白应该开始买进。他们对帝国钢铁的需求完全来自该股票呈现出即将上涨的明显态势，这是行情纸带发出的万无一失的看涨贴士！于是，我立即满足他们。我把开始的时候从那些疲惫不堪的持股人手中买下的股票卖给场内交易者。当然，卖出的过程必须谨慎从事，而且也仅限于满足他们的需求。我没有把自己的股票强加给市场，也不想造成太快的上涨行情。如果在项目刚开始的阶段只把我的 10 万股的半数卖出，那可不是什么好生意。我的任务是开发一个市场，或许足以承接我的全部头寸。

　　然而，虽然仅仅卖出了场内交易者急于买进的数量，但是市场暂时缺少了我自己买进的力量支撑——这是我迄今一直稳步实施的措施，于是，场内交易者的买进逐渐停止了，相应地，股票价格停止上涨。一旦出现这样的情形，失望的多头便开始卖出，或者对场内交易者来说，因为股价上涨势头受阻，当初买进的理由消失了。不过，我已经对这轮卖出做好了准备，在市场回落过程中，我买回曾经在比现价高几个点的地方卖给场内交易者的那些股票。我知道这些股票肯定会被反手卖出，我有备而来的买进阻止了市场的进一步下滑；一旦股价停止下跌，便不再出现新的卖出指令。

　　于是，我重新从头开始新的一轮操作。在市场上涨过程中吃进所有卖出的股票——数量不是很大——股价再次开始上涨，起点比 70 美元更高一点。不要忘记，在之前市场的下降途中，曾有许多持股人捶胸顿足，后悔自己没有早一点卖出，现在市场比最高点低了 3～4 个点，他们不愿意卖出。这些投机客总是发誓，倘若市场再涨回来，一定要卖出大吉。他们在市场上涨途中发出卖出指令，然后随着股价趋势的改变，再次改变想法。当然，那些力求保险的快手总要卖出获利平仓的，在他们看来，凡利润不论大小，先拿到手再说。

　　在这之后，我只需重复上述过程，交替地买进和卖出，但每次总是设法让股价创新高。

　　有时候在你吃进所有挂单卖出的股票后，市场给你的回报是，股票价格急剧上升，你所操作的股票形成了一小段疾风暴雨式的上涨行情。这可是极为精彩的广告，因为这会引起议论，而且既会招来职业交易者，也会招来喜欢行情活跃的那部分大众投机客。我认为，这部分人占相当大的比例。在帝国钢铁上我就是这样做的，当这种喷发式的行情突然发生时，不论引起多大的买入需求，我都如数满足。我的卖出总能把当时的上涨进程从幅度上和速度上控制在一定限度之内。通过在市场下跌途中买进，在市场上涨途中卖出，我所做的不只是标高股票价格，更重要的是正在拓展帝国钢铁的市场容量。

　　在我着手本项目之后，从来没有发生过让任何人不能自由买入或者卖出该股票的情形。我这么说的意思是，任何人都可以买入或者卖出合理数量的股票而不会引起股价过分剧烈的波动。人们曾经担心，如果做多，可能被套在高位干等；做空呢，又可能被压榨一空。现在这种担心一去不返。在职业交易者和公众中间，对帝国钢铁股票将会长期存在行市的信心正在逐渐扩散，扩散过程与人们对其上涨行情日渐增长的信心密切相关。当然，行情的活跃同时也扫清了其他许多方面的障碍。在买入和卖出千百万股之后，我所取得的成果是，终于成功地令该股票在面值水平交易。当帝国钢铁的价格达到每股 100 美元的时候，每个人都要买进它。为什么不呢？现在，每个人都知道它是一只好股票，它曾经是折扣价，即使现在买也是折扣价。证据便是它的上涨行情。一只股票既然能够从 70 美元上涨 30 点到达面值，就能从面值再涨 30 点。许多人按照这种方式思考问题。

　　在将股价推高 30 点的过程中，我仅仅累积了 7000 股。这些股票的平均成交价几乎正好是 85 美元。这意味着这笔股票交易有 15 个点的利润。当然，我的利润总额比这大得多了，虽然还是账面上的。这笔利润相当安全，因为已经有足够大的市场空间来卖出我需要脱手的数额了。如果继续谨慎操作，该股票还可以达到更高的价格。我拥有一批从 70 美元到 100 美元逐步设定执行价的买入期权，总股数为 10 万股。

　　局势发展不允许我继续推行既定计划，把账面利润转化为实在的现金。我不得不说，这是一个漂亮极了的操作案例，完全合情合理，理所当然取得成功。

该公司的资产确有价值，其股票即使在较高的价位也不算昂贵。内部人小群体中的一员渐渐产生了要确保对该公司资产拥有控制权的期望。这是一家显要的银行，拥有无尽的资源。控制一家业务兴旺、逐步成长的企业，如帝国钢铁公司，对银行来说可能比个人投资者更有价值。不管怎么说，该公司向我出价要求买入我所有的股票期权。这对我意味着一笔巨额利润，我当即接纳兑现。如果能够大批量一笔卖出实现好的利润，我总是乐意卖出的。

在我卖出那 10 万股买入期权之前，我得知那些银行家已经聘请了更多专业人员来对帝国钢铁的资产进行更彻底的核查。显然他们的报告足够有利，于是给我带来了他们的出价。我保留了几千股作为投资。我对它有信心。

在我操作帝国钢铁的案例中，没有任何地方不正规，没有任何做法经不住推敲。只要当我买进的时候股票价格上升，我就知道一切正常。该股票从来没有被水沤烂——有些股票有时会出现这种情况。当你买进的时候，如果发现不能引起足够的响应，那么卖出吧，用不着比这更可靠的贴士了。你知道，如果一只股票确有价值，总体市场形势又合适，那么在其回落之后你总是能够把它调理回来，哪怕它的跌幅达到了 20 点。然而，在帝国钢铁上我从没有被迫采取过这类应对手段。

在我操作股票的过程中，从不忽视基本的交易原则。或许你会纳闷，为什么我要一再重复这一点，或者总是喋喋不休地强调从不和行情纸带争辩、从不对市场发脾气云云。你可能认为，那些精明人士不仅在自己本行的生意中挣得了千百万美元，而且在华尔街的交易操作中经常取得成功，他们理当智慧过人，在操持这个行当时不再受情绪的羁绊。难道你不这么认为吗？好，那你该吃惊了，在我们最成功的市场人士中间，某些人经常因为市场没有按照他们想象的方式来演变而气急败坏，活像性情暴躁的泼妇。他们似乎把这种情形理解成市场对其本人的蔑视，于是首先失去情绪控制，进而失去钱财。

坊间曾经议论纷纷，传说我和约翰·普伦蒂斯（John Prentiss）之间发生了龃龉。人们曾经被误导，预期即将看到一出热闹戏文，说是一笔股市交易中途出了岔子，其中一方——我或者他——受骗上当，损失无数美元，诸如此类。嗨，不是这么回事。

普伦蒂斯和我曾经是多年的朋友，他曾在各个时期为我提供信息，使我能够利用这些信息获益；我也曾经给他提供一些建议，他或许采纳，或许没有。

如果他采纳了，就会省下一笔钱。

他主要在石油产品公司（Petroleum Products Company）上市的组织和推介过程中发挥过作用。该公司的首次发行过程起初或多或少是成功的，但是后来总体市场形势转坏，新股票的表现没有如普伦蒂斯和他的伙伴们希望的那么好。当大市转好的时候，普伦蒂斯组织了一个集合资产池，开始在石油产品公司上进行操作。

我无法告诉你关于他的操作手法的任何具体情况。他并没有告诉我他是如何做的，我也没有问过他。不过很显然，虽然他拥有华尔街的经验，并且毫无疑问他是能干的，但是无论如何，结果并无多大建树。没过多久，集合资产池的成员便发现卖不出多少股票。估计他一定试遍了他知道的所有法子，道理很简单，除非集合资产池的管理人觉得自己不能胜任，否则不会主动请求局外人来取代自己的。一般人不到万不得已是不愿意承认自己不行的。不管怎么说，他找到我，客气地寒暄一番之后说，希望我接手负责石油产品公司股票的推广项目，减持集合资产池的持股。当时，集合资产池的持股总数稍稍超过 10 万股，股票的成交价在 102 ~ 103 美元。

在我看来事情有点蹊跷，于是客气地谢绝了他的提议。但是他一再坚持要我接受。他把他的请托放到了双方个人交情的层面，于是最终我答应了。我生来不愿意把自己和那些企业扯到一起，因为我对双方的合作没有信心，不过，我也觉得一个人对他的朋友和熟人好歹应该承担一点义务。我对他说，我会尽最大努力，但是对他明言，对这件事并不觉得很有把握，并向他列举了我必须克服的种种不利因素。然而，普伦蒂斯听完之后只说了一句，他并没有要求我保证为集合资产项目挣到千百万美元的巨利。他确信，如果由我接手，一定会妥善安排，取得好结果，让任何通情达理的人都满意。

好了，这下子我违背自己的本意，让自己卷入了这场是非。我发现，正如我担心的那样，事态发展已经很棘手，在很大程度上要归咎于普伦蒂斯，在为集合资产项目操作该股票的过程中，他接二连三地犯错误。然而，更主要的不利因素是时间。我确信，市场正在快速接近牛市行情的终点，因此，虽然市场环境的改善曾经极大地鼓舞普伦蒂斯，但是现在即将揭晓，上涨行情只是昙花一现。我担心，来不及基本完成石油产品公司的项目，市场便已经明确地转向熊市。不管怎么说，已经做出了承诺，我决定全力以赴地刻苦工作。

我开始推高股价。我取得了一定程度的成功。我想，我把它推升到了107美元或者差不多的水平。这已经相当不错了，而且我甚至在总体上设法卖出了一点股票。虽然卖出的股数不多，但是我很高兴没有进一步增加集合资产池的持股。许多人没有参与集合资产池，他们在外面等着，只要出现小幅上涨便大肆出货，我简直给他们带来了意外之喜。倘若总体市场形势更有利一点，我也能够做得更好一点。但是，他们没有早一点找我，这真是太糟糕了。我觉得，现在我能做的，只能是以尽可能少的损失帮助集合资产项目退出。

我派人找来普伦蒂斯，把我的看法如实相告。但他反对这个方案。于是，我向他详细解释采取这种立场的考虑。我对他说："普伦蒂斯，我能明白地感受到市场的脉搏，市场对你的股票没有任何跟进的迹象。看看公众对我操作的反应，这不难看出来。听我说，如果你已经全力以赴地推广了石油产品公司的股票，对交易者产生了最大可能的吸引力，并且你已经在所有时候毫无保留地给予了它应得的支持，总之，虽然什么都做了，但你发现公众还是舍它而去，那么可以确定，一定是什么地方不对了，不是股票不对，而是大势不对。强扭的瓜不甜，霸王硬上弓绝对没用处。如果强求，那就注定赔钱。集合资产池的管理者应当乐于买入他自己的股票，条件是，不是孤军作战。然而，当他成为市场上唯一的买方时，如果这时还买进，那就太傻了。照理说，每当我买进5000股，公众就应当再买进5000股。不过，我肯定不会完全靠自己唱独角戏来买进。要是这么做，到头来只有一个结果，就是被一大堆自己不想要的股票埋起来。现在只有一件事可做，那就是卖出，能脱手的唯一出路就是卖出。"

"你的意思是清仓大甩卖，能卖多少钱就卖多少钱？"普伦蒂斯反问。

"对！"我说。我能看出来，他已经准备好词儿来反驳我。"如果我把集合资产池所有持股都卖出，你就能够头脑清醒地看出股票价格将会跌破面值，并且……"

"噢，不！绝不！"他喊起来。你可以想见，我简直是在邀请他加入一家自杀俱乐部。

"普伦蒂斯，"我对他说，"拉升股价是为了卖出股票，这乃是操作股票的首要原则。但是你不会在股票上涨过程中大批卖出，因为不能够。最多的卖出是在市场从顶部开始下跌的过程中完成的。我没办法把你的股票拉高到125或130美元。我希望能够做到，但这是不可能的。所以你不得不从这个价位开始卖出。依我看，所有的股票都将下跌，石油产品公司不会成为唯一的例外。最好还是现在由集合资产池卖出而导致该股票下跌，不要等到下个月由于其他什么人卖出而导致股价崩跌。无论如何，股价终究免不了下跌。"

我看不出我说的话有什么吓人的地方，然而你几乎能在地球另一面听见他哀号的声音。这样的话他听都不想听。不可能，绝不会。如果这样，肯定会完全搅乱股票市场记录，更不用说银行贷款都用股票来抵押，如果这样银行就会遇到麻烦，如此等等。

我再次坦言相告，根据我的判断，世上没有任何东西能够挽回石油产品公司股价下挫 15 ～ 20 点的命运，因为整个市场都在走向跌势。我重申，指望他的股票成为光彩夺目的例外太不靠谱了。然而，我的劝告再次成了耳旁风。他坚持要求我支撑该股票。

这是一位精明的生意人，当今最成功的销售人员之一，并且曾经在华尔街的交易中挣得千百万美元，比起一般人来，他对投机这个行当精通得多了。然而，面对刚刚开始的熊市行情，他竟然顽固地坚持支撑某只股票。没错，这是他的股票，然而显然这不是什么好买卖。这样蛮干的确违背我的意愿，于是我又和他争辩起来。但是，徒劳无功。他坚持下单支撑股价。

在总体市场转为弱势，下跌过程正式开始之后，石油产品公司的股价自然免不了追随大势同步下降。我非但没有为集合资产池卖出股票，反而真的买进了——都是普伦蒂斯亲自发出的指令。

只能有唯一的解释，普伦蒂斯不相信熊市行情即将席卷而至。我自己很有把握，牛市已经告终。当我第一次产生这样的看法时，便已经通过测试的办法得到了确认，测试的不只是石油产品公司，还有其他股票。我没有等待熊市的行迹充分显露，早已经开始卖出。当然，我没有卖出 1 股石油产品公司，虽然做空了其他股票。

正如我预期的那样，石油产品公司的集合资产池不仅死抱着项目开始时持有的所有股票，而且添加了后来徒劳地维持股价时不得不吃进的所有股票。最终，他们确实出货了，然而，成交价格远远低于当初可能得到的价格，如果普伦蒂斯当初如我所请允许我卖出的话。唉，不可能出现其他下场。但是，普伦蒂斯依然认为他是正确的，至少嘴上是这么说的。据我理解，他说当初我之所以向他提出卖出的建议，是因为我自己做空了其他股票，而当时市场大势还是上升的。他自然是暗示，如果不计成本地卖出集合资产池的持股，必然导致石油产品公司的股价下挫，这么一来，就会有助于我在其他股票上的空头头寸。

真是一派胡言。并不是因为我做空了股票才看空，而是我根据评估市场形势的结果才看空，唯有当我转而看空之后，才会卖空股票。做错基本方向，绝不可能有利可图。在股票市场上，这绝不可能。卖出集合资产池持股的计划，建筑在我 20 年股票交易经验的基础上，是完全可行的，因此是明智的。普伦蒂斯应当拥有更多的交易经验才能像我一样明白地看清大势，看我所看、想我所想。当时企图做其他任何动作都已经太晚了。

我估计，普伦蒂斯和千千万万外围交易者一样都怀着一种幻觉，认为股票操作者无所不能，但这确实是做不到的。基恩最了不起的一个案例是在 1901 年春操作美国钢铁的普通股和优先股。他之所以取得成功，不是因为他聪明、资源丰富，不是因为他的背后有一群当时本国最富裕的人组成的辛迪加的支持。他的成功可以部分归因于上述因素，但是更主要的是总体市场的大势对路，公众的思想状态对路。

如果行事不顾经验教训、悖逆常理，那显然不是什么好事。话说回来，华尔街的肥羊们可不是局外人。普伦蒂斯对我的抱怨我已经告诉你了。他之所以碰壁，是因为我没能按照我自己的意愿来操作，而是按照他强求的方式。

在不以虚假信息误导市场的前提下，如果股票操作的目的只是大批量卖出股票，那么其中便没有任何不可思议之处、没有下三烂的猫腻或者欺诈的成分。可靠的股票操作手段必须建筑在可靠的交易原则之上。人们特别将重点放在旧时代的过时做法上，诸如对倒等虚假交易。但是我可以向你保证，纯属欺骗的手法几乎毫无价值。股票市场操作和在柜台市场销售股票或债券的区别在于客户群体的特点不同，而不是招徕客户的方式有什么两样。J.P. 摩根公司向公众，也就是投资者，卖出一期债券；股票操作者向公众，也就是投机者，卖出一整批股票。投资者寻求的是安全性，要求他所投入的资本带来长期利息回报；投机者寻求的是在短期内快速获得资本利得。

股票操作者必须在投机者之中找到主要的市场，只要能够有合理的机会为他们投入的资本带来较大的回报，他们愿意承担比常规业务更高的风险。我从不相信盲目的赌博。我或许全力一搏，或许只是买进 100 股。然而，不论哪种情况，我都必须为行动找到明确的依据。

我清楚地记得自己当初是如何介入股票操作业务的，也就是为他人推销股票。回忆这段往事每每令我忍俊不禁，因为它绝妙地展现了华尔街职业人员对待股票市场操作的态度。这事发生在我"东山再起"之后，也就是在 1915 年我的伯利恒钢铁交易把我带上财务状况复苏的道路之后。

当时我的交易相当稳定，运气很不错。我既没有找报纸大吹大擂，也没有藏头缩尾、销声匿迹。与此同时，你知道，只要碰巧有某位作手交易活跃，那么不论他是成功还是失败的，华尔街职业人员总喜欢夸大其词。这么一来，报纸当然会听到风声，于是流言被印成铅字。按照同一位"权威"来源的说法，我曾经破产的次数多了去了，或者我曾经赚取了巨万的金钱，我听得目瞪口呆，纳闷到底这些传言是从哪儿产生的、怎么发生的。还有它们到底是怎样一步比一步更为夸大其词的！我的经纪商朋友一位接着一位把这些故事带给我，每次都有一点小小的不同，一次比一次打磨得更光，细节越来越丰富却又无从证实。

说这么长的一段引子，是为了告诉你我当初是如何开始替别人操作股票这项业务的。报纸上关于我全额偿还所欠债务的文章起到了招徕客户的作用。报纸对我豪赌以及获利的经历大加演绎，以至于成为华尔街街谈巷议的话题。在旧时代，一位作手如果能够动用 20 万股的头寸就能主导市场，现在这样的日子已经一去不返了。然而，如你所知，公众总是渴望找到领头者——旧时代领头者的继承人。正因为基恩先生拥有技巧非凡的股票作手的名声，靠自己的双手挣得了巨万财富，华尔街的证券发行人和投资银行才找上门请求他协助批量销售证券。简单地说，华尔街之所以对他操作股票的服务有需求，是因为华尔街听说了之前他作为股票交易者的成功经历。

然而，基恩已经不在了——去天堂了。他曾经说过，如果赛森比（Sysonby）[①]不在天堂里等着他，那他宁愿不上天堂。其他两三位曾经有几个月独领风骚创造股票市场历史的人物，因为长期沉寂而逐渐淡出。我要特别指出的是那些西部豪赌客，他们在 1901 年来到华尔街，通过持有钢铁公司的股份挣得了巨万家财，并且后来一直待在华尔街。他们实际上更多是属于超级推销客，而不是基

---

① 赛森比是基恩和他儿子养育的一匹外观平常、耳朵耷拉、个头矮小的枣红色小公马，1902 年生，1906 年死于疾病。它从 3 岁起共参与了 15 场比赛，其中 14 场赢得冠军、1 场赢得第三名，是赛马场上的一个传奇。超过 4000 人出席了赛森比的葬礼。后来，它的骨骼在纽约市美国自然历史博物馆展出。1956 年，它的名字被列入了美国名人殿堂。

恩那种类型的股票作手。不过，他们极其能干、极其富有，极其成功地推广了他们及其朋友们控制的公司的证券。其实他们并不是股票操作者，和基恩或者弗劳尔州长不一样。虽然如此，华尔街谈起他们来也是劲头十足。他们在华尔街职业人士中间和更好动的佣金经纪行客户之中肯定也有一批追随者。在他们停止活跃交易之后，华尔街发现找不到股票操作者了。至少，在报纸上他们的音讯杳然。

你还记得 1915 年从纽约股票交易所恢复开市的时候开始的那轮大牛市吧。随着行情广度的不断拓宽，协约国在美国数十亿地大采购，我们迎来了一场大繁荣。谈到股票操作的问题，当时甚至无须任何人动一动小指头，就可以在"战时新娘繁荣"中开创一片几乎无限的市场。只要拿到贸易合同，甚至只是贸易合同的承诺，很多人就能挣得千百万财富。他们要么借助好心的投资银行家的帮助，要么通过在柜台市场把他们的公司上市，都成了成功的证券发行人。只要推销功夫到家，公众来者不拒。

在这场繁荣渐渐逝去后，这些发行人之中有一部分发现自己在销售股票时需要寻求专业人员的帮助。公众已经被各种各样的证券套牢，其中一部分是在较高价位买进的，要销售不为人知的新股票已经不是易事。在繁荣时期过去之后，公众确信没有任何东西会上涨。这并不是因为买入者变得更有辨别能力，而是因为盲目买进的狂潮已经终结。人们的思想状态发生了变化。甚至不必发生价格下跌，人们就已经转为悲观。只要市场转为平淡，并且保持在平淡状态一段时间，就足够了。

在每一段繁荣时期，都会雨后春笋般地冒出各种公司，其目的即便不完全是，也主要是利用公众对股票的好胃口圈钱。当然，也总是有一些公司的股票发行来迟了一步。发行者之所以会犯迟到的错误，是因为他们也是人，不愿意相信繁荣终有到头的一天。不仅如此，只要利润大到一定程度，那么冒冒险也是很合算的买卖。一旦让一厢情愿蒙住了眼睛，人们对顶部就会永远视而不见了。某只股票曾在 12 或 15 美元徘徊，没人想要它，现在突然涨到了 30 美元，在一般人看来，这里肯定是顶了。然而，它继续上涨到了 50 美元。到了这里，人们认为绝对涨到头了。但是，它继续上涨到 60 美元，然后 70 美元，然后 75 美元。这下子确定无疑，不可能再有任何上涨的余地了，几个星期之前这股票的交易价格才不到 15 美元。然而，它再涨到 80 美元，然后 85 美元。一般人绝不考虑股票的价值，只考虑股票的价格；他的行为不是出于形势判断，而是出于恐惧。事情到了这步田地，他就选择了最容易的应对方式，干脆不再考虑行情上涨终究有一个极限的问题了。局外交易者虽然聪明到不在顶部买入，但是也不会获利平仓，结果两相抵消，其中的道理就在这里。在繁荣时期，总是公众首先赚到大钱——在账面上。遗憾的是，它始终只在账面上。

22

老鸟使诈大派贴士，大众受骗狂热跟风

有一天，吉姆·巴恩斯（Jim Barnes）来访。他是我最主要的经纪商之一，也是我的好朋友。他说要请我帮一个大忙。以前，他从来没说过这样的话。于是，我让他好好说说，要帮什么忙，心里想着但愿是自己能做到的，因为我的确希望能够帮上他的忙。他告诉我，他的公司在某只股票上利益重大。事实上，他们是这只股票的主要发行人，已经承接了很大比例的股数。由于形势变化，他们迫不得已必须赶快出手相当大数额的一批股票。吉姆要求我为他承担市场推广的任务。该股票是联合锅炉公司（Consolidated Stove）。

出于种种考虑，我并不想和这只股票有什么瓜葛。但是，巴恩斯要我看在他本人的份上无论如何要帮这个忙。我对巴恩斯好歹是有交情的，他这么一说让我无法推脱。他是个好人，也是我的朋友，而且我知道他的公司确实卷入很深，于是最终同意尽最大努力试一下。

我总是觉得战时的繁荣和其他繁荣存在一项最别致的差别，此时，在股票市场的喧闹之中崛起了一派全新的角色——"愣头青"银行家。

战时繁荣的雨露几乎无所不沾，其起因和缘由对所有人来说都是一目了然的。与此同时，美国各家大型的银行和信托公司不遗余力地给各色各样的证券发行者和军火制造商铺路搭桥，一夜之间把他们造就成为百万富翁。事态竟然发展到了这样的地步，某人只需声明他有位朋友是协约国采购委员会某位成员的朋友，即使还没有拿到白纸黑字的采购合同，也能得到执行合同所需的全部资金。我常常听到一些不可思议的故事，某小职员一夜之间变成了大公司总裁，一下子做起了千百万美元的生意，资金都是从对他坚信不疑的信托公司那里借来的。采购合同不停地从上家转手到下家，每转手一次就形成一笔利润。黄金从欧洲洪水般地涌入美国，众银行为把黄金留下来，八仙过海、各显神通。

这种做生意的方式或许会让思想较传统的人忧心忡忡，不过，这样的人似

232

乎并不容易碰上。银行总裁头发花白的老传统在四平八稳的年代再合适不过，然而，眼下的时代是萝卜快了不洗泥，年轻才是最好的本钱。银行确实都在大赚特赚。

吉姆·巴恩斯和他的合伙人们享有马歇尔全国银行（Marshall National Bank）的年轻总裁对他们的友谊和信心，后者决定把三家知名的锅炉公司合并为一家新公司，向公众发行新公司的股票。很久以来，公众见什么买什么，包括雕版印刷的股票证书。

他们遇到了一个问题，锅炉行业很兴旺，三家公司都有史以来首次为它们的普通股东派发了红利。三家公司的大股东都不愿意放弃控股权。他们的股票在柜台市场的行市很不错，如果打算减持，想卖多少就可以卖掉多少，因此他们都对现状颇为满意。三家公司的总股本都太小了，不足以掀起大行情，这就是吉姆·巴恩斯的公司要插手的地方。他的公司兜售的主意是，三家公司合并后才能达到纽约股票交易所的上市标准，而只要在主板上市，就有办法让新股票比旧股票更值钱。这是华尔街玩的一种老把戏——变一变股票的颜色，就能让它卖到更高的价钱。假定某只股票在面值附近越来越卖不动。好，分拆股票一股变四股，有时候你可以使新股的卖出价达到 30 或 35 美元，相当于老股票每股 120 或 140 美元，这是老股票绝不可能达到的价格。

看起来，巴恩斯和他的合伙人成功地说动了他们的一些朋友，后者持有大批格雷锅炉公司（Gray Stove Company）的股票，同意按照每 4 股重组后新公司的股票换 1 股格雷公司股票的条件进行合并。格雷锅炉公司是一家大企业。之后，米德兰锅炉公司（Midland）和西部锅炉公司（Western）追随本行业老大格雷锅炉公司，同意按照 1 股换 1 股的条件加盟。他们两家的股票在柜台市场的报价为 25 ~ 30 美元，格雷锅炉公司则更加知名一些，也能分红，股票价格在 125 美元上下。

有些持股人宁愿当即卖出变现，那就需要有人买下他们手中的股票；另一方面，也需要为后来的重组改造和发行推广准备更多的运作资金，因此势必需要筹集几百万美元的资金。于是，巴恩斯拜访了那位银行总裁朋友，那位朋友好心地为他的辛迪加贷款 350 万美元。抵押品则是重组后新公司的 10 万股股票。辛迪加向银行总裁保证，呃，他们是这么告诉我的，股票价格不会低于 50 美元。那可是一桩利润很丰厚的好交易，标的价值巨大。

这伙发行人的第一个错误是行动不及时。市场已经达到了新股发行的饱和点，而他们本当看出这一点。即便如此，本来还是有机会赚到相当不错的利润的。可惜，在繁荣期最高潮阶段，其他发行人曾经实现了高不可及的巨利，这让他们眼红，不切实际地幻想自己也能来一把。

听到这里，你可不要匆匆忙忙地误以为巴恩斯和他的合伙人只是一群笨蛋，或是一群嘴上没毛的愣小子。这些人都是厉害角色。他们每个人都熟谙华尔街的各种把式，其中有几位甚至还是特别成功的股票交易者。他们可不只是过高地估计了公众认购股票的胃口。无论如何，公众认购潜力只能通过实际交易来确定。他们还犯了另一个代价更大的错误，指望牛市行情会比其实际持续的时间更长久。我猜测，其原因在于，在繁荣大潮中，这批人一夜之间取得了如此巨大的成功，以至于根本不曾有过一丝疑虑，坚信自己一定能够在牛市逆转之前顺利完成整个交易。他们都是名人，在职业交易者中间和经纪行里有一批跟风者。

这项交易的推广工作做得棒极了。报纸对这笔交易从不吝啬版面。原来的三家企业等于全美国的锅炉工业，三家公司的产品世界闻名。这是一桩爱国性的整合行动，报纸上到处堆砌着"征服世界"之类的溢美之词。拿下亚洲市场、非洲市场和南美洲市场简直易如反掌。

新公司的董事们都是财经类报纸的读者耳熟能详的大腕。公关工作处理得太好了，而且我们不知其名的那位董事曾经许诺的股票价格看起来十拿九稳，于是市场对新股票产生了巨大需求。当新股募集期结束后，他们发现，公众按照每股 50 美元的公开发行价申购新股的数额超额了 25%。

想想看！发行人本来指望的最好结果不过是按照发行价成功地卖出新股，之前他们曾经花了数星期的时间，费了老大劲，要把老股票的价格拉升到 75 美元或更高，使它们的平均价达到 50 美元。这个水平意味着，参与重组的老三家公司的股票价格差不多都要上涨 100% 才行。这正是危机所在，因为他们并没有达到预定的价格目标，而为了完成交易，本该达到这个目标才行。这充分说明，每一行生意都有其独特之处。泛泛的智慧没有多少实用价值，不可与本行业的专门技能同日而语。出乎意外的超额申购让发行人大喜过望，他们判断公众愿意付出任何价格来买进不限数量的股票。不仅如此，实际上他们竟然愚蠢到扣减了应向申购人配售的股票数量。即使发行人下定决心当守财奴，起码也应当讲究一点守财奴的技巧啊。

不用说，真正该做的当然是按照申购股数全额配售。这么一来，相对于原定向公众发行的股票数量，可以进一步做空 25% 的股数。如果拥有这笔空头头寸，那么在必要的时候，自然就能不花分文本钱地买入，从而支撑股票价格。对他们这一方来说，毫不费力就能处于优势战略地位。当我操作股票的时候，总是力求处在这样的优势地位。他们本来能够维持股价，避免股价下挫，由此鼓舞市场对新股价格的信心，对发行新股的辛迪加支撑股票的信心。他们本该记住，虽然已经完成向公众发行新股，但是工作并没有结束。这些只是他们需要向市场销售的一部分股票而已。

他们自以为进展非常成功，然而，没过多久，他们在资本运作方面的两大败笔便开始显现严重后果。公众裹足不前，不再买进任何新股票，因为总体市场正在酝酿回落态势。内部人临阵畏缩，没有支撑联合锅炉公司的股价。在市场回落时，如果内部人不买进自己的股票，还有谁该买进呢？缺乏内部人支撑的情况一般都被视为相当有效的股价看跌信号。

没有必要再纠缠于统计数据的细节。联合锅炉公司的股价与大市一道波动，然而，它从来没有上涨到最初的上市价格之上，最高只比 50 美元高一丁点。为了把股价维持在 40 美元以上，巴恩斯和他的朋友们最终还是不得不入场买进。未能在新股票上市的初期对其给予适当支持，这实在是太遗憾了。当然，当初没有照单卖出，全数满足公众认购的股票数目，才是最糟糕的决定。

不管怎么说，新股票如期在纽约股票交易所挂牌了，其价格从此保持下跌的势头，直至最终名义上维持在 37 美元。股价之所以停在这儿，是因为向银行贷款抵押的那 10 万股股票相当于每股 35 美元。倘若银行为了保证清偿贷款而开始卖出股票，股价到底会崩跌到什么地步就很难说了。公众曾经在 50 美元的水平对该股票如饥似渴，现在跌到了 37 美元，反倒漠不关心。即使跌到 27 美元，可能公众还是不想要它。

随着时间推移，银行过度发放信用贷款的问题引起了人们的关注。愣头青银行家的时代结束了。银行业务看来正处在精疲力竭的边缘，随时可能故态复萌，回归保守的常态。无论如何，即使是再亲密的朋友，现在也要偿还贷款，好像他们从来没有和银行总裁并肩玩过高尔夫球一样。

借出方用不着出言威胁，借入方也开不得口再请求延期。事态发展令双方都极不自在。举例来说，和我的朋友巴恩斯做生意的那家银行，面子上还是客客气气，可是骨子里却是"看在老天爷的分上，赶紧想法子处置这笔贷款吧，不然我们都吃不了兜着走"！

吃不了兜着走的严重程度及其爆发的可能性大到迫使吉姆·巴恩斯来找我，请求我帮忙卖出那 10 万股股票，从中收回足够的现金来偿还银行的 350 万美元贷款。吉姆现在不指望从这笔股票上获得利润了。如果辛迪加蒙受的仅仅是一点小亏损，他们都会感激不尽的。

看起来似乎这是一项毫无希望的任务。总体市场既不活跃，也不坚挺，虽然偶尔出现上涨行情。偶尔上涨的时候，人人为之一振，借机让自己相信牛市行情即将恢复。

我给巴恩斯的答复是，我要把这件事认真考察一下，再让他知道我需要什么样的条件才能接受这项工作。好，我确实做了一番功课。我没有分析该公司最近一期年报。我的调研集中在了解问题处在什么样的市场阶段。我并不打算通过兜售该公司的盈利或前景来引发市场上涨，而是要在公开市场上卖出那批股票。我所考虑的全部问题是什么因素将会帮助我或者阻碍我完成任务，什么因素有这样的潜力，什么因素有这样的可能性。

首先，我发现太多股票集中在太少的人手中，也就是说，他们持有的股票太多了。这令我很不安全，难以安心操作。克利夫顿·P. 凯恩公司（Clifton P. Kane Co.），一家经纪行，纽约股票交易所会员，持有 7 万股股票。凯恩是巴恩斯的密友，在推动重组的过程中曾发挥影响力。凯恩的经纪公司多年专长于锅炉类股票的运作。在这桩交易中，他们让他们的客户分了一杯羹。前参议员塞缪尔·戈登（Samuel Gordon），在他侄子的公司戈登兄弟公司（Gordon Bros.）担任特殊合伙人，持有第二个 7 万股的股票。还有著名的乔舒亚·沃尔夫（Joshua Wolff），持有 6 万股。他们三人总共持有 20 万股联合锅炉公司的股票，这几位都是资深的华尔街专业人士。他们可不需要任何人来告诉他们什么时候应当卖出股票。如果我在操作本项目时设法吸引公众买进，也就是说如果我促使该股票行情坚挺、活跃，就会看到凯恩、戈登和沃尔夫借机出货，数量上也不会客气。想象一下，他们的 20 万股源源不绝地倾泻到市场上来，那种场面可没什么吸引人的。别忘了，牛市行情的高潮部分已经过去，无论施展多么高超的技巧，我的操作都不能造就压倒一切的强大需求。吉姆·巴恩斯对这项工作不抱任何幻想，才会把它谦让给我。他给我的是一个被水沤烂的股票，要我在牛市行情即将咽气的阶段卖出。当然，报纸上尚且找不到谈论牛市即将终结的只言片语，但我清楚这一点，吉姆·巴恩斯清楚这一点，毫无疑问，银行也清楚这一点。

不管怎么说，我已经对吉姆做了承诺，于是我派人找凯恩、戈登和沃尔夫。他们的20万股是悬在我头顶上的达摩克利斯之剑。我想，最好把系剑的那根头发换成一条铁链。依我看，最容易的解决办法是达成某种互惠协议。只要他们被动地帮我一把，在我卖出抵押给银行的10万股的时候稍事忍耐不要搭车卖出，那么我会主动地帮他们一把，尽力打开一个较大的市场，足以让我们全都可以出货。照目前的情况，哪怕他们只卖出持股的十分之一，联合锅炉公司的股价都免不了向下扯个大口子。他们对这一点太清楚了，因此做梦也不敢试一试。我对他们提出的全部要求只不过要他们对卖出时机有足够的判断力，避免不明智的自私行为，选择明智的无私。损人不利己，无论在华尔街还是在任何其他地方，都是绝对得不偿失的。我打算说服他们，抢先出货或者胡乱出货就会一拍两散，谁都卖不完。时间紧急。

我希望我的建议对他们产生吸引力，因为他们都是华尔街老手，对联合锅炉公司股票的实际市场需求并无幻想。克利夫顿·P.凯恩是一家生意红火的经纪公司的头头，该公司在11个城市开设了营业部，客户总数成百上千。他的公司过去曾经不止一次担任过集合资产池的管理人。

戈登参议员持有7万股，他是一位极有钱的阔佬。大都市媒体的读者们对他久闻大名，虽然他曾经受到一位16岁美甲师的起诉，告他毁约。该美甲师拥有一件价值5000美元的崭新貂皮大衣，还拿出了被告写给她的132封书信。他替他的侄子启动了经纪商的生意，并在该公司担任特殊合伙人。他曾经参与数十个集合资产池项目。他继承了米德兰锅炉公司的一大批权益，因此得到了联合锅炉公司的10万股股票。他的持股实在太多，才没有听信吉姆·巴恩斯强烈看好的贴士，而是一直卖出，直到渐渐卖不动了才不得不作罢，总共变现了3万股。后来他告诉一位朋友，当初本来还要卖出更多股票的，但是其他大额持股人都是和他处得很近的多年老朋友，求他不要再卖了，出于对他们的体谅他才住手的。除此之外，我已经说过，他也没有市场可供出货了。

第三位是乔舒亚·沃尔夫。他在所有交易者之中可能是最知名的。20年来，人人都知道他是交易所场内的豪赌客之一。通过连续报价拉抬股价或者打压股价，在这方面，他鲜有对手。对他来说，一两万股只不过相当于其他人眼中的二三百股而已。在我来到纽约之前，就已经听闻他的豪赌客名头了。他正和一班嗜赌成性的朋友打得火热，他们的赌注上不封顶，不论是在赛马场上，还是在股票市场上。

人们总爱对他说三道四，说他只不过是一介赌徒，但他实际上确实有一套，在投机行当上磨炼出了高强的本领。与此同时，他是出了名的不屑于高雅，也让他在无数的趣闻轶事中当上了主角。其中最广为流传的一个段子说，有一次乔舒亚出席一个晚宴，他称之为时髦人物的聚会，他周围的其他几位宾客开始讨论文学，女主人一时照顾不周，没有及时岔开话题。

一位年轻女士坐在乔希（乔舒亚的昵称）旁边，除了听得他不停地大嚼食物之外没有听到他说话。于是，她转向他，一心期待聆听这位了不起的金融家发表宏论，问道："噢，沃尔夫先生，你对巴尔扎克有什么看法？"

乔希礼貌地停止大嚼，咽下口中的食物，回道："我在柜台市场从来没有交易过这只股票。"

上面介绍的是联合锅炉公司三位最大的个人股东。当他们赶过来与我相见的时候，我告诉他们，如果他们组成一个辛迪加，筹集部分资金交给我运作，并且按照稍稍高于当前市场价的水平授予我一份买入股票的期权，我将会全力以赴为该股票打造市。他们马上问我多少钱合适。

我回答："你们拿着股票的时间已经很长了，一点儿办法都没有。你们三位总共持有 20 万股，诸位心里都很清楚，不把该股票的市场打开，你们根本没有任何机会出货。首先非得开拓市场不可，市场才能吸纳你们需要卖出的股份。要准备足够的资金，如果非买入不可，那就买入必须买入的股票，这是明智之举。如果资金不够，买进的措施半途而废，那就毫无意义了。我建议你们组成一个辛迪加，筹集 600 万美元的现金。然后，给予辛迪加一份买入期权，在 40 美元买入你们的 20 万股股票，并把你们的所有股票委托给第三方托管。如果一切顺利，你们大伙都能把这堆砸在手上的宝贝脱手，辛迪加还能挣些钱。"

前面说过，市面上曾经流传过各种各样关于我在股票市场成功交易的流言。我猜测，这些传言帮了忙，因为没有什么比成功本身更容易招致新的成功了。不管怎么说，用不着对这帮人费太多唇舌。他们的确清楚，要是他们各顾各单干，到底能走多远。他们认为我的建议是个好主意。当他们告辞的时候，应允立即组成这个辛迪加。

他们费不了多大劲就说动了他们的许多朋友加盟。我猜测他们对辛迪加赢利前景的描绘比我说的乐观多了。从我听说的情况来看，他们三位真心相信，因此他们对别人说的倒也不是昧良心的贴士。无论如何，辛迪加在几天之内便组成了。凯恩、戈登和沃尔夫授予辛迪加在 40 美元买入 20 万股的一份期权。我亲自照料把相应股票交给第三方托管的事宜，因此当我推高市场的时候不会有其中任何一张股票流入市场。我不得不保护自己。我遇到过不止一桩交易，本来前途一片光明，但是由于集合资产池的成员或者小圈子的内部人不守信用相互倾轧，结果一败涂地。狗咬狗的时候，华尔街上从不讲浮文虚礼。当美国钢铁与电缆公司（American Steel and Wire Company）股票公开发行的时候，内部人相互攻讦，相互指责对方不守信用，力图违约出货。约翰·W. 盖茨和他的伙伴们一方，与塞利格曼家族（the Saligmans）和他们的银行同伴组成另一方，曾经达成君子协定。对，我在一家经纪商的营业厅曾经听到有人吟诵下面这首四行诗，据说是约翰·W. 盖茨的大作。

塔兰图拉毒蜘蛛跳上蜈蚣背，

哈哈大笑，如食尸鬼般得意：

"我要毒死你个害人精，

你不毒它，它就毒你！"

提醒一句，我从来没有暗示我的华尔街朋友之中有任何一位处心积虑地要在股票交易中算计我。但是，作为一般行为准则，害人之心不可有，防人之心不可无。这应该是常识。

在沃尔夫、凯恩和戈登对我表示已经组成了辛迪加并同意拿出 600 万美元资金后，我便心无旁骛，专等资金到位。我已经对他们强调，抓紧时间至关紧要。然而，资金一点一点地到账。我想大约共有 4 拨或 5 拨。我不知道其中有什么原因，但是我不得不给沃尔夫、凯恩和戈登发出紧急求援电话。

那天下午，我得到了几张大额支票，总共在我名下汇入了大约 400 万美元，并保证剩下的资金在一两天内付清。事情终于有点眉目，看来辛迪加确实打算在牛市行情结束之前有所作为。在最理想的情况下，这也不是一件容易的事，因此，越早着手效果越好。公众对非活跃股的参与并不特别热切。不过，有了

400 万美元现金，就可以有很大的运作空间来激起人们对任何股票的兴趣。这笔钱足以吸纳所有可能卖出的股票。如果照我说的那样时间紧急，就没有道理再坐等另外的 200 万美元了。股票价格早一天上升到 50 美元，对辛迪加就多一点好处，这是明摆着的。

第二天早晨开盘的时候，我吃惊地看到联合锅炉公司的交易活动异乎寻常地热络。我曾经告诉你，该股票已经有若干个月处于被水沤烂的状态。股价曾经被钉在 37 美元，吉姆·巴恩斯为了守住银行抵押贷款 35 美元的强制平仓线，施展浑身解数不让它从这里再下跌。至于说上涨的方面，要想看到联合锅炉公司在行情纸带上出现哪怕一丁点爬升行情，那简直是指望直布罗陀岩山忽然动弹起来，飘过直布罗陀海峡。

好，先生，这天早晨市场对该股票形成了相当大的需求，股价上涨到了 39 美元。在第一个小时的交易活动中，成交总量已经超过了之前半年的合计总量。它成了当天最轰动的市场景观，并对整个市场产生了利好影响。后来我听说，这只股票当日在经纪商的客户大厅里成了人们的唯一话题。

我不知道这意味着什么，不过，看到联合锅炉公司振作上行，我没什么不好受的。一般说来，无论什么股票出现了任何不寻常的价格变动，都用不着到处打听，因为我在场内的朋友——为我做交易的经纪商们，还有场内交易员之中我的朋友们，会及时知会我。他们认为我希望了解这些信息，把他们获得的任何新闻或传言打电话告诉我。就在这一天，我听到的全部消息是，联合锅炉公司毫无疑问出现了内部人买进的情况。绝对不是虚假成交。所有交易都是真实的。该股票的买主们通吃了从 37 到 39 美元的所有卖单，有人敦请他们告知买进的理由，或者给一点贴士，他们一概断然拒绝。这么一来，场内那些心眼活泛、善于观察的交易员便推断一定有人正在举事，而且是一桩大事。如果某只股票因为内部人买进而上涨，并且内部人不鼓励圈外人跟风买进，那些从行情纸带上嗅探蛛丝马迹的猎犬们便被激起了浑身警觉，四处嚷嚷到底什么时候公司正式发布公告。

我什么也没干。我观察着，心中充满好奇，并不停地跟踪着交易情况的演变。但在第二天，不仅买方的交易量进一步扩大，而且其买进方式带有更强的进攻性。意图按照超过钉住价格 37 美元卖出的交易指令，曾经一直挂在该股场内专家的指令册上，好几个月都不能成交，现在毫不费力地被扫荡一空，而新入市的卖出指令根本不足以阻止股价上涨。于是，股价继续上涨。它向上穿越了 40 美元。目前，已经触及 42 美元。

在其触及这个数字的那一刻，我感觉到现在开始卖出银行持有的作为抵押品的股票已经有了充分依据。当然，估计随着我的卖出，股票价格可能下降，不过，只要我卖出全部股票的平均成交价达到 37 美元，我的做法就完全站得住脚。我知道该股票到底价值几何，根据过去数月该股票行情不活跃的情况，我已经对其销路形成了一个大致的概念。好，先生，我小心翼翼地喂给他们股票，总共卖出了 3 万股。然而，行情上涨并没有停止！

那天下午，别人对我讲述了这场及时雨般的神秘上涨行情的缘由。事情看起来是这样的，前一天晚上收市后和当天早晨开市前，有人告诉若干场内交易商一个贴士，说我对联合锅炉公司极度看好，打算按照我惯常的做法一口气不停地把它推高 15 或 20 个点。呃，这是众人口中传说的"我的交易习惯"，其实他们从来没有研究过我的交易记录。贴士的主要来源便是乔舒亚·沃尔夫这位大人物。作为内部人，他正是前一天上涨行情的始作俑者，行情是他自己买进引起的。他在场内交易者中间的死党心甘情愿地追随他的贴士，因为他对这只股票再知情不过了，而且不可能误导自家人。

事实上，市场上并没有当初所担心的那么多股票抛盘的压力。考虑到我已经通过信托把 30 万股股票关进了笼子，你可以体会过去市场的这种担心并非空穴来风。现在的情况证实，推高该股价格的工作比我预想的容易得多。不管怎么说，弗劳尔州长是对的。但凡有人指责他的公司操纵他们擅长的几只股票的时候，诸如芝加哥煤气公司（Chicago Gas）、联邦钢铁公司（Federal Steel）或 B.R.T.，他总是辩解道："要让股价上涨，买进是我所知的唯一途径。"的确，这也是场内交易者的唯一途径，而股票价格则屡屡响应。

接下来的那一天早餐前，我从早晨的报纸上读到了"拉里·利文斯顿即将大展拳脚做多联合锅炉公司"之类的报道。成千上万的报纸读者看到了这些内容。不仅如此，毫无疑问，一众经纪商将用电报把这条消息分发给他们的数百家分支机构和营业部。各路报纸的具体说法各有不同。有一个版本说，我已经组成了一个内部人的集合资产池，打算惩罚那些过度做空的空头们。另一个版本则暗示该公司近期即将宣布派发红利。还有一个版本提醒整个世界说，当我看好某只股票的时候，通常采用的手法大家绝不可掉以轻心。还有一个版本指责该公司为了让内部人搜集筹码而故意隐瞒资产。不过，所有的报道都表示了同一个观点，即该股票的上涨行情充其量只是刚刚开了个头。

等我赶到办公室在开市之前查阅我的信件的时候，我意识到整个华尔街已经被买进联合锅炉公司的抢手贴士淹没了。我的电话铃响个不停，应接电话的办公室职员听到的都是同一个问题：是不是联合锅炉公司真的要涨了？整个早晨，这个问题总共被询问了不下 100 次——以这样那样的问法被提出。我不得不说，乔舒亚·沃尔夫、凯恩、戈登三位，可能还有吉姆·巴恩斯，在这起小小的贴士推广活动中干得实在太漂亮了。

我根本没有料到自己竟然有这么一支庞大的跟风队伍。哎哟，当天早晨，买进指令从全国各个角落蜂拥而至，三天前随便什么价格都没人要的股票，现在这些买单几千股、几千股地疯抢。别忘了，实际上，公众所有的判断依据都来自报纸给我加封的"成功豪赌客"的名声。就这一点而言，看来我不得不对那几位想象力丰富的记者感谢一二。

好，先生，这是上涨行情的第三天，我继续卖出联合锅炉公司；第四天，继续卖出；第五天，继续卖出。现在，我终于松了一口气，我已经替吉姆·巴恩斯完成了卖出 10 万股股票的任务。马歇尔全国银行的 350 万美元贷款以这批股票作为抵押品，巴恩斯必须偿还贷款，因此不得不卖出套现。如果衡量股票操作案例成功与否的标准是，操作者在实现操作意图的同时成本越低越好，那么在我的华尔街职业生涯里，联合锅炉公司当然可以称得上最成功的案例，在整个操作过程中从未需要我承接哪怕 1 张股票。我没有为了以后更容易卖出股票而被迫先期买进。我没有先把股价拉升到尽可能高的水平，然后才能真正开始卖出。我甚至不需要主要利用市场回落的过程来卖出股票，而是在股价一路上涨的过程中卖出的。这简直是天堂一般的美好梦境，用不着你动一动手指头，市场便已经为你准备好了足够强大的买进力量，特别是在时间紧急的情况下。我曾经听弗劳尔州长的一个朋友谈到，州长操作 B.R.T. 的集合资产池称得上是引领行情上涨最了不起的案例之一。该集合资产池总共卖出了 5 万股股票，并且总体是赢利的。可是，弗劳尔经纪公司经手收取佣金的该股交易量则超过了 25 万股。W.P. 汉密尔顿（W. P. Hamilton）曾说过，为了派发 22 万股联合铜业公司的股票，詹姆斯·R. 基恩在必要的操作过程中不得不至少交易了 70 万股该股票。相当可观的佣金支出！想想这一点，再考虑到我为巴恩斯卖出这 10 万股股票所需支付的交易佣金仅仅发生在真正卖出这批股票的时候。我说，这算得上节省了一大笔钱。

现在我已经脱手答应为我的朋友巴恩斯卖出的股票，而辛迪加当初允诺筹集的资金还没有完全到账，再加上意兴阑珊，不打算再买进任何已卖出的股票，我宁愿走得远远的，享受一小段假期。具体情况我记不太清了。不过，我的确清楚地记得，自己再也没有理会这只股票，也记得，没有过多久，该股票价格便开始下跌。一天，整个股票市场都很疲软，某位大失所望的联合锅炉公司多头企图赶紧脱手，由于他的卖出，股票价格下跌至买入期权的执行价以下，即40美元以下。市场上似乎没人打算买这只股票。正如之前对你说过的，我对总体市场并不看好。之前，幸运的是"奇迹"出现，让我有机会派发10万股股票，免去了在一周之内把股价拉升20～30点的艰巨任务，正如那些好心的贴士发布者预言的那样，为此，我特别感激。

现在，该股市场感受不到任何支撑，渐渐形成了有规律的习惯性下跌，并且终于有一天酿成了相当剧烈的下挫，股价触及32美元。那是有史以来的最低价。你一定已经想到了，为了防止银行在市场上强平充当贷款抵押品的10万股股票，吉姆·巴恩斯和原先发行股票的辛迪加曾经把它苦苦支撑在37美元。

那天我正在办公室平静地研究行情纸带，门人通报乔舒亚·沃尔夫求见。我说可以见他。他急匆匆闯进来。他的身量并不高大，但是毫无疑问他看起来全身鼓胀——怒气冲冲的，我一眼就看出来了。他跑到我站在报价机旁边的位置，嚷道："嗨？究竟搞什么名堂？"

"请坐，沃尔夫先生。"我礼貌有加，并且自己先坐下来，好让他心平气和地说话。

"不坐！我不要椅子，我要明白这到底是什么意思！"他扯着嗓门喊。

"什么是什么意思？"

"你到底正在对它干什么？"

"我对什么干什么？"

"那股票！那只股票！"

"哪只股票？"我问道。

但这么一问反而把他惹得大怒，他吼起来："联合锅炉！你正对它干什么？"

"没干！绝对是什么都没干。怎么啦？"我说。

他双目圆睁瞪着我足有 5 秒钟，然后爆发了："看看股价！你看看！"

他怒不可遏。于是我站起身，查看行情纸带。

我说："现在的股价是 31-1/4。"

"对！31 又 1/4，我拿着一大把。"

"我知道你有 6 万股。你已经持有很长时间了，因为你当初买进的是格雷锅炉公司——"

但是，他没让我说完。他抢白道："我又买了很多，其中有些花的是 40 美元的高价！到现在还拿着！"

他对我怒目而视，那么气急败坏，我不得不解释："我没让你买进呀。"

"你没什么？"

"我没叫你大笔买进它啊。"

"我不是说你叫我买的，但你不是要把它推高的吗——"

"我为什么要？"我打断他。

他看着我，气得话都说不出来了。好不容易回过神来，他说："你要拉抬股价，我们已经给钱让你买进了。"

"是的。但是我一股也没买。"我告诉他。

这句话捅了马蜂窝。

"你有超过 400 万美元的现金，但你一股都没买？你什么都没买？"

"一股没买！"我重申。

到了这分上，他实在气昏了，语无伦次。最终他挣扎着说出一句话来："你倒说说你玩的这是什么把戏？"

他在心里一定已经用各种最令人不齿的罪名把我骂得狗血淋头。我确信，从他的眼睛里，能看到这是很长的一串罪名。这让我不得不对他说："你的意思实际上是责问我，沃尔夫，为什么我没有在 50 以上买过你在 40 以下买进的那些股票，不是吗？"

"不，不是。你有一份执行价 40 美元的买入期权，还有 400 万美元的现金用来推高股价。"

"是的，但是我没碰那些钱，辛迪加也没有因为我的操作而损失一分钱。"

"听着，利文斯顿——"他开腔。

然而，我没有让他继续说下去。

"你听着，沃尔夫。你清楚，你、戈登和凯恩总共持有的 20 万股已经锁定起来，因此即使我推升股价，也不会有太多的流通股票进入市场。之所以我不得不推升股价，是因为两方面缘由：首先，为该股票打开市场；其次，为我行权价为 40 美元的买入期权创造利润。虽然你的 6 万股已经砸在手里好几个月，但是把它们卖到 40 美元的价钱你却不满足，或者不满足于你将从辛迪加分享的利润，于是你决定在 40 美元以下吃进一大批股票，等我用辛迪加的钱把股票价格推高之后再出给我，因为你确信我一定会这么做的。这么一来，你就可以在我买进之前先买进，然后，在我出货之前先出货。从各方面来看，我最有可能成为你的出货对象。照我看，你曾经估计我不得不把价格推高到 60 美元才能达到目的。这个算盘打得实在太如意了，因此，你可能为老鼠仓买进了 1 万股，同时，为了确保在我不愿意接货的情况下，还有其他人充当替死鬼撑开口袋等你，你给美国、加拿大和墨西哥的每个人都打了招呼、发了贴士，根本不考虑这会给我带来多大额外的负担。你所有的朋友都知道按约定我该怎么做。他们要买进，我也要买进，你老兄左右逢源稳坐钓鱼台。好，你把贴士散给你的亲朋好友；你的亲朋好友先买好股票，再把贴士散给他们的亲朋好友；第三个圈子得到贴士的人依样画葫芦，再传给第四个圈子；然后可能还有第五个圈子，甚至第六个圈子的肥羊。这么一来，最终轮到我入市做点什么的时候，我发现已经有好几千精明的投机家严阵以待了。你这一通盘算对我真是仁至义尽，沃尔夫。甚至我还没有动念头想一想是不是需要买进的时候，联合锅炉公司竟然已经开始上涨了，当我看到这种情形的时候，你简直无法想象我是多么吃惊。另一方面，正因为那些打算在 50 ～ 60 美元把同样一批股票再卖给我的朋友踊跃吃进，我才能为承销股票的辛迪加在 40 美元上下顺利完成卖出 10 万股的任务，你也无法想象当时我心中有多么感激。我白白放着 400 万美元不动，不用这笔钱来替他们挣钱，真是肥羊到家了，不是吗？辛迪加提供那笔资金的确是用来买股票的，不过，唯有在我认为必要的前提下才买进。好吧，我不认为有必要。"

沃尔夫毕竟在华尔街浸淫多年，终究还是能避免愤怒的情绪影响生意。他听着我的一番话，渐渐冷静下来，当我说完后，他的声音既友好又亲密："看看，拉里，老弟，现在我们怎么办？"

"只要你们高兴，怎么做都行。"

"哎哟，帮帮忙。要是你像我们这样子你怎么处理？"

"如果我像你们这样子，"我郑重地说，"你知道我要怎么做吗？"

"怎么做？"

"统统卖掉！"我告诉他。

他盯着我好一会儿，什么话也没说，转身走出了我的办公室。从此再也没来过。

不久之后，戈登参议员也登门了。如出一辙，他也是怒气冲冲，为自己的麻烦而抱怨我。之后，凯恩也加入合唱，一起打铁似的捶打我。他们忘了，当初他们组成辛迪加的时候，他们的股票也无法大批卖出。他们只记得我曾经拿着辛迪加几百万美元，而该股票曾经在 44 美元处交投活跃，但是我没有替他们卖出他们的持股，现在，它在 30，行情像泔水一般兴味索然。照他们想来，我本该统统卖光、获利丰厚。

当然，过了一段时间他们都冷静下来。辛迪加没有损失一分钱，而面临的主要问题则原封不动：卖掉他们的股票。一两天之后，他们又来了，请我帮他们走出困境，其中戈登特别坚持。最终按我的要求，把他们集中起来的股票按照 25-1/2 的价格计入集合资产池。我的服务收费是我的卖出价高于这个价格的一半。最新成交价大约在 30 美元。

现在我又要帮他们出清股票了。根据当时的总体市场形势以及联合锅炉公司的具体表现，只有一条路可走，那当然就是在市场下跌过程中卖出，而不是企图首先拉高价格。如果要引发市场上涨，肯定必须大量买入股票。但是在市场下跌过程中，我可以找到那些打算抄底的买主，因为他们始终主张，如果某只股票从行情最高点下跌了 15 ~ 20 点，那么该股票就比较便宜了，特别是当顶部是最近发生的时候。他们觉得，马上就该向上反弹了。他们看到联合锅炉公司的成交价曾经接近 44 美元的高水平，如果现在低于 30 美元，看来肯定是个好东西。

果然，这一招一如既往地奏效。挖掘廉价机会的投机者买入了足够大的数量，使我得以出清集合资产池的持股。然而，你以为戈登、沃尔夫或凯恩会有一点感激之情吗？丝毫没有。他们仍然对我心怀不满，至少他们的朋友是这么告诉我的。他们经常向人们诉说我对待他们的不是。他们不肯原谅我，因为我没有如他们期望的那样凭我一人之力把股票价格拉高。

事实上，如果沃尔夫诸公不曾卖力地四处散发那些备受追捧的看涨贴士的话，我根本没有能力卖出银行持有的 10 万股股票。如果按照我惯常的方式来运作，也就是按照符合逻辑的较自然的操作方式，那么无论市场后来形成什么价格，我都不得不照单接受。我曾经告诉你，当时我们正在进入下跌行市。在这样的行情下，可以达成卖出目标的唯一选择，虽然还不至于是不计后果地大甩卖，但也不可偏重于价格。其他任何方法皆不可行。但是，我觉得他们不相信这些。他们还在生气，但我没有。任何人发怒都无济于事。市场曾经不止一次教我明白一个道理，投机者情绪失控，不啻自绝生路。当然，在木已成舟的情况下，愤怒不会产生什么严重后果。然而，我要告诉你另一个不同寻常的事例。一天，利文斯顿太太去拜访一位别人向她盛情推荐的裁缝。那位女士手艺不错，热情周到，有一副善解人意的好性格。大约在第三次或第四次拜访时，那位裁缝感觉利文斯顿太太不那么陌生了，便对她说："我希望利文斯顿先生很快拉高联合锅炉公司的股价。我们拿着一些股票，当初是因为别人告诉我们，说他要推升这只股票我们才买进的。我们总是耳闻他所有的交易都非常成功。"

我对你说，想到无辜的人们可能因为追随那样的贴士而损失钱财，我很难感觉轻松。由此或许你可以理解，为什么我从不给人任何贴士。那位裁缝让我觉得，要是谈起谁该抱怨谁的问题，其实是我要埋怨沃尔夫。

23

内部人巧借"空头打压"暗度陈仓，
圈外人偏信"权威解释"高位套牢

　　股票投机的行当永远不会消亡，让它消亡并不符合大家的心意。无论怎样强调风险，也不可能阻止投机行为。同样无奈的是，你不可能让人们杜绝猜错的时候，无论当事人多么精明、多么有经验。再精心运筹的计划也可能中途出意外，因为总会发生未曾预料的事件，甚至是根本不可预料的事件。不测或许来自大自然的一场灾变，来自天气变化，来自你自己的贪婪，来自其他人的自负，来自恐惧，来自不可理喻的一厢情愿等。不仅如此，除了上述因素你也许可以称之为投机者的天敌之外，股票投机者还必须提防他人不地道的商业行为乃至坑蒙拐骗。无论从道德意义上来说，还是从商业意义来说，此类行为都防不胜防。

　　回首往事，对比 25 年前我初次踏入华尔街时的市场风气，我必须承认，现在的市场已经发生了许多有益的变化。老式对赌行已经无影无踪，不过，冒牌"经纪行"依然屡见不鲜。无论男女，但凡抱着快速发财的念头进入这一行，都可能成为它们鱼肉的对象。纽约股票交易所的工作很出色，不仅严查那些不折不扣的骗子，还监督其会员严格遵守交易所各项规章。许多有益市场健康发展的规章制度和限制条款已经得到了严格的实施，当然，还有进一步改进的余地。华尔街具有根深蒂固的保守主义倾向，而不是道德伦理倾向，某些不正之风之所以成为痼疾，正是年深日久的积弊所致。

　　如果说从股票投机中赢利从来不是易事，那么现在正变得一天比一天更难，难上加难。就在不久前，从事交易实务的人实际上对交易所名单上的每一只股票都耳熟能详，能够有很好的实用程度的了解。1901 年，当 J.P. 摩根将美国钢铁公司的股票发行上市的时候，只是将其他更小型的联合体再联合起来，它们之中大多数公司的经营历史不超过 2 年。当时，纽约股票交易所总共有 275 只股票正式挂牌，另外还有大约 100 只股票在其"非挂牌部门"交易。后者之中很多并不是非得什么都清楚不可，因为它们都是小型企业，或者交易不活跃，要么公开流通股票的比例过小，要么属于第三方担保付息的股票，因此缺乏投机吸引力。事实上，绝大多数股票可能一年都成交不了一股。如今，在交易所的正规上市名单上大约有 900 种股票，并且在最近一段活跃行情里，大约有 600 种不同的证券参与交易。不仅如此，过去的股票群体或股票门类比较容易跟踪。不仅它们的数目较少，而且总市值也较低，交易者必须留意的市场信息没有现在这样广泛。但在今天，你必须交易各种对象，世界上几乎每一个行业都有代表性的股票。这就需要交易者花费更多时间和精力才能及时了解相关的最新信息，如果你要明智地交易，股票投机就变得困难得多了。

世上成千上万的人投机性地买进、卖出股票，然而，结果赢利的人只占少数。因为公众在一定程度上是始终"在市"的，所以无论何时，公众之中总是有人亏损的。投机者的致命敌人包括：无知、贪婪、恐惧和希望。人世间所有的成文法律和交易所的所有规章都不可能根除人类的上述本性。意外事故可以把最精心编制的计划打个粉碎。同样，它们也超出了由不动感情的经济学家们或是由热血心肠的人道主义者们制定的条条框框所能掌控的范围。此外，还有另一种导致亏损的渊薮，那便是故意误导的虚假信息，它们和直截了当的贴士大相径庭。它们往往包裹着各式各样的糖衣和伪装，令股票交易者防不胜防，因此更隐蔽、更危险。

当然，一般的圈外人要么凭贴士、要么凭流言作为交易依据，之中有的口耳相传，有的印成了铅字；有的直接明确，有的迂回暗示。常见的贴士已经防不胜防了。举例来说，一位终生好友诚心帮你发财，把他自己的投资行动倾囊相告，也就是告诉你他买了或卖了什么股票。他用意纯良。如果这样的贴士出了岔子，你能怎么办呢？另一方面，公众在遭遇职业贴士客或者心术不正的贴士客的时候所得到的保护，大概和他遭遇兜售假金砖和假酒的骗子的时候所受到的保护差不多。更有甚者，当参与投机的公众面对典型的华尔街传言时，根本得不到任何保护，也得不到任何赔偿。证券分销商、市场操纵者、集合资产池和超级大户采用各种手段，尽可能以最好的价格派发他们多余的持仓。报纸和新闻收报器上传播的种种利好名堂则是最具杀伤力的。

随便哪天打开财经新闻报刊，你都会惊奇地发现，上面竟然印有如此之多的暗示自己带有半官方性质的说法。其中的权威角色往往都是"某位首要的内部人士""一位著名董事""一位高级官员"或者"官方人士"，总之，读者当然会认定该人一定清楚自己在说什么。这是今天的报刊，我从中随机挑出一条消息。听听这一条："一位地位显赫的银行家表示，现在预期市场下跌为时过早。"

"一位地位显赫的银行家"真说过这话吗？如果他真说了，那么到底为什么说这话呢？为什么他不允许引用他的名字呢？难道他担心如果人们知道是他便会不相信他的话吗？

这里还有另一则关于一家公司的消息：其股票本周以来一直很活跃。据报道，这次说话的是一位"著名董事"。那么，在这家公司的十几位董事中，如果真有人说话了，到底是哪一位呢？显然，只要不透露姓名，即使这些话产生了什么有害的影响，也不会有任何人承担责任。

股票交易者除了必须透彻研究各式各样的投机行为之外，还必须着重考虑华尔街上这个行当的特殊性。除了必须尽量弄清楚怎样赚钱之外，还必须尽量避免亏钱。知道不该做什么和掌握该做什么几乎同样重要。因此，最好牢记一条，实际上在所有股票的所有上涨行情中都在一定程度上存在操纵的情形，这类上涨行情往往都是内部人精心策划的，其目的，并且是唯一的目的，便是尽可能以最好的价格卖出股票。然而，经纪行里的一般客户自信地认为，只要我对某只股票上涨的缘由打破砂锅问到底，你就骗不了我。自然，市场操纵者会为上涨给出一个经过精心算计的"解释"，以便有利于派发股票。我坚定不移地认为，如果不允许刊登任何利好性质的匿名言论，将会极大地减轻公众蒙受的损失。我指的是那些算计公众促使其买进或持有股票的种种说法。

在以不具名的董事或内部人的权威名义发表的利好文章中，向大众传递的占压倒性多数的内容都是不可靠的和误导性的信息。公众因为接受这类半官方意味且貌似可信的说法，年复一年地损失了无数美元。

举例来说，某公司的某方面业务线正在经历一段不景气的时期。该公司股票不活跃。其报价代表了市场对其真实价值的普遍性的并且很可能是准确的认识。如果该股票在这个水平上价格过于低廉，那么必定有人心中有数并趁机买入，股价就会上升。如果股价过高，同样有人心中有数并趁机卖出，股价就会下降。如果该股票各方面波澜不兴，就没人谈它或碰它。

现在该公司那条业务线终于否极泰来，到底谁先知道这一点呢？是内部人员还是公众？当然不是公众。下一步会发生什么情况呢？如果商业环境持续改善，则公司盈利将增长，公司便有能力恢复派发红利；如果该公司之前没有终止发放红利，则有能力增发红利。换句话说，该股票的价值将上升。

假定商业环境继续保持改善的势头，管理层会把这个好消息公布于众吗？公司董事长会告诉持股人吗？有没有哪位博爱的董事站出来，为了阅读报纸金融版面和新闻社新闻快报的那部分公众的利益，拿出一份签署大名的声明？有没有哪位谦虚的内部人士按照他惯常的匿名风格站出来发表一份不具名的声明，说明该公司前景一片光明？这回就欠奉了。没有任何人会吐露半个字，报纸上不会印出任何说法，新闻收报器也不动声色。

有价值的信息被人滴水不漏地从公众面前掩藏起来，与此同时，那些守口如瓶的"首要的内部人士"正忙着入市，凡是他们能够捞着的便宜股票概不放过。随着他们自己知根知底却从不在人前夸耀的买入行动不断展开，股票价格上涨了。金融报刊的记者明白那些内部人应当知道行情上涨的缘由，开始向他们打听。不约而同地，匿名的内部人士们声称他们没有任何消息可说。他们不知道当前上涨行情有任何可靠的根据。有时候，他们甚至声称对股票市场朝三暮四的波动或者股票投机者不可理喻的行为并不特别在意。

股价上涨行情继续，令人开心的一天终于来了，知情者已经把所有意图买进的股票或者他们所能最大限度地持有的股票都弄到手了。于是，华尔街上立即开始四处流传各种利好传言。新闻收报器以"权威的姿态"告诉交易者们，该公司的经营状况已经明确无误地度过了拐点。还是那位不愿意透露姓名的董事，他当初曾经表示不知道当前上涨行情有任何可靠的根据，现在据报道他说——当然还是不透露姓名——该公司的股票持有人拥有充分理由对其前景感到极大鼓舞。

利好消息铺天盖地，公众受到强烈诱惑，开始买进该股票。他们的买进有助于进一步推升股价。到了一定时候，不约而同地，匿名的董事们当初的预言变成了现实，该公司恢复发放红利，或者也有可能进一步提高了红利率。随着这一进展的出现，利好因素进一步增多。利好因素不仅变得更多了，而且变得更加热情高涨了。某位"显赫的董事"在应答一个要求直截了当说明公司状况的问题时，告诉全世界，公司状况的改善不仅保持了原来的势头，还在锦上添花。某位"首要的内部人士"在记者软磨硬泡之后，终于被套出实话，承认公司盈利之佳已经达到惊人的程度。某位与该公司保持密切商务往来的"著名银行家"被人央求不过，透露该公司销售额的扩张速度在该行业史无前例。从现在开始，即使一张新订单都没有，该公司也得没日没夜地开工满足现有订单，天知道还得赶工多少个月才能完成。一位"财务委员会的委员"在一份用双边线框圈起来的声明中表示，公众对该股票的上涨行情感到惊讶。他对大家的惊讶感到惊讶，因为唯一令人感到惊讶的是该股票爬升的轨迹实在太克制了。只要分析一下该公司即将公布的年报，谁都能轻易看出该股票的账面净值已经远远超过市场价格。然而，在上述健谈的博爱者之中没有一位透露自己的尊姓大名。

只要盈利继续维持在不错的水平，而那帮内部人也没有觉察到公司荣景有任何减弱的苗头，他们便会一直持有当初低价买进的股票。既然没有什么因素可能压低股价，为什么要卖出呢？然而，就在公司业务转坏的那一刻，将会发生什么呢？他们会站出来发表声明、提出警告或者哪怕只是最模糊的一点暗示吗？不大可能。趋势现在已经转而向下。当初公司业务好转的时候，他们买进绝不大肆声张，现在如出一辙，他们闷声卖出。由于这帮内部人的卖出，股价自然下跌。于是，公众开始得到很熟悉的"解释"了。一位"首要的内部人士"坚定地断言一切正常，行情下跌仅仅是空头卖空的结果，空头们企图影响总体市场。在股票价格下降了一段时间之后，有一个"好日子"，股票价格急剧下挫，公众吵吵嚷嚷，强烈要求了解其中"情由"或得到"解释"。除非有人出来说点什么，否则公众将担心出现最坏的情况。于是，新闻收报器印出以下字样："我们要求该公司一位显赫的董事解释该股票的疲软行情，他的答复是，他能够得出的唯一结论是，今日的下跌是由于空头打压引起的。公司经营情况没有改变。公司业务从来没有像现在这样好过，除非今后一段时间发生根本未曾预见的意外情形，否则公司将在下次分红决策会议上提高分红率。市场上空头阵营变得很激进，该股的疲软显然由于他们发动的袭击，他们意在逐出意志不坚定的持股人。"新闻收报器说不定还打算给读者添点料，添油加醋，报告说他们根据"可靠的消息渠道"得知，当日下跌过程中绝大多数股票买盘都来自内部人，空头们将会发现自己把自己卖入了一个陷阱。接下来的一天，市场暂时休整。

公众不仅因为相信利好的说法买进股票而蒙受损失，而且因为受到劝阻不卖出股票而再次遭受损失。对于那些"首要的内部人"来说，当他们不再愿意支撑股价或搜集筹码的时候，除了劝诱公众买进他们打算卖出的股票之外，次优的选择便是防止公众卖出同一只股票。当公众读到"显赫的董事"说的话之后，他们相信什么呢？普通的圈外人能想些什么呢？当然是这只股票本不该下跌的，当然是空头们做空强迫该股价格下跌，只要空头一住手，内部人就会策动报复性的上涨行情，迫使那些空头以高价买入平仓。如果股价下跌果真是空头打压引起的，那么公众相信这样的解释也还说得过去，因为的确事态会如此演变。

然而，尽管上述说法信誓旦旦地威胁或承诺将对过度下探的空头阵营实施强有力的挤兑行动，但是话题中的股票并没有上涨，它继续保持下跌。没法不跌，内部人倾囊而出的股票实在太多了，市场消受不起。

这个已经被"显赫的董事"们、"首要的内部人"们卖出的内部人股票现在成了职业交易者们脚下的皮球。它继续保持下跌，似乎看不到底在哪里。内部人清楚行业形势对公司未来盈利产生了不利影响，他们不敢出手支撑股价，一直要等到公司业务好转的下一个拐点出现。届时，内部人将会买进并且保持沉默。

多年来，我充分经历了股票市场的洗礼，对股票市场交易也有相当的了解，我敢说在我记忆中没有哪一例空头袭击事件曾经导致某只股票持续下跌。他们口中所称的"空头打压"，往往正是根据对实际市场环境的准确把握而实施的合理卖出。当然，并不能把股票下跌完全归结于内部人卖出或者内部人不愿意买进。每个人都会争前恐后地卖出，而当每个人都卖出、没有人买进的时候，持股者就会付出惨重的代价。

公众应当牢记：导致行情长期持续下跌的真实原因从来都不是空头打压。当某只股票保持下跌的时候，你可以肯定该股票一定有什么地方不对，要么是它的市场，要么是它的公司。如果该股票行情下跌是不合理的，那么很快它的成交价就会低于其实际价值，这将激发买进行为，从而阻止其继续下跌。事实上，空头有可能挣大钱的唯一机会是在某只股票价格过高的时候卖出它。在这种情况下，内部人绝不会把真相告白天下，这一点确定无疑，你可以把你最后一分钱都压上。

当然，最经典的案例数纽黑文铁路公司（New Haven），今天人人都知道，可当时仅有为数极少的几个人知情。该股票 1902 年的卖出价为 255 美元，是新英格兰最主要的铁路投资。在当地，人们凭着持有该股票的多少来衡量自己在本地社区应得的尊重和地位。如果有人说这家公司正走向破产，不会因为这句话被投入监狱，而是会被送进疯人院，和其他疯子关在一起。然而，当摩根先生委派的一位胆大妄为的新总裁梅兰（Mellen）到任后，该公司兵败如山倒的厄运便开始了。起初，人们并不清楚新官上任三把火将把公司引上这条路。但是，随着该公司左一笔、右一笔以虚高价格添置资产，让联合铁路公司驮上越来越重的负担，少数眼光敏锐的观察者开始怀疑梅兰的做法是不明智的。一个货车系统，他人的买入价为200万美元，转手卖给纽黑文铁路，得到的价码是1000万美元。于是，有一两位口风不严的仁兄点评管理层作风鲁莽粗疏，这真是大不敬。暗示即便财大气粗如纽黑文铁路也承受不起如此的挥霍，简直像怀疑直布罗陀岩山不稳固一般荒谬。

当然，最初看出前方有暗礁的还是内部人。他们对公司的真实状况越来越警醒，因此他们开始减持自己手上的股票。由于他们卖出，同时也由于他们不支撑市场，新英格兰这个镶金边的铁路股票开始屈服。一如惯例，人们开始提出疑问，要求得到解释，于是，一如惯例的解释很快出笼了。"首要的内部人士"宣称，在他们所知范围内没有任何地方不正常，行情下跌是鲁莽的空头卖出行为所引起的。因此，新英格兰的"投资者"继续持有纽约、纽黑文与哈特福德铁路公司（New York, New Haven & Hartford）股票。为什么不呢？难道内部人士没有表示一切如常，并大声指责空头打压吗？难道它没有公布派发红利的消息并按期发放吗？

与此同时，当初承诺的挤压空头的行动并没有兑现，反而是股价出现了创纪录的新低。内部人的卖出动作更急切，更顾不上掩人耳目了。波士顿一班颇具公德心的人士要求该公司如实解释股价惨跌的真正缘由，却被扣上了股票掮客和蛊惑人心的帽子。而如此惨跌对原本期望投资有保障并能获得稳定红利的每一位新英格兰投资者都意味着触目惊心的惨重损失。

该股这场历史性的大崩跌从每股255美元直接降至每股12美元，这绝不是空头袭击的结果，空头袭击也绝不可能造成这等大崩跌。它既不是由空头操作开的头，也不是由空头操作推动的过程，正是内部人一直不断地卖出，并且他们卖出的价格总是高于假如他们说出实话或者哪怕是允许真相公布于众的情形。股价位于250、200、150、100、50或者25美元，其实都无关紧要，对于该股票来说，这些价格都太高了，那帮内部人清楚这一点，公众却被蒙在鼓里。如果公众在忙活着买进、卖出力图从中赚钱的时候，清醒地意识到自己的不利处境，或许还有几分获利的希望。当然，只有极少数与该公司运作密切相关的内部人才能了解全部内情。

该股票上演了一出过去20年里最惨烈的大崩溃，它的下跌不是因为空头打压。然而，正因为公众容易为这种形式的解释所麻痹，损失才进一步加重，雪上加霜，损失巨万美元之后、再损失巨万美元。正是这一点阻止了人们卖出，他们本已对该股票的下跌方式感到不满，如果不是期待在空头打压停止之后股价收复失地，很可能已经出清了他们的股票。在过去的岁月里，我曾经常常听人责怪基恩。而在他之前，他们习惯于指责查理·沃瑞肖弗（Charley Woerishoffer）或者阿迪森·坎麦克（Addison Cammack）。如今，我成了他们的替罪羊。

我记得英特韦尔石油公司（Intervale Oil）的例子。该股票背后有一个集合资产池，它推高了股价，并且在股价上涨过程中招揽了一些买家。操纵者把股价拉抬到50美元。在这个价位该集合资产池开始卖出，股价快速下挫。接下来一如往常，人们要求得到解释。为什么英特韦尔石油这么疲软？质疑的人太多了，以至于这个问题的答案成了重要新闻。一家为新闻收报器提供消息的新闻社打电话采访了最了解英特韦尔石油上涨行情的几家经纪商，他们应该对行情下跌的内情心知肚明。当该新闻社要把股价下跌的缘由刊发出来告知全国读者的时候，这些经纪商，这些推动上涨行情的集合资产池成员，是怎么回答的呢？嗬，拉里·利文斯顿正在打压市场！这还不够。他们还要再加上一句，他们正要动手"擒住"他呢。不过自然了，英特韦尔石油的集合资产池照卖不误。当时该股价格站在每股12美元附近，他们可以一直卖到10美元或更低，而他们的平均卖出价格依然会超过成本价。

内部人在市场下跌过程中卖出是明智的、恰当的。然而，对于那些付出每股35或40美元的代价买入股票的圈外人来说，就完全是另一回事了。圈外人读到了新闻收报器上印出的消息，于是持股不动，等待拉里·利文斯顿落入义愤填膺的内部人组成的集合资产池之手，遭到应得的报应。

在牛市行情下，特别是在景气阶段，公众起初挣钱但后来又往往会输回去，问题就在于他们在牛市行情里逗留得太久。这类"空头打压"的障眼法进一步诱导他们逗留下去。那些匿名的内部人有意让公众相信的所谓解释，恰恰正是公众应当保持高度警惕的陷阱。

24

到处陷阱须谨慎，盛宴终散记忠告

公众总指望有人告诉自己一点什么，正是这一习气使得授受贴士的行为无远弗届。经纪商应当为他们的客户提供交易建议，既可以采取编写市场通讯的方式，也可以是口头的，这无可厚非。然而，经纪商不应该过分偏执于当前的基本形势，因为市场演变的轨迹通常比现在的基本形势领先6到9个月。今日的盈利并不能构成经纪商建议客户买进股票的充分理由，除非在一定程度上有把握判断，距今6到9个月之后，公司的商业前景还能继续维持当前的分红水平。如果您尽量向远景展望，便可以相当清楚地看出，商业形势变化正在酝酿之中，最终会改变现状，今日认为该股票较便宜的那些依据也将烟消云散。交易者必须远远地展望未来，不过，经纪商关心的是现在获得佣金，因此，一般的市场通讯不可避免地带有先天缺陷。经纪商靠公众的交易佣金谋生，一方面，他们力图通过市场通讯或口头言论诱导公众买入，另一方面，买入的正是他们已经从内部人或市场操纵者手中接到了卖出指令的同一只股票。

这样的场面屡见不鲜，内部人跑去找到经纪公司的头头，对他说："我想请你为我的股票开拓市场，帮我卖出5万股。"

经纪商进一步询问有关细节。让我们假定该股票当前的报价为50美元。这位内部人告诉他："我给你5000股的买入期权，执行价45美元，然后每向上1个点再来5000股，总共给你5万股的期权。同时我也给你5万股的卖出期权，执行价按市价定。"

对经纪商来说，这笔钱很容易挣到手，只要他拥有一大堆跟风者就成。当然了，那位内部人找的也正是这样的经纪商。在全国各地建有分支机构并通过直线电报互联互通的经纪公司在这类交易中通常都能找到一大群跟风者。记住，因为这家经纪商拥有卖出期权，所以无论如何都是万无一失。如果能够动员他的跟风群体，就能卖出全部头寸获得大额利润，常规的交易佣金还不算在内。

我脑子里浮现出一位"内部人"的辉煌战绩，他在华尔街很出名。

他一般拜访大型经纪公司中最大的客户经理。有时候，他甚至纡尊降贵拜访这类经纪公司的一名最低级别的合伙人。他常常要做下面这番表白：

"嗨，老兄，过去承蒙你多次关照，现在我要向你表示我的谢意。我打算给你一个机会真正赚点钱。我们正在组建一家新公司，把原来一家公司的资产并进去，并购的价格要超过当前报价一大截。我准备按每股 65 美元让给你 500 股班塔姆商场（Bantam Shops）。该股票现在的报价是 72 美元。"

这位心怀感激的内部人分别对各家大型经纪公司的十几位客户经理头头做了同样的表白。既然拿到这位内部人的红包的都是华尔街人士，当他们拿到这笔已经形成账面利润的股票时会做什么呢？自然是建议他们能够接触到的每一个男士和女士都来买这只股票。那位好心的赠予者清楚这一点。他们将会帮助他开辟市场，这么一来，这位好心的内部人就能够把他那堆"宝货"以高价倾销给可怜的公众。

推销股票的承销人还有其他一些伎俩，也应被禁止。交易所应当禁止公开发行上市的股票在场外以支付部分本金的方式向公众发售。公开发行上市的股票在交易所场内的正式报价给它添加了一定程度的官方批准的意味。不仅如此，该股票具备公开市场的官方凭据以及不时发生的价格变化，这都对公众构成了诱惑。

另一种常见的推销伎俩是拆分股票来增加股票数量，这纯属销售策略。这一招让不动脑子的公众损失了无数金钱，但是没人因此被送进监狱，因为这种做法是完全合法的。其手法常常只是变换一下股票证书的颜色而已。

他们变戏法似的，拿出 2 股、4 股甚至 10 股"新"股票更换原来的 1 股"老"股票。这种做法通常的意图都是力求使得原有的商品更加容易销售。原来一磅装的老包装价钱为 1 美元，走得不快。现在改成 1/4 磅的新包装，价钱为 25 美分，其或 27、30 美分。

为什么公众不问一问，到底为什么该股票需要通过拆股来促销呢？这又是华尔街"慈善家"操纵的一种把戏。明智的交易者绝不轻信自己的对手。这类行为本身便足以构成警告信号，公众对之却视而不见，结果年年损失无数的金钱。

如果有人编造和传播谣言，企图损害某个人或某个企业的信用或商誉，刻意压低其证券的价值，诱使公众卖出，法律必定会对其严加惩处。当初制定该法律的意图，可能主要是惩罚那些在经济困难时期公开质疑银行支付能力的人，从而降低挤兑的风险。当然，它也具有保护公众的功能，让公众避免在低于股票真实价值的价格卖出。换句话说，美国法律会惩处传播此类看跌事项的人。

那么，为了让公众避免在高于股票真实价值的价格买入，公众受到了怎样的保护呢？谁来惩处那些散播毫无正当理由的看涨说法的人呢？没有。更有甚者，由于受匿名的内部人士的蛊惑，公众在股价过高的时候买入而损失的金钱，远远超过在所谓空头"打压"期间因为受到看跌建议的影响在低于股票价值的时候卖出而损失的金钱。

如果通过一项法律，惩处散播看涨谎言的人，如同现行法律惩处散播看跌谎言的人一样，那么我相信，公众将会避免无数美元的损失。

当然，证券发行人、市场操纵者以及其他从匿名的乐观建议中获益的人士都会对你说，谁听信传言和不具名的说法来交易，结果亏损就只能怨自己。或许有人可以照此类推，如果某人愚蠢到沦为吸毒的瘾君子，他就丧失了接受保护的资格。

股票交易所应当施以援手。保护公众免受不公平交易的侵害，是交易所生死攸关的利益所在。如果某人有机会了解内情，愿意让公众接受他对事实的陈述，甚至是他自己的观点，那就让他签署姓名。签署姓名不一定保证利好事项成真，但是一定会让"内部人"和"董事"们出言更谨慎。

公众应当时时牢记股票交易的要领。当某只股票上涨的时候，并不需要详述解释为什么它会上涨。必须存在连续的买进，才能促使股票保持上涨势头。而只要股票保持上涨，并且在这过程中只是不时发生小幅的自然回落，那么追随该股票的上涨行情就是一个相当安全的策略。但是，如果某只股票经历了长期稳定的上涨行情之后，掉转方向，开始逐步下降；并且过程中只有偶尔的小幅回升，那么很显然，其最小阻力路线已经从上升转为下降。既然如此，为什么你还需要任何解释呢？该股票之所以下跌，或许存在很好的缘由，然而，这些缘由只有很少的几个人知情，他们要么把这些缘由闷在自己心里，要么反而向公众表示该股票现在很便宜。这场游戏本质上便是这样的玩法，公众应当清醒地认识到，那一小撮知情者不可能说破真相。

许多打着"内部人士"或官员幌子的所谓陈述根本没有事实依据。有时候，甚至根本没有哪位内部人士曾经应人要求发表了言论，不论是匿名的还是具名的。这些故事其实是这位或那位杜撰的，因为他在市场上存在着巨大的个人利益。在证券市场上涨行情的特定阶段，内部人大户们并不反对接受职业交易者操作该股票的帮助。不过，虽然内部人有可能告诉这位大投机家何时适合买进，但是你可以肯定，他绝不会告诉后者何时应当卖出。这么一来，这位职业交易者也被推到了与公众相同的境地，不仅如此，他还不得不找到足够大的市场才能容许他退出。这种时候往往正是你得到最有误导性的"消息"的时候。当然，有些内部人不论在这场游戏的哪个阶段都不可信任。通常，在大公司当头头的人或许会运用内幕信息在市场上操作，但是他们并不公然撒谎。他们只是什么都不说，因为他们发觉，有些时候的确沉默是金。

下述内容我已经重复了多次，不过即使说得再多也不过分。本着身为股票作手的多年经验，我确信不疑，没有人能够始终如一、持续不断地打败股票市场，虽然有些人可能在特定场合下、在某只股票上获得利润。不论交易经验多么丰富，发生交易亏损的可能性始终挥之不去，因为投机事业不可能百分之百安全。华尔街的专业人员都清楚，听凭"内部人"的贴士行事，将比饥荒、瘟疫、谷物歉收、政治动荡或者其他常见的意外遭际更快将你摧垮。无论在华尔街还是在其他任何地方，都不存在通向成功的平坦大道。那么，为什么还要给自己增添额外的路障呢？

（注：图24.1是从利费弗尔接受采访的时候到他自杀这段时间的道琼斯工业指数走势图。）

图 24.1　道琼斯工业指数日收市价（1920 年 1 月 2 日—1941 年 1 月 2 日）

（全文完）

附录一

杰西·劳雷斯顿·利弗莫尔年表
——利弗莫尔的交易生涯

年份 / 年龄	事件
1877 年 7 月 … 0 岁	出生于马萨诸塞州南艾肯顿（《股票大作手操盘术》第 114 页）。
1891 年 …	
14 岁	在佩因·韦伯公司波士顿股票经纪营业部当小伙计，把纸带报价机的最新价格抄写到报价板上。
15 岁	破题第一遭交易，股票是柏林顿钢铁，获利 3.12 美元。
15 岁	在对赌行交易股票和大宗商品，积攒出他的第一笔 1000 美元。
1893 年 … 16 岁	佩因·韦伯公司要求杰西·利弗莫尔抉择，要么放弃在对赌行的投机交易，要么放弃这里的饭碗。利弗莫尔放弃了后者（《股票大作手操盘术》第 115 页）。
1897 年 … 20 岁	在对赌行交易，积攒出他的第一笔 1 万美元。至此为其交易生涯的**第一次上升阶段**。
1898 年 … 21 岁	由于经验不足、交易过频等原因，他的财产减少到 2500 美元，而且对赌行不愿接受他的交易申请，于是他带着 2500 美元首度转战纽约，通过合法的股票经纪商在纽约股票交易所（NYSE）交易。

年份 / 年龄	事件
1899 年 … 22 岁	在纽约股票交易所的交易不成功,利弗莫尔损失了全部资金。这是其交易生涯的**第一次下降阶段**。他自己总结,原因在于交易所场内的交易指令执行滞后于他习惯的交易方式。向经纪行老板借了 500 美元,他前往圣路易斯的对赌行交易。带着 2500 美元返回纽约,偿还了 500 美元债务,第一次卷土重来,既在纽约股票交易所也在对赌行交易。
22 岁	利弗莫尔本人述说:"那时我还不到 23 岁,孤身在纽约,口袋里装着几元来得容易的钱,心里头怀着颇为自许的信念——我正开始弄明白这台新报价机。 我开始为交易指令在交易所场内的实际执行偏差预留空间,行动更加谨慎。但是,我还是死抱报价机不放,也就是说,我对投机生意的基本原则还是一无所知;而如果对这些基本原则一无所知,我就不可能发现自己的交易方法中的真正漏洞。"
1901 年 5 月 9 日 … 23 岁	当天开始的时候利弗莫尔的财富达到了 5 万美元。这是他**第二次上升阶段的顶点**。然而,经过狂乱的一天,收市的时候他已经破产了。一天之间,他重新进入**第二次重返起点的下降阶段**。"报价机落后实际市场如此之多,断送了我的交易。我已经习惯于把纸带报价机当成自己最好的亲密伙伴,因为我总是凭它告诉我的来下注。然而,这一次纸带机欺骗了我。纸带机打印出来的数字和实际价格天差地别,它毁了我。"
1901 年 … 24 岁	重返对赌行和冒牌经纪行,为再次回到纽约股票交易所筹集资金。他重新回到几百美元、几千美元一笔的交易方式,并始终如一地赢利。冒牌经纪行企图诈骗利弗莫尔,他以牙还牙,几次巧布圈套突袭,在纽约股票交易所操纵交易清淡的股票价格,同时从冒牌经纪行获取了更多的利润。
1902 年 … 24 岁	在冒牌经纪行成功地交易一年之后,他已经积攒了足够的资金,添置了小汽车,并享受着奢侈的生活方式。带着"相当厚的一卷钞票"第三次回到纽约。
1906 年春 … 28 岁	利弗莫尔在旧金山大地震之前产生了某种预感,并据此做空股票,获利 25 万美元。

年份 / 年龄	事件
1906 年夏 … 29 岁	由于听信埃德·哈丁的贴士而进行交易，损失 4 万美元。
1907 年 10 月 24 日 … 30 岁	利弗莫尔在市场暴跌期间做空，挣得他的第一笔 100 万美元。这是他的**第三次上升阶段。**
1907 年下半年 … 30 岁	利弗莫尔在 10 月买了一艘游艇。当时他在小麦和玉米期货上分别卖空了 1000 万蒲式耳。小麦顺利买入平仓，获利丰厚，但玉米遭到斯特拉顿逼空，如果简单买入平仓，可能导致价格狂涨，买入成本极高。利弗莫尔声东击西，集中卖空了 20 万蒲式耳燕麦，引人联想为斯特拉顿的对头阿莫阵营正在发起攻击，于是大家纷纷卖出玉米，而利弗莫尔乘机买入平仓。
1908 年 … 30/31 岁	5 月乘游艇到达棕榈滩后，利弗莫尔做多七月棉花合约，总共建立了 14 万包的巨额多头仓位。碰巧星期二纽约《世界报》以《七月棉花被拉里·利文斯顿控盘》为大标题发表报道，利弗莫尔乘机卖出平仓，当日十点开盘，十点十分他已经一包不剩地卖出全部持仓。 正是这件事使他后来遇到了珀西·托马斯，他被具有超凡说服力的大宗商品专家珀西·托马斯渐渐引入盲从状态，违背自己的交易规则、违背自己的初衷而买进棉花，结果一塌糊涂。在棉花交易发生亏损的情况下，他再度违背自己的交易规则，给已经发生亏损的头寸加码，反而卖出了在小麦上获利的头寸，结果以破产告终。这是他第三次下降阶段，这次难捱的日子相当长。
1909/10 年 … 31/32 岁	利弗莫尔离开纽约，前往芝加哥，因为芝加哥的一家经纪商了解他的能力，愿意为他提供有限的财务协助以供其交易。 纽约股票交易所一家经纪公司的所有人丹尼尔·威廉森把利弗莫尔召回纽约。他给了利弗莫尔 25000 美元，让他重新开始交易。经过 3 个星期的交易，利弗莫尔已经赢利 12000 美元。威廉森却干预他的交易，以利弗莫尔的名义买进、卖出，累积了较大亏损。后来，利弗莫尔恍然大悟，终于摆脱了这样的关系。
1911—1913 年 … 32 ~ 35 岁	市场接连数年行情平淡，根本"无钱可赚"，利弗莫尔的债务日积月累，远超过 100 万美元。

年份 / 年龄	事件
1914 年 … 36 岁	利弗莫尔宣布破产。他后来对此解释道："不再受债务的困扰，我的身心现在解放了，可以全部投入到交易中，因此为我增添了几分交易成功的希望，下一步便是找到一笔新的本金。"
1915 年 2 月 … 37 岁	向丹尼尔·威廉森求助。威廉森答允利弗莫尔可以交易 500 股，这是一笔很小的信用额度。利弗莫尔在下单之前进行了长达 6 周的行情跟踪，因为他的第一笔交易必须有百分之百的成功把握。他在 98 美元的价位买入了伯利恒钢铁。由于第一次世界大战激起的需求，钢铁类股票正处于上涨行情。该股价格如其预期，继续保持上升势头，他在 114 或 115 美元进一步买进。第二天，他在 145 美元卖出平仓。这次交易达成了他的心愿——重新攒出一笔资本。
1915 年下半年 … 38 岁	经过几个月的成功交易，他的账户余额达到了 14 万多美元。
1916 年 … 38/39 岁	利弗莫尔的交易技术日臻化境，当市场涨势强劲的时候，他持续做多；当市场逆转看跌时，他转而做空。在这一轮行情中，他总共获利约 300 万美元，**第四次东山再起**，并在冬季赴棕榈滩避寒。
1917 年 … 40 岁	利弗莫尔偿还了 1914 年破产时的全部债务，虽然他已经没有偿付的义务了。除了清偿债务之外，他还获利 150 万美元。他为家庭购买了价值 80 万美元的年金，以确保家庭生活不受交易的影响，即使再次被市场扫地出门，他也能维持家庭收入。他还另外花钱为妻子和儿子安排了信托计划。
1922 年 … 44/45 岁	利弗莫尔接受埃德温·勒菲弗的采访，后者根据多次采访的记录，撰写了一系列报纸文章。这些文章后来汇编成一本书——《股票大作手回忆录》。现在，人们公认该书为股票交易的经典之作。
1923 年 … 46 岁	利弗莫尔搬迁到纽约第五大街赫克舍大厦为其度身定制的办公室。他希望离华尔街的流言蜚语越远越好，关起门来更好地享受独自交易的乐趣。《股票大作手回忆录》首次在纽约出版（本书根据 Fraser Publishing 1980 年再版的最初版本翻译）。

年份 / 年龄	事件
1925 年 … 48 岁	在 1925 年的小麦市场上，利弗莫尔在市场上升过程中买进了 500 万蒲式耳，并在市场顶部转而做空，卖空了 5000 万蒲式耳，此役获利 1000 万美元。
1929 年 … 52 岁	利弗莫尔的交易生涯达到顶峰，这也是他**第四次上升阶段的顶峰**。他在 1929 年股市大崩溃行情中做空，获利 1 亿美元左右。
1933 年 … 56 岁	由于利弗莫尔不知所踪，家人报警。一天之后，他步履跟跄地自己回家了。他表示在一间旅馆过的夜，醒来时脑子里一片空白。当看到报纸上说他失踪了，他才回过神来。据他的医生判断，他应该是患上了精神崩溃导致的失忆症。
1934 年 … 57 岁	利弗莫尔再次破产，损失全部交易资金，具体过程不详。这是他的**第四次下降阶段**，但他这次最终未能卷土重来。不过，他并未陷入贫困状态，他的家庭年金收入足以供他度日。他和当时的妻子航行赴欧洲旅行，"希望从自己的一些麻烦中解脱出来"。
1939 年 … 62 岁	利弗莫尔撰写《股票大作手操盘术》，意在为学习股票交易的人提供指导。
1940 年 … 62 岁	《股票大作手操盘术》出版。
1940 年 11 月 28 日 … 63 岁	利弗莫尔用左轮手枪对着自己的头部开枪自杀身亡。之前，他长期遭受抑郁症的折磨。他在遗书中把自己的一生描述为一场"失败"。

　　注：本年表主要根据本书和《股票大作手操盘术》（杰西·利弗莫尔著，丁圣元译，2003）编写。部分资料源自《时代周刊》杂志。由于利弗莫尔的年龄与本书提到的一些日期不尽相同，因此本年表中的日期并不完全确定。不过，本年表提炼了上述来源中最具一致性的信息。本表参照了 Jesse-Livermore 网站的有关内容。该网站是探讨利弗莫尔交易经验的重要信息来源之一。

道琼斯工业指数日收市价（1900年1月3日至1945年12月31日）

附图 1.1　利弗莫尔时代的道琼斯工业指数全景图

道琼斯工业平均指数百年走势（1900-1-3至1999-12-31）

最高点，
1999年12月31日，
11497.12

最低点，
1932年7月8日，
41.22

附图 1.2　道琼斯工业指数 20 世纪百年演变轨迹。在利弗莫尔的时代，市场以大起大落为基本特点，并且在 1929 年之前的超级牛市与之后的大崩溃中达到了高潮。在 20 世纪 40 年代之后的半个世纪里，虽然市场仍然时常起起落落，但是总体上表现为明确的超长期上升趋势。这对我们有启发吗？

附录二
杰西·劳雷斯顿·利弗莫尔的
股票交易规则

- 买进上涨中的股票，卖出下跌中的股票。
- 不要天天交易，只有行情明显看涨或看跌的时候才交易。交易方向与总体市场保持一致，总体市场上涨，做多；总体市场下跌，做空。
- 交易步调必须与时间价格关键点相协调。
- 等市场变化方向证明你的观点后再交易不迟，要交易则兵贵神速。
- 如果交易有利润，继续持有；如果交易有亏损，从速了结。
- 当事态明朗、原来从中获利的趋势已经终结时，了结交易。
- 做股票就做领头羊——走势最强的那一只。
- 绝不平摊亏损的头寸，比如不要在某只股票已经被套时还继续买进。
- 绝不追加保证金，干脆平仓认赔。
- 股价创新高，买进做多；股价创新低，卖出做空。
- 股票下跌就放手，别炒股炒成股东。
- 绝不因股价太高而不可买进，绝不因股价太低而不可卖出。
- 看法千错万错，市场永远没错。
- 赢利最多的交易往往一开头就有账面利润。
- 没有百发百中的交易规则。

附录三

市场最小阻力路线

市场通过不停地试探来发现价格

市场最基本的功能是发现价格，而市场之所以能够发现价格，正因为其不间断地尝试，试探涨、试探跌。"试""不停地试"，正是市场最基本的运作方式，也是市场活力和效率的生动体现。换句话说，朝三暮四、翻云覆雨，不是市场靠不住，而是市场本应有的基本属性和特征，离开了这一点，其就不能成为有效市场。

一部灵敏的天平，必须能够自由地摇摆，才能准确称量。市场参与者要适应市场上述基本特征，培养自己的能力，学会从天平的摇摆中准确称量。要让心态"归零"，时常清空自己的成见，纯粹依据行情事实来判定市场状态。假定自己事先知道，荒谬；假定自己看法正确，迷信。

此外，市场不停地试，只是为了更准确地找到正确的路径，而不是随机游走。我们不能把天平自由摇摆的工作方式与天平称量的准确性混为一谈，误以为天平的度量结果也是随机的。事实上，趋势是规律作用下的客观必然。

倒水试验

我们拿一瓶水，蹲在地上慢慢倒出。只见水在一个地方集聚，由于表面张力，形成了一个小水团。水团的边缘四处晃动，寻求突破。

突然，突破！唰，水团破裂，水迅速流淌，留下一条线！

到某个新地点，水再次始集聚，形成小水团，同时水团的边缘四处晃动。

突然，再突破……

就这样，一瓶水慢慢倒下，水不停地向前流淌，打头的地方总是水团、突

267

破、一条线地交替运动，最终留下弯弯曲曲的水迹。

一方面，地面有一定坡度，但不明显，因此在倒水之前很难判断水流的具体路径；另一方面，水流过的路线完全是重力规律的表现，水绝不会向上倒流。借用拟人化的说法，水必然服从重力规律，但是水也不知道该往哪儿走，只好一路走一路试。能走吗？那就走。不能走吗？那就集聚。通过集聚、突破、流动的交替，水最终试探出了最合理的路径——重力规律决定的路径。

成交价格的动态变化是买卖压力表

以某一笔成交为例。以买方来说，一方面每一个买方都希望买价越低越好，因此他必须和卖方斗智斗勇，争取低价成交；另一方面，每一个买方都不是孤立个体，而是同时有许多潜在的买方在相互竞争，在公开拍卖中，哪一位的出价高，哪一位拥有成交权，成交的买方之所以能够成交，正是因为那个时刻他的报买价高于其他所有买方，因此他还需要和其他潜在的买方斗智斗勇，必须压过他们。虽然每一笔成交的都是一对一的买方和卖方，但是"买方"的背后还有那些没有成交的潜在买方，成交的买方在那个时刻其实是所有潜在买方的代表，在那个时刻以最高出价竞争"成功"。简单说来，斗智斗勇的过程就是一个动态平衡的过程，买方既要尽可能追求较低的买入价格，又要让自己的报价高到能够压倒其他买方。

卖方同样道理而方向相反。每一个卖方天生希望卖价越高越好，因此他必须和买方斗智斗勇，争取高价成交；另一方面，每一个卖方的背后同时存在许多潜在的卖方相互竞争，哪一位的出价低，哪一位才有成交权。成交的卖方之所以能够成交，正因为那个时刻他的报卖价低于其他所有的潜在卖方，因此他也必须同时和其他所有的卖方斗智斗勇。

从上述讨论可见，本质上并不存在一对一的成交双方，而是买卖双方群体的成交，成交的双方不过是那个时刻买卖双方群体的代表。

假定原来的成交价为 10.00 元，突然，下一笔成交价格来了！

现在成交价变成 10.03 元，上涨了。

从买方群体来看，既然所有买方都希望以低价买入，现在的价格上涨只有唯一合理的解释——必定是买方群体相互之间的竞争更激烈，不得不付出更高的报买价才能抢得优先成交的机会。

从卖方群体来看，既然所有卖方都希望卖得更高价，现在的价格相当有利，只有唯一合理的解释，必定是卖方群体相互之间的竞争缓和了，卖方可以好整以暇，报出更高的卖出价也能抢得优先成交的机会。

这就是成交价格最直接的含义。

随着新的成交价的出现，下一轮报价竞争也随之开始。从买方群体来看，既然价格上涨的合理解释是相互竞争更激烈了，那么下一轮报价便不得不进一步调整，买方报出更高的买入价才有机会成交。从卖方群体来看，既然价格上涨的合理解释是相互竞争更宽松了，那么下一轮报价不妨进一步缓和，卖方报出更高的卖出价也很有机会成交。

于是，前一个上涨的成交价引发了下一个更高的成交价，10.03、10.04、10.06、10.07……买方阵营内部的竞争压力越来越强烈，卖方阵营内部的竞争压力越来越缓和，前一轮上涨驱使下一轮上涨，价格上升趋势就此形成。

假定原来的成交价是10.00元，现在不是变成了10.03元，而是变成了9.97元，下跌了。上述过程变成了反方向的循环过程。

下跌的价格表示买方阵营内部竞争压力减缓，卖方阵营的内部竞争压力增强。在下一轮报价中，买方更从容，可以报得更低一点；卖方更慌张，不得不报得更低一点，两方撮合，都指向了更低的成交价。于是，前一个下跌的成交价引发了下一个更低的成交价，9.97、9.96、9.93、9.91……买方阵营内部的竞争压力越来越缓和，卖方阵营内部的竞争压力越来越强烈，前一轮下跌驱使下一轮下跌，价格下降趋势就此形成。

综上所述，成交价格变动是买方和卖方竞争压力的压力计，而市场的"双向公开拍卖机制"实质上构成了市场内部的竞争循环机制，趋势就是由竞争循环机制驱动的。

买卖双方一边压力减小，则另一边压力必然加大，反之亦然。一方面，市场行情受到压力减小的一边的拉动；另一方面，同时还受到另一边不断加大的压力的推动。一推一拉，指向同一个方向——买卖双方力量对比消长的方向。按此方向，行情演变的阻力最小。

利弗莫尔本人的讲解符合趋势定义

"公众应当时时牢记股票交易的要领。当某只股票上涨的时候，并不需要详细解释为什么它会上涨。必须存在连续的买进，才能促使股票保持上涨势头。而只要股票保持上涨，并且在这过程中只是不时发生小幅的自然回落，那么追随该股票的上涨行情就是一个相当安全的策略。但是，如果某只股票经历了长期稳定的上涨行情之后，掉转方向，开始逐步下降，并且过程中只有偶尔的小幅回升，那么很显然，其最小阻力路线已经从上升转为下降。"

这段话基本上正是上升趋势和下降趋势的定义。

上升趋势的定义是市场行情走出了更高的高点、更高的低点（附图 3.1）。其意义为，市场有能力向上拓展空间；同时，在回落时，能够保留至少一部分上涨的成果。

前一对高点和低点构成了比较的基准，后来市场走出了更高的高点和更高的低点，符合上升趋势的定义

附图 3.1　上升趋势定义的示意图

下降趋势的定义是市场行情走出了更低的低点、更低的高点（附图 3.2）。其意义为，市场有能力向下拓展空间，同时，在回升时，能够至少保留一部分下跌的成果。

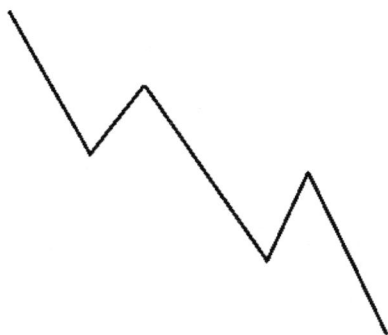

前一对高点和低点构成了比较的基
准，后来市场走出了更低的高点和更低
的低点，符合下降趋势的定义

附图 3.2　下降趋势的示意图

　　横向趋势的定义是市场行情走势既无明显的新高，也无明显的新低（附图3.3）。其意义为，市场没有能力打破现状，只能在过去已经开拓的价格空间内部重复运行。

前一对高点和低点构成了比较的
基准，后来的高点没有更高，低点没有
更低，大致都局限在比较基准的范围之
内，符合横向延伸趋势的定义

附图 3.3　横向延伸趋势的示意图

　　所谓更高、更低只是定性的描述。市场是由大多数人参与并为大多数人服务的。为了符合统计学的大数定律，更高、更低所描述的现象应该是众多市场参与者感觉到明显可辨的。首先，相差的数额应达到一定水平，比如相差 0.5% 以内，人们的感觉或许不那么明显，而相差 5% 以上则十分明显。其次，当市场处在趋势状态时，人们对相对高低的动态变化可能更敏感，而当市场处在非趋势状态时，特别是久久处在非趋势状态后，人们可能会变得迟钝、多疑，不大容易实实在在地感觉到行情的高低差异。

因此，对上述趋势定义图形需要按照常识来理解，需要我们具备一定的想象力。从图形本身来说，上升应当是普通人一眼便可以看出的上升，下跌应当是普通人一眼便可以看出的下跌。就视觉效果的观感（不是想法和观点！）来说，含糊和争论越少越好，共识越容易达成越好。

如此理解和应用趋势定义，您将发现，趋势定义本身便可以成为强有力的技术分析工具。

最小阻力路线即行情趋势

市场犹如有一定坡度但坡度不明显的地面。坡度代表着趋势的驱动因素，倒水试验的水流过程相当于市场演变的过程。由此我们得到了关于市场演变的几点启示，具体如下。

1. 行情演变的基本模式是调整与突破交替进行的模式，或者说密集区（区块）—快速变化（线条）交替的模式。

2. 市场并无预设的方向和目标，整个过程完全是试探而得。事后看，水流轨迹符合重力规律，但事前并不能确切知道水将如何流动——难在当时只能从水的突破来把握其动向，通过市场的不断试错来揭晓。不可把"事后可以合理解释"与"当时知晓并即刻理解"混为一谈。

上文中的"重力"方向就是趋势方向，最小阻力路线便是行情趋势的方向。

（为了回答问题，以上大部分文字分别摘录自《趋势投资》第二章、第三章，顺序有调整。）